Michael Crichton Der große Eisenbahnraub

Büchergilde Gutenberg
Frankfurt am Main
Wien Zürich
1978

Michael Crichton
Der große Eisenbahnraub
Büchergilde

Inhaltsverzeichnis

I. Vorbereitungen *Mai bis Oktober 1854*

1. Kapitel Das Vorspiel *13*

2. Kapitel Der Kopf des Unternehmens *15*

3. Kapitel Der Schlüßler *17*

4. Kapitel Ein unwissentlicher Komplice *22*

5. Kapitel Der Dienstraum *29*

6. Kapitel Das Problem *37*

7. Kapitel Der Stutzer *44*

8. Kapitel Das ›Heilige Land‹ *48*

9. Kapitel Der Tag eines Bankiers *54*

10. Kapitel Der abgerichtete Hund *62*

11. Kapitel Die Rattenjagd *67*

12. Kapitel Eine junge Dame von Stand *77*

13. Kapitel Eine Frau am Galgen *86*

14. Kapitel Der Gipfel der Geschmacklosigkeit *96*

15. Kapitel Ein Haus in Mayfair *98*

16. Kapitel ›Die Meile der Damen‹ *101*

II. Die Schlüssel *November 1854 bis Februar 1855*

17. Kapitel Frisch vom Lande *111*

18. Kapitel Der Kutschentrick *114*

19. Kapitel Das Rendezvous *120*

20. Kapitel Die Kröte vor der Tür *122*

21. Kapitel Ein dreister Überfall *132*

22. Kapitel Ein Auftrag für einen Pferdedieb *134*

23. Kapitel Eine komische Oper *139*

24. Kapitel Eine Frage von Sekunden *143*

25. Kapitel Einbruch mit Gesang *146*

26. Kapitel Im Casino de Venise *157*

27. Kapitel Ein ›Aalhäuter‹ wundert sich *161*
28. Kapitel Der letzte Schliff *164*

III. Verzögerungen und Schwierigkeiten *März bis Mai 1855*
29. Kapitel Kleinere Rückschläge *171*
30. Kapitel Ein Besuch bei Mr. Chubb *174*
31. Kapitel Sauber-Willy braucht Geld *180*
32. Kapitel Eine unerwartete Begegnung *184*
33. Kapitel Scotland Yard kriegt Wind von der Sache *188*
34. Kapitel Sauber-Willy tritt ab *192*
35. Kapitel Die ›Schleppe‹ wird gelegt *194*
36. Kapitel Scotland Yard und die Gesetze der Logik *202*
37. Kapitel Weitere Glückwünsche *211*
38. Kapitel Die Kiste Madeira *212*
39. Kapitel Schwierigkeiten in letzter Minute *217*
40. Kapitel Falscher Alarm *228*
41. Kapitel Letzte Ungelegenheiten *239*

IV. Der große Eisenbahnraub *Mai 1855*
42. Kapitel Ein Toter steht auf *251*
43. Kapitel Der Mut des Ahnungslosen *252*
44. Kapitel Kleidersorgen *260*
45. Kapitel Endstation *265*
46. Kapitel Kurzer Bericht über die Ermittlungen *269*

V. Verhaftung und Prozeß *November 1856 bis August 1857*
47. Kapitel Feuerwerk und seine Folgen *281*
48. Kapitel Einladung zur Känguruhjagd *289*
49. Kapitel Zwei Freunde des Boxsports *294*
50. Kapitel Ein leeres Grab *297*
51. Kapitel England hat andere Sorgen *302*
52. Kapitel Das Ende *311*

Für Barbara Rose

Satan ist's recht –
  bin ich nur schlecht
Er hofft, ich bin –
  nach seinem Sinn
Geh' höllenwärts –
  und leide Schmerz
Englischer Kindervers, um 1850

›Ich wollte das Geld‹
  Edward Pierce, 1857

I. Vorbereitungen *Mai bis Oktober 1854*

Vierzig Minuten nach der Abfahrt aus London, bei der Fahrt durch die sanft geschwungenen grünen Felder und Kirschgärten Kents, erreichte der Morgenzug der South Eastern Railway seine Höchstgeschwindigkeit von vierundfünfzig Meilen in der Stunde. Auf der leuchtend blauen Lokomotive war der Lokführer in seiner roten Uniform zu erkennen. Er stand aufrecht im Windzug. Keine Kabine oder Windschutzscheibe bot ihm Schutz. Vor ihm, tief gebückt, schaufelte der Maschinist Kohle in das glühende Innere des Kessels. Hinter der fauchenden Lokomotive und dem Tender folgten drei gelbe Erste-Klasse-Wagen, denen sich sieben grüne Zweite-Klasse-Wagen anschlossen. Am Ende des Zugs befand sich ein grauer, fensterloser Packwagen.

Während der Zug ratternd der Küste entgegendampfte, öffnete sich plötzlich die Schiebetür des Packwagens und gab den Blick auf einen heftigen Kampf frei, der sich im Wageninnern abspielte. Es war ein Kampf unter höchst ungleichen Voraussetzungen: Ein schmächtiger junger Mann in ärmlicher Kleidung schlug auf einen stämmigen blauuniformierten Wachmann der Bahngesellschaft ein. Obwohl von schwächerer Konstitution, schlug der junge Mann sich wacker und brachte sogar einen oder zwei beachtliche Schläge bei seinem sich duckenden Gegner an. Der Wachmann, der unter den Hieben schon in die Knie gegangen war, machte überraschend einen Satz nach vorn, der den jungen Mann unvorbereitet traf und durch die geöffnete Tür hinausschleuderte, so daß er sich mehrfach wie eine Stoffpuppe überschlug und schließlich am Boden liegenblieb.

Der Wachmann rang keuchend nach Luft und blickte auf die rasch kleiner werdende Gestalt des hinausgestürzten jungen Mannes zurück. Dann schloß er die Schiebetür. Der Zug raste

weiter und ließ ein gellendes Pfeifsignal hören. Bald war er hinter einer sanften Biegung verschwunden, und man hörte nur noch das schwache Geräusch der keuchenden Lokomotive und sah nur noch die flüchtigen Schwaden grauen Rauchs, die sich langsam auf den Schienenstrang und den reglosen Körper des jungen Mannes herabsenkten.
Nach ein, zwei Minuten rührte sich der junge Mann. Wie unter großen Schmerzen richtete er sich auf einem Ellbogen auf. Er schien wieder auf die Beine zu kommen. Aber seine Anstrengungen waren fruchtlos. Er brach wieder zusammen und fiel auf die Erde zurück. Ein letztes konvulsivisches Zucken durchfuhr seinen Körper, und er blieb reglos liegen.
Eine halbe Stunde später rollte eine elegante schwarze Kutsche mit karmesinroten Rädern den Feldweg hinunter, der parallel zur Bahnstrecke verlief. Die Kutsche gelangte an einen Hügel, und dort brachte der Kutscher das Pferd zum Stehen. Ein modisch gekleideter Herr entstieg der Kalesche. Er trug einen dunkelgrünen samtenen Gehrock und einen Zylinder aus grauem Seidenfilz. Der Herr erklomm den Hügel, preßte ein Binokel an die Augen und ließ den Blick über den Schienenstrang schweifen. Sogleich hatte er den Körper des ausgestreckt daliegenden jungen Mannes im Blickfeld. Der Herr machte aber keinerlei Anstalten, sich ihm zu nähern oder ihm irgendwie zu Hilfe zu kommen. Im Gegenteil, er blieb auf dem Hügel stehen, bis er sich vergewissert hatte, daß der junge Bursche tot war. Erst dann wandte er sich ab und bestieg seine Kutsche. Er fuhr in die Richtung, aus der er gekommen war. Nach Norden, nach London.

Der modisch gekleidete Herr hieß Edward Pierce, und dafür, daß es ihm bestimmt war, so berüchtigt zu werden, daß sogar Königin Victoria den Wunsch äußerte, ihn kennenzulernen – oder, falls sich das verbieten sollte, seiner Hinrichtung beizuwohnen –, war er eine seltsam mysteriöse Gestalt. Was seine äußere Erscheinung betraf, war Pierce ein hochgewachsener, gut aussehender Mann Anfang der Dreißig. Er trug einen roten Vollbart in dem modischen Schnitt, der sich seit kurzem besonders bei Regierungsbeamten großer Beliebtheit erfreute. Seine Sprache, sein Auftreten und seine Kleidung deuteten auf einen Mann von Bildung hin, auf Wohlhabenheit dazu. Er war, wie es später hieß, ›sehr charmant und verfügte über gewinnende Manieren‹. Er behauptete, Waise einer Landadelsfamilie aus den Midlands zu sein und in Winchester und später auch in Cambridge studiert zu haben. Er war eine in der Gesellschaft Londons bekannte Gestalt und zählte Minister, Parlamentsabgeordnete, Diplomaten, Bankiers und andere Herren von Stand und Einfluß zu seinen Bekannten. Er war Junggeselle, unterhielt jedoch ein Haus in der Harrow Road 12 in einem vornehmen Viertel Londons, verbrachte aber große Teile des Jahres im Ausland. Seine Reisen sollen ihn nicht nur auf den Kontinent, sondern auch nach New York geführt haben.

Zeitgenössische Beobachter nahmen ihm seine aristokratische Herkunft offenkundig ab; in späteren Zeitungsberichten über den großen Eisenbahnraub wurde Pierce oft als ›aus der Art geschlagen‹ bezeichnet. Die Vorstellung, daß ein Mann von hoher Geburt sich einem verbrecherischen Leben zugewandt hatte, war so aufregend und prickelnd, daß niemand sie ernsthaft als unzutreffend zu entlarven wünschte.

Es findet sich jedoch kein zuverlässiger Anhaltspunkt dafür, daß Pierce tatsächlich der Oberschicht entstammte. Über seine Lebensumstände vor 1850 läßt sich so gut wie nichts mit Sicherheit sagen. Heutigen Lesern, denen der Begriff der ›eindeutigen Identifizierung‹ alltäglich und vertraut erscheint, mögen sich darüber wundern, daß man nicht genauer über Pierces Vergangenheit Bescheid weiß. Doch zu einer Zeit, in der Geburtsurkunden eine Neuerung, die Fotografie eine Kunst, die in den Kinderschuhen steckte, und polizeiliche Fingerabdrücke noch gänzlich unbekannt waren, war es äußerst schwierig, einen Menschen mit einiger Sicherheit zu identifizieren, und Pierce verwandte besondere Sorgfalt darauf, seine Identität zu verschleiern. Selbst seinen Namen wissen wir nicht genau: Im Verlauf des Prozesses behaupteten verschiedene Zeugen, ihn als John Simms, Andrew Miller oder als Robert Jeffers gekannt zu haben.

Die Quelle seines offensichtlich üppigen Einkommens lag ebenfalls im dunkeln. So hieß es, er sei stiller Teilhaber von Jukes, einem höchst erfolgreichen Unternehmen, das Krocketausrüstungen herstellte. Krocket war bei jungen Damen mit sportlichen Neigungen über Nacht zum letzten Schrei geworden. Es lag durchaus nahe, daß ein gewitzter Geschäftsmann, der eine bescheidene Erbschaft in einem solchen Unternehmen anlegte, zu ansehnlichem Vermögen kam.

Andere behaupteten, Pierce besitze einige Gasthäuser und nenne überdies ein Droschkenunternehmen sein eigen, das einem besonders düster aussehenden Kutscher namens Barlow unterstehe, einem Mann mit einer weißen Narbe auf der Stirn. Diese Version dürfte schon eher der Wahrheit entsprechen, denn der Besitz von Kneipen und Droschken war ein Gewerbe, in dem Verbindungen zur Unterwelt hilfreich sein konnten.

Natürlich läßt sich nicht ausschließen, daß Pierce wirklich ein Mann von hoher Geburt mit einer aristokratischen Erziehung war. Man darf nicht vergessen, daß Winchester und Cambridge in jenen Tagen eher durch Wollust und Trunkenheit geprägt wurden als durch das Bemühen um ernsthafte und nüchterne Gelehrsamkeit. Der profundeste wissenschaftliche Kopf der Viktorianischen Zeit, Charles Darwin, widmete den größten Teil seiner Jugend dem Glücksspiel und den Pferden. Den meisten jungen Männern von Stand lag mehr an akademischem Gehabe als an akademischem Wissen.

Ebenso zutreffend ist, daß in der Viktorianischen Zeit mancher gescheiterte Akademiker in der Unterwelt Zuflucht fand. Die meisten verlegten sich auf das Abfassen von Bettel- und Drohbriefen oder von gefälschten Empfehlungsschreiben, doch fälschten sie auch sonst manche Papiere und Scheine. Mitunter wurden sie auch Trickbetrüger. Meist jedoch waren sie kleinere Gauner, armselige Gestalten, die man eher bedauerte als verdammte.

Edward Pierce dagegen war ein Gauner großen Stils. Woher immer sein Vermögen oder auch er selbst stammte, eines war sicher: Er war ein Meister im Öffnen von Geldschränken und hatte bei seinen großen Brüchen im Laufe der Jahre genug Kapital zusammengebracht, um großangelegte verbrecherische Unternehmungen finanzieren zu können. So wurde er zu dem, was man in diesen Kreisen einen ›Kopf‹ nannte. Und um die Mitte des Jahres 1854 war sein Plan, den größten Coup seines Lebens zu landen, der Plan für den großen Eisenbahnraub, bereits weit gediehen.

3. Kapitel Der Schlüßler

Robert Agar, ein bekannter ›Schlüßler‹ oder Spezialist für Schlüssel und Geldschränke, sagte vor Gericht aus, er hätte Edward Pierce zwei Jahre aus den Augen verloren gehabt, als er ihm Ende Mai 1954 wieder begegnete. Agar war sechsundzwanzig Jahre alt und erfreute sich guter Gesundheit, wenn man von einem bösen Husten absieht, einem Erbe seiner Kindheit, in der er für einen Zündholzhersteller in der

Wharf Road, Bethnal Green, gearbeitet hatte. Die Arbeitsräume des Unternehmens waren schlecht belüftet gewesen. Weiße Phosphordämpfe hatten von morgens bis abends die Luft verpestet. Man wußte zwar, daß Phosphor giftig war, aber es hatte immer genügend Leute gegeben, die begierig jede Arbeit übernahmen, selbst eine Tätigkeit, welche die Lungen zerfraß oder den Kiefer abfaulen ließ – was mitunter nur eine Sache weniger Monate war.

Agar war ein Zündholzstipper gewesen. Er hatte zarte Finger, und so wandte er sich zu gegebener Zeit seinem Handwerk als Schlüßler zu, einem Gewerbe, in dem er sofort erfolgreich war. Er arbeitete sechs Jahre lang als Schlüßler, ohne je gefaßt zu werden.

Agar hatte in der Vergangenheit mit Pierce nie direkt zu tun gehabt, doch war ihm Pierce als Meisterknacker, der vorwiegend auswärts arbeitete – was die langen Zeiten seiner Abwesenheit von London erklärte –, bekannt. Agar war ebenfalls zu Ohren gekommen, daß Pierce das Geld besaß, von Zeit zu Zeit ein größeres Ding zu drehen.

Agar sagte aus, ihre erste Begegnung habe im Gasthaus ›Bulle und Bär‹ stattgefunden. Diese wohlbekannte Absteige in der Hounslow Road, an der Peripherie des berüchtigten Verbrecherviertels Seven Dials gelegen, war, wie ein zeitgenössischer Beobachter schrieb, ›ein Treffpunkt weiblicher Wesen aller Art, die sich als Damen herausputzten, wie auch Angehöriger der kriminellen Klasse, wie man sie hier an jeder Straßenecke sah‹.

Angesichts des üblen Leumunds, den dieses Lokal genoß, war es nicht verwunderlich, daß sich fast immer ein Konstabler der Metropolitan Police in Zivilkleidung irgendwo in den Räumen des Hauses aufhielt. Herren der Gesellschaft mit einem Hang zum Vulgären waren im ›Bulle und Bär‹ aber keine Seltenheit. Die Unterhaltung der beiden elegant gekleideten jungen Lebemänner, die an der Theke lehnten und dabei die

im Raum anwesenden Frauen musterten, zog also keine besondere Aufmerksamkeit auf sich.
Es sei eine zufällige Begegnung gewesen, sagte Agar aus. Pierces Auftauchen habe ihn jedoch nicht überrascht. Er, Agar, habe damals, in der Zeit vor dem Treffen, einiges über Pierce gehört und daraus den Eindruck gewonnen, daß Pierce einen größeren Coup vorhabe. Agar erinnerte sich, daß die Unterhaltung ohne Begrüßung und ohne Präliminarien begonnen habe.
Agar sagte: »Wie ich höre, ist Hackensprung-Jack aus London verduftet.«
»Habe ich auch schon gehört«, sagte Pierce. Er schlug mit seinem Stöckchen, das ein silberner Knauf schmückte, auf den Tresen, um den Mann hinter der Theke aufmerksam zu machen. Pierce bestellte zwei Gläser vom besten Whisky des Hauses – für Agar ein Zeichen, daß eine geschäftliche Unterredung bevorstand.
»Mir ist zu Ohren gekommen«, sagte Agar, »daß Jack einen Abstecher in den Süden gemacht hat, um dort die Badegäste ein wenig auszunehmen.« In jenen Tagen verließen die Taschendiebe Londons die Stadt im späten Frühjahr und reisten nach Norden oder nach Süden, um sich in anderen Städten zu betätigen. Das wichtigste Kapital eines Taschendiebs war seine Anonymität. Ein bestimmtes Revier ließ sich nicht allzulange abgrasen; über kurz oder lang fiel man unweigerlich der Polente, die ihre Runde machte, auf.
»Von seinen Plänen weiß ich nichts«, sagte Pierce.
»Ich habe auch gehört«, fuhr Agar fort, »daß er den Zug genommen hat.«
»Durchaus möglich.«
»Wie ich höre«, sagte Agar und ließ Pierce dabei nicht aus den Augen, »hat er bei dieser Bahnfahrt etwas für einen bestimmten Herrn, der ein Ding vorhat, ausbaldowert.«
»Durchaus möglich«, sagte Pierce wieder.

»Ich habe auch gehört«, sagte Agar mit einem plötzlichen Grinsen, »daß Sie ein Ding vorhaben.«

»Mag sein«, sagte Pierce. Er nippte an seinem Whisky und starrte auf sein Glas. »Der Whisky war hier schon mal besser«, sagte er nachdenklich. »Neddy scheint seine Vorräte mit Wasser zu strecken. Übrigens, was für ein Ding soll ich denn vorhaben?«

»Einen Raub«, sagte Agar. »Mit einer fetten Sore, um die Wahrheit zu sagen.«

»Um die Wahrheit zu sagen«, wiederholte Pierce. Die Formulierung schien ihn zu amüsieren. Er wandte sich von der Theke ab und musterte wieder die anwesenden Frauen. Einige erwiderten ermunternd seinen Blick. »Jeder will immer von dem ganz großen Ding gehört haben«, sagte er schließlich.

»Ja, so ist's«, gab Agar zu und seufzte. (Vor Gericht ließ Agar keinen Zweifel darüber, wieviel Schauspielerei bei diesem Tête-à-tête mit im Spiel war. »Also, ich lasse da einen großen Seufzer hören, verstehen Sie, um ihm zu zeigen, daß ich es allmählich leid bin, denn er ist ein ganz Vorsichtiger, dieser Pierce, und ich will endlich zur Sache kommen. Darum dieser große Seufzer.«)

Es folgte ein kurzes Schweigen. Schließlich sagte Agar: »Es sind zwei Jahre her, seit wir uns zuletzt gesehen haben. Wohl viel zu tun gehabt, ja?«

»Ich war auf Reisen«, sagte Pierce.

»Auf dem Kontinent?«

Pierce zuckte mit den Schultern.

Er betrachtete das Glas Whisky in Agars Hand und das halbgeleerte Glas mit Gin und Wasser, das Agar vorher getrunken hatte.

»Immer noch 'ne ruhige Hand?«

»Könnte nicht ruhiger sein«, meinte Agar. Zum Beweis streckte er beide Hände mit gespreizten Fingern aus: nicht das geringste Zittern.

»Ich hätte da vielleicht ein oder zwei kleine Sachen für Sie«, sagte Pierce.
»Hackensprung-Jack hat sich nicht in die Karten sehen lassen«, sagte Agar. »Das steht mal fest. Er hat sich zwar aufgeblasen wie 'n Frosch, aber dichtgehalten hat er wie 'ne Auster.«
»Jack liegt auf Eis«, versetzte Pierce kurz.
Das war, wie Agar später erklärte, doppeldeutig. Es habe heißen können, daß Hackensprung-Jack untergetaucht sei. Aber man gebrauchte diese Wendung auch, wenn einer draufgegangen war. Das komme ganz darauf an. Er, Agar, habe nicht weiter nachgebohrt.
»Diese ein oder zwei kleinen Sachen, handelt sich's dabei vielleicht um Brüche?«
»Könnte sein.«
»Kitzlige Sachen?«
»Sehr kitzlig«, sagte Pierce.
»Müßte ich drinnen oder draußen arbeiten?«
»Das weiß ich noch nicht. Wenn es soweit ist, werden Sie vielleicht ein oder zwei Schnucken brauchen. Und Sie werden dichthalten müssen. Wenn das erste Ding glattgeht, gibt's noch mehr zu tun.«
Agar trank seinen Whisky aus und wartete. Pierce bestellte ihm noch einen.
»Schlüssel also?« fragte Agar.
»So ist's.«
»Wachs oder Dietrich?«
»Wachs.«
»Auf die schnelle oder habe ich Zeit?«
»Auf die schnelle.«
»Also gut«, sagte Agar. »Ich bin Ihr Mann. Ich mache einen Wachsabdruck schneller, als Sie Ihre Zigarre anzünden können.«
»Weiß ich«, sagte Pierce. Er riß an der Theke ein Zündholz

an und hielt es an die Spitze seiner Zigarre. Agar, der selbst nicht rauchte – das Rauchen war eben erst nach achtzig Jahren wieder in Mode gekommen –, erschauerte leicht. Es gab ihm jedesmal einen Stich, wenn er den Phosphor- und Schwefelgeruch eines Zündholzes einatmete. Es erinnerte ihn an seine Zeit in der Zündholzfabrik.

Er sah zu, wie Pierce tief an seiner Zigarre zog, bis sie richtig brannte. »Worum geht's also?«

Pierce sah ihn kalt an. »Das werden Sie noch rechtzeitig erfahren.«

»Sie sind ganz schön zugeknöpft.«

»Deshalb«, sagte Pierce, »habe ich auch noch nie gesessen.«

Verschiedene Zeugen waren anderer Meinung. Sie sagten aus, Pierce habe in Manchester unter dem Namen Arthur Wills dreieinhalb Jahre wegen Einbruchsdiebstahls gesessen.

Agar sagte aus, Pierce habe ihm abschließend noch einmal warnend gesagt, er solle ja dichthalten. Dann habe Pierce die Theke verlassen und sei durch den verräucherten, lärmerfüllten Schankraum des ›Bulle und Bär‹ gegangen. Er habe sich kurz zu einer hübschen Frau hinabgebeugt und ihr etwas ins Ohr geflüstert. Die Frau habe gelacht. Er, Agar, habe sich abgewandt. Weitere Erinnerungen an diesen Abend habe er nicht.

4. Kapitel Ein unwissentlicher Komplice

Mr. Henry Fowler, siebenundvierzig, hatte Edward Pierce in ganz anderer Umgebung kennengelernt. Fowler gab freimütig zu, über die Herkunft und die Lebensumstände Pierces wenig zu wissen: der Mann habe ihm gesagt, er sei als Waisenjunge aufgewachsen. Pierce sei offensichtlich ein gebildeter Mann. Er sei wohlhabend und führe ein exzellentes Haus, das zudem mit den neuesten und raffiniertesten Errungenschaften ausgestattet sei.

Mr. Fowler erinnerte sich vor allem an einen klug erdachten Ofen, mit dem das Verstibül des Hauses geheizt wurde. Dieser Ofen habe die Form einer Ritterrüstung und funktioniere bewundernswert. Mr. Fowler erinnerte sich auch, einen Feldstecher gesehen zu haben, ein besonders schönes Gerät in einem Etui aus Maroquin. Dieses Fernglas habe ihn so sehr fasziniert, daß er sich auch eines habe kaufen wollen. Zu seinem Erstaunen habe er feststellen müssen, daß so ein Ding 80 Shilling koste! Ein exorbitanter Preis. Kein Zweifel, Pierce sei sehr wohlhabend. Es sei recht amüsant gewesen, gelegentlich mit ihm zu speisen.
Henry Fowler erinnerte sich schließlich auch an eine Episode, die sich Ende Mai 1854 in Pierces Haus zugetragen hatte. Pierce habe damals ein Abendessen für acht Herren gegeben. Die Konversation habe sich hauptsächlich um den Vorschlag gedreht, in London eine Untergrundbahn zu bauen. Fowler hatte sich dabei gelangweilt und war enttäuscht gewesen, als beim Brandy im Rauchsalon immer noch darüber gesprochen wurde.
Dann wandte sich die Unterhaltung der Cholera zu, die seit kurzem in einigen Teilen Londons epidemisch auftrat. Der Disput über die Vorschläge Dr. Edwin Chadwicks von der Gesundheitsbehörde, der ein neues Abwässersystem sowie eine Reinigung der stark verschmutzten und vergifteten Themse gefordert hatte, langweilte Mr. Fowler noch mehr. Mr. Fowler wußte überdies aus zuverlässiger Quelle, daß der alte Chadwick bald seines Amtes enthoben werden würde, doch hatte man Fowler zu strengstem Stillschweigen verpflichtet. Er trank seinen Kaffee mit einem Gefühl zunehmender Ermüdung und spielte sogar mit dem Gedanken aufzubrechen, als der Gastgeber, Mr. Pierce, sich bei ihm erkundigte, wie es sich mit dem kürzlich unternommenen Versuch, aus einem fahrenden Zug eine Sendung Gold zu rauben, verhalten habe.
Es war nur natürlich, daß Pierce sich mit dieser Frage an Fow-

ler wandte, denn Henry Fowler war der Schwager Sir Edgar Huddlestons von der Huddleston & Bradford-Bank in Westminster. Mr. Fowler war Generaldirektor dieses prosperierenden Unternehmens, das sich seit seiner Gründung im Jahre 1833 auf Devisengeschäfte spezialisiert hatte.
Es war eine Zeit, in der England im Welthandel eine überragende und beherrschende Rolle spielte. In England wurde mehr als die Hälfte des Kohlebedarfs der Welt gefördert. In England wurde mehr Roheisen erzeugt als in der gesamten übrigen Welt. Das Land stellte drei Viertel aller Baumwollstoffe der Welt her. Der Außenhandel Englands wurde auf 700 Millionen Pfund Sterling jährlich geschätzt, zweimal soviel, wie die Hauptkonkurrenten des Landes vorweisen konnten, die Vereinigten Staaten und Deutschland. Das britische Empire war das größte Imperium der Weltgeschichte und dehnte sich noch immer aus, bis es in der Zeit seiner Hochblüte fast ein Viertel der Erdoberfläche und ein Drittel der Weltbevölkerung umfaßte.
So wurde London auch für ausländische Wirtschaftsinteressen zum natürlichen Finanzzentrum. Die Londoner Banken blühten und gediehen. Henry Fowler und seine Bank profitierten ebenfalls von der allgemeinen wirtschaftlichen Entwicklung, und die mit Vorrang betriebenen Transaktionen in fremden Währungen brachten noch zusätzliche Geschäfte. Nachdem England und Frankreich vor zwei Monaten, im März 1854, Rußland den Krieg erklärt hatten, wurde die Firma Huddleston & Bradford beauftragt, die Besoldung der britischen Truppen auf der Krim abzuwickeln. Es war eine solche Sendung mit Gold für die kämpfende Truppe, auf die vor kurzem ein Anschlag versucht worden war.
»Ein lächerliches Unterfangen«, erklärte Fowler in dem Bewußtsein, hier für die Bank zu sprechen. Die anderen Männer im Raum, die jetzt an ihren Zigarren zogen und Brandy tranken, waren Herren von Namen und Rang, die über weit-

reichende Verbindungen verfügten. Deshalb fühlte sich Mr. Fowler verpflichtet, jeden Verdacht, die Bank könne nachlässig gehandelt haben, sogleich im Keim zu ersticken. »Ja, in der Tat«, sagte er, »ein lächerliches und amateurhaftes Unterfangen, das auch nicht die geringste Aussicht auf Erfolg hatte.«

»Der Übeltäter ist dabei ums Leben gekommen?« fragte Mr. Pierce, der ihm gegenübersaß und seine Zigarre paffte.

»Gewiß doch«, erwiderte Mr. Fowler. »Der Wachmann hat ihn aus dem fahrenden Zug geworfen. Bei der Geschwindigkeit muß der Aufprall ihn sofort getötet haben.« Er fügte hinzu: »Armer Teufel.«

»Hat man ihn identifiziert?«

»Oh, das kann ich mir nicht gut vorstellen«, sagte Mr. Fowler. »Bei einem solchen Abgang dürften seine Gesichtszüge kaum noch erkennbar gewesen sein. Es hieß einmal, sein Name sei Jack Perkins gewesen, aber man weiß nichts Genaues. Die Polizei hat kein großes Interesse an der Sache gezeigt, was ich übrigens nur für klug halte. Das ganze Unternehmen war die reinste Stümperei und hatte nicht die geringste Aussicht auf Erfolg.«

»Man darf wohl annehmen«, sagte Pierce, »daß die Bank alle nur denkbaren Vorsichtsmaßnahmen getroffen hatte.«

»Mein lieber Freund«, entgegnete Fowler, »Sie sagen es! Beträchtliche Vorsichtsmaßnahmen! Ich versichere Ihnen, man transportiert nicht Monat für Monat zwölftausend Pfund in Goldbarren nach Frankreich, ohne die schärfsten Sicherheitsvorkehrungen getroffen zu haben.«

»Der Lump war also hinter dem Sold für die Truppen auf der Krim her?« fragte ein anderer der Herren, Mr. Harrison Bendix. Bendix war als heftiger Gegner des Krimkrieges bekannt, und Fowler wollte sich zu so später Stunde nicht noch auf einen politischen Disput einlassen.

»Offensichtlich«, bemerkte er knapp und war erleichtert, als Pierce wieder das Wort ergriff.

»Ich glaube, wir sind alle neugierig, über die Art Ihrer Sicherheitsvorkehrungen Näheres zu erfahren«, sagte er. »Oder müssen Sie das geheimhalten?«

»Durchaus nicht«, erwiderte Fowler, der die Gelegenheit nutzte, um seine goldene Uhr aus der Westentasche zu ziehen und den Deckel aufzuklappen. Es war schon nach elf – Zeit für ihn, sich zurückzuziehen. Nur seine Sorge um den guten Ruf der Bank hielt ihn davon ab, aufzubrechen. »Die Vorkehrungen gehen übrigens auf meine eigenen Anregungen zurück. Wenn Sie erlauben, fordere ich Sie hiermit auf, mich auf eventuelle schwache Punkte unseres Sicherheitssystems aufmerksam zu machen.« Er blickte in die Runde.

»Jede Sendung Goldbarren wird in den Tresorkellern der Bank transportfertig gemacht. In diese Räumlichkeiten kann – das brauche ich wohl kaum besonders zu betonen – kein Unbefugter eindringen. Die Goldbarren werden in eisenbeschlagene Kisten gelegt, die sodann versiegelt werden. Ein nüchtern denkender Mensch mag der Ansicht sein, dies sei Schutz genug, aber wir gehen natürlich noch viel weiter.« Er machte eine Pause und nippte an seinem Brandy.

»Also weiter. Bewaffnete Wachleute bringen die versiegelten Kisten zum Bahnhof. Der Konvoi wählt jedesmal einen anderen Weg und folgt nie dem gleichen Zeitplan. Er benutzt belebte Straßenzüge, und so gibt es keine Möglichkeit, den Transport auf dem Weg zum Bahnhof zu überfallen. Wir setzen nie weniger als zehn Wachmänner ein, und diese Männer sind ausnahmslos vertrauenswürdige und altgediente Angestellte unserer Firma. Sie sind alle schwer bewaffnet.

Nun denn. Auf dem Bahnhof werden die Kisten in den Packwagen des Zugs nach Folkestone geladen, und in diesem Wagen schließen wir sie in zwei der neuesten Safes von Chubb ein.«

»Ach was, Safes von Chubb?« fragte Pierce und hob eine Augenbraue. Chubb stellte die zuverlässigsten Safes der Welt her. Das Unternehmen genoß seiner vorzüglichen Präzisionsarbeit wegen weltweiten Ruf.

»Diese Safes stammen aber nicht aus der gewöhnlichen Produktion von Chubb«, fuhr Fowler fort. »Es sind Spezialanfertigungen nach den Anweisungen der Bank. Meine Herren, sie bestehen an allen Seiten aus gehärtetem Stahl, einen Viertel Zoll stark, und die Türen sind mit Innenscharnieren angebracht, die es nicht zulassen, daß man von außen an ihnen manipuliert. Also allein schon das Gewicht dieser Safes verbietet jeden Gedanken an einen Diebstahl, denn jeder von ihnen wiegt mehr als zweihundertfünfzig Pfund.«

»Höchst eindrucksvoll«, versetzte Pierce.

»In der Tat«, sagte Fowler, »und man könnte guten Gewissens meinen, dies sei ein ausreichender Schutz für die Goldladung. Gleichwohl haben wir uns noch zusätzliche Sicherheitsmaßnahmen ausgedacht. Jeder der Safes ist nicht mit einem, sondern mit zwei Schlössern ausgestattet, für die man zwei verschiedene Schlüssel braucht.«

»Zwei Schlüssel? Raffiniert!«

»Und nicht genug damit!« sagte Fowler. »Jeder der vier Schlüssel – zwei für jeden Safe – wird gesondert aufbewahrt. Zwei befinden sich im Büro der Bahngesellschaft. Der dritte befindet sich in der Obhut des Präsidenten der Bank, Mr. Trent, den einige von Ihnen vielleicht als höchst vertrauenswürdigen Herrn kennen. Ich muß gestehen, daß ich selbst nicht genau weiß, wo dieser Schlüssel aufbewahrt wird. Vom vierten Schlüssel allerdings weiß ich es, denn ihn hat man mir selbst anvertraut.«

»Wie außerordentlich!« sagte Pierce. »Eine beachtliche Verantwortung für Sie!«

»Ich muß bekennen, daß ich es in dieser Angelegenheit für notwendig gehalten habe, mir etwas Besonderes auszudenken«, gab Fowler zu und verfiel in bedeutungsvolles Schweigen.

Schließlich platzte Mr. Wyndham, bei dem der Alkohol schon seine Wirkung getan hatte, heraus: »Also, verdammt noch einmal, Henry, werden wir nun endlich erfahren, wo du den dämlichen Schlüssel versteckt hältst?«
Mr. Fowler war keineswegs gekränkt, sondern lächelte wohlwollend. Er selbst trank nur mit Maßen und betrachtete die Schwächen derer, die dem Alkohol reichlicher zusprachen, mit bescheidener Selbstzufriedenheit. »Ich trage ihn«, sagte er, »an einer Kette um den Hals.« Er klopfte sich mit der flachen Hand auf die gestärkte Hemdbrust. »Ich habe den Schlüssel immer bei mir, zu jeder Zeit, selbst beim Baden – sogar im Bett. Ich habe ihn immer am Körper.« Er lächelte breit. »Also, meine Herren, wie Sie sehen, dieser rüde Anschlag eines törichten Kindes der gefährlichen Klassen kann der Firma Huddleston & Bradford keinerlei Kopfzerbrechen bereiten. Dieser kleine Schurke hatte nicht mehr Chancen, das Gold zu stehlen, als ich etwa die Chance habe, nun – zum Mond zu fliegen.«
An dieser Stelle erlaubte Mr. Fowler sich ein glucksendes Lachen. Der Gedanke war zu absurd. »Also, meine Herren«, sagte er, »sind Sie in der Lage, bei unseren Vorkehrungen irgendeine schwache Stelle auszumachen?«
»Kein Gedanke«, sagte Mr. Bendix kalt.
Mr. Pierce aber zeigte mehr Wärme. »Ich muß Ihnen gratulieren, Henry«, sagte er. »Dies ist in der Tat die raffinierteste Sicherheitsvorkehrung für den Versand von Wertgegenständen, von der ich je gehört habe.«
»Das ist in etwa auch meine Meinung«, sagte Mr. Fowler.
Kurz darauf brach Mr. Fowler auf. Er erhob sich mit der Bemerkung, wenn er nicht bald bei seiner Frau zu Hause sei, werde sie vermuten, er sei auf Abwege geraten. »Und ich würde nur ungern für eine Sünde büßen, deren Freuden ich nicht genossen habe.« Diese Bemerkung rief in der Runde Gelächter hervor. Zum Abschied genau der richtige Ton, sag-

te sich Mr. Fowler. Männer von Welt wünschen sich ihre Bankiers umsichtig, aber nicht prüde. Es war ein guter Abgang.
»Darf ich Sie hinausbegleiten?« sagte Pierce und erhob sich ebenfalls.

5. Kapitel Der Dienstraum

Englands Eisenbahnen entwickelten sich mit so phänomenaler Geschwindigkeit, daß die Stadt London davon überwältigt wurde und es nie zum Bau eines Hauptbahnhofs brachte. Statt dessen trieb jede der privaten Eisenbahngesellschaften ihre Gleisstrecken soweit wie möglich ins Londoner Stadtgebiet hinein und errichtete dann einen Kopfbahnhof. Um die Mitte des Jahrhunderts wurde dieses Verfahren immer heftiger angegriffen. Die Vertreibung armer Menschen, deren Behausungen den neuen Bahnlinien weichen mußten, war eines der Argumente. Ein anderes wandte sich dagegen, daß den Reisenden die Unbequemlichkeit zugemutet wurde, mit der Pferdekutsche durch London zu fahren, um auf einem anderen Bahnhof einen Anschlußzug zu erreichen.
1846 schlug Charles Pearson vor, nach seinen Entwürfen einen gewaltigen Hauptbahnhof bei Ludgate Hill zu errichten. Der Plan wurde jedoch nie verwirklicht. Nach dem Bau verschiedener anderer Bahnhöfe – die jüngsten waren die 1851 fertiggestellten Bahnhöfe Victoria Station und King's Cross – wurden wegen der wütenden Auseinandersetzungen in der Öffentlichkeit weitere Bauvorhaben zurückgestellt.
Die Pläne zum Bau eines Londoner Hauptbahnhofs wurden schließlich ganz aufgegeben. Es wurden weitere, verstreut an der Peripherie der Stadt liegende Einzelbahnhöfe errichtet. Als der letzte, Marylebone Station, 1899 seiner Bestimmung übergeben wurde, besaß London fünfzehn Bahnhöfe, mehr als doppelt soviel wie jede andere Großstadt in Europa. Das verwirrende Durcheinander von Linien und Fahrplänen wur-

de offensichtlich nur von einem Bürger je gemeistert – von Sherlock Holmes, der sie alle im Kopf hatte.

Der Baustopp um die Mitte des Jahrhunderts brachte einige der neuen Bahnlinien in arge Verlegenheit. Eine davon war die South Eastern Railway, welche die Strecke von London nach der etwa achtzig Meilen entfernten Stadt Folkstone an der Kanalküste betrieb. Die South Eastern erhielt erst 1851 nach dem Umbau des London-Bridge-Bahnhofs Zugang zur Stadtmitte Londons.

Am Südufer der Themse, in der Nähe der Brücke, die ihm den Namen gegeben hatte, lag der London-Bridge-Bahnhof, der älteste der Stadt. Ursprünglich war er von der London & Greenwich Railway erbaut worden. Er hatte sich nie sonderlicher Beliebtheit erfreut und wurde, was Entwurf und Gestaltung betraf, viel geschmäht, etwa im Vergleich mit den später entstandenen Bahnhöfen Paddington und King's Cross. Als der Bahnhof 1851 jedoch umgebaut wurde, erinnerte die *Illustrated London News* daran, daß die alte Station ›wegen der Klarheit, des künstlerischen Charakters und der Echtheit ihrer Fassade ein bemerkenswertes Bauwerk gewesen ist. Wir bedauern daher, daß es einem offenkundig weniger verdienstvollen Bauwerk hat weichen müssen‹.

Dieser Sinneswandel der Kritik ist genau von der Art, die Architekten schon immer frustriert und in Zorn gebracht hat. Kein Geringerer als Sir Christopher Wren hatte sich schon zweihundert Jahre zuvor beklagt, daß ›die Bürger Londons irgendein Bauwerk, das ihre Augen beleidigt, so lange verabscheuen, bis es abgerissen wird. Wie durch ein Wunder wird dann das neue, das an die Stelle des alten getreten ist, für minderwertiger erklärt als das frühere Bauwerk, das man jetzt in den höchsten Tönen und mit den glühendsten Worten verklärt‹.

Es muß allerdings zugestanden werden, daß der neue London-Bridge-Bahnhof alles andere als zufriedenstellend geraten war. Die Menschen der Viktorianischen Zeit betrachteten die Bahnhöfe als ›die Kathedralen unseres Zeitalters‹; man erwartete von ihnen eine Synthese der höchsten Grundsätze der Ästhetik und des technischen Fortschritts. Viele Bahnhöfe wurden diesem Anspruch mit ihren hohen, gewölbten und eleganten Glaskuppeln auch durchaus gerecht. Der neue London-Bridge-Bahnhof allerdings machte einen in jeder Hinsicht deprimierenden Eindruck. Er war ein L-förmiges, zweistökkiges Bauwerk, das sich als platter Zweckbau präsentierte. Unter einer Arkade zur linken Hand fand sich eine Reihe trostloser Läden. Das Hauptgebäude war – von einer auf dem Dach angebrachten Uhr einmal abgesehen – völlig schmucklos. Am gravierendsten aber war, daß die innere Aufteilung des Gebäudes – das Hauptziel der früheren Kritik – trotz des Umbaus völlig unverändert blieb.

In der Zeit des Umbaus hatte die South Eastern Railway sich durch Vertrag die Möglichkeit geschaffen, vom London Bridge-Bahnhof aus die Strecken zur Küste zu bedienen. Dies geschah auf Grund eines Pachtvertrags. Die South Eastern pachtete die Gleisanlagen, die Bahnsteige und den benötigten Büroraum von der London & Greenwich, deren Eigentümer sich nicht geneigt zeigten, der South Eastern mehr Komfort zu gewähren als unbedingt nötig.

Dem Fahrdienstleiter standen – in einem entlegenen Teil des Bahnhofs – vier Räume zur Verfügung, zwei für Angestellte, ein Lagerraum für aufgegebene Wertsachen und ein größerer Dienstraum für ihn selbst. Sämtliche Räume hatten Glasfronten. Diese Räume befanden sich im Obergeschoß des Bahnhofs und waren nur über eine eiserne Treppe zugänglich, die vom Bahnsteig nach oben führte. Jeder, der sich auf der Treppe befand, ob auf dem Wege nach oben oder nach unten, war den Blicken sowohl der Büroangestellten wie der Fahrgäste, der Gepäckträger und der Bahnbeamten unten auf den Bahnsteigen ausgesetzt.

Der Fahrdienstleiter hieß McPherson. Er war ein ältlicher Schotte, der mit einem scharfen Auge darüber wachte, daß seine Leute nicht in den Tag hineinträumten und aus dem Fenster blickten. Im Büro der South Eastern bemerkte also niemand, daß sich Anfang Juli 1854 zwei Reisende auf der Bank eines Bahnsteigs niederließen und dort den ganzen Tag über sitzen blieben. Sie konsultierten häufig ihre Uhren, als ob sie voller Ungeduld auf die Abfahrt ihres Zuges warteten. Es nahm auch niemand von diesen beiden Herren Notiz, als sie in der folgenden Woche wiederkamen und einen weiteren Tag auf derselben Bank zubrachten. Sie beobachteten alles, was im Bahnhof vorging, während sie auf ihren Zug warteten, und warfen dabei immer wieder einen Blick auf ihre Taschenuhren.

Pierce und Agar hielten in Wahrheit keine Taschenuhren in der Hand, sondern vielmehr Stoppuhren. Pierce besaß einen eleganten Chronographen mit zwei Stoppuhrzifferblättern in einem Gehäuse aus achtzehnkarätigem Gold. Diese Uhr wurde als Wunderwerk neuzeitlicher Feinmechanik allgemein bewundert und vorwiegend zur Verwendung bei Pferderennen und ähnlichen Anlässen verkauft. Pierce verbarg die Uhr aber in der Hand. Sie zog keine neugierigen Blicke auf sich. Zwei volle Tage lang hatten sie nunmehr die Gewohnheiten der Büroangestellten, die Ablösung der Bahnbeamten, das Kommen und Gehen der Besucher der Fahrdienstleitung und andere für sie wichtige Vorgänge genau beobachtet. Jetzt warf Agar noch einmal einen Blick auf die Eisentreppe und sagte: »Das ist ja glatter Mord! Wir sind hier wie auf dem Tablett. Was gibt's denn da oben zu holen?«

»Zwei Schlüssel.«

»Was für zwei Schlüssel?«

»Zwei Schlüssel, für die ich mich zufällig interessiere«, sagte Pierce.

Agar riskierte einen zweiten Blick auf die Büroräume. Falls

die Antwort ihn enttäuscht hatte, ließ er es sich nicht anmerken. »Nun«, sagte er in geschäftsmäßigem Ton, »wenn es zwei Knochen sind, die Sie haben wollen, dann sind sie in dem Lagerraum, würde ich sagen.« Er nickte, weil er nicht wagte, mit dem Finger in die angedeutete Richtung zu zeigen. »Gleich hinter dem Büro der Schreiberlinge. Sehen Sie den Schrank da?«

Pierce nickte. Durch die Glasfront hindurch konnte man das gesamte Büro übersehen. Im Lagerraum hing ein flacher, limonengrüner Schrank an der Wand. Er sah wie ein richtiges Schlüsselschränkchen aus. »Ich sehe ihn.«

»Auf den Schrank wette ich. Jetzt werden Sie sagen, immer langsam, ist ein Schloß dran. Aber das ist kein Problem – ein billiges Ding.«

»Was ist mit der Eingangstür?« sagte Pierce und blickte zur Seite. Nicht nur der Schrank im Büro war abgeschlossen. An der Eingangstür aus Milchglas, auf die mit einer Schablone die Buchstaben SER aufgemalt waren – darunter FAHRDIENSTLEITER –, befand sich über dem Türknopf ebenfalls ein großes Messingschloß.

»Reine Angabe«, schnaubte Agar verächtlich. »Das mach' ich noch mit 'ner Haarnadel auf, das kitzle ich schon wach – das öffne ich mit 'nem abgebrochenen Fingernagel. Das ist kein Problem. Das Problem sind die Leute, die hier rumlatschen.«

Pierce nickte, sagte aber nichts weiter. Das hier war Agars Sache – er mußte selbst herausfinden, was hier zu tun war.

»Es geht also um zwei Schlüssel, sagen Sie?«

»Ja«, erwiderte Pierce. »Zwei Schlüssel.«

»Zwei Schlüssel, das sind vier Wachsabdrücke. Vier Wachsabdrücke – das dauert fast eine Minute, wenn man es richtig macht. Die Eingangstür und die Schranktür sind da noch nicht mitgerechnet – die kosten auch ihre Zeit.«

Agar sah sich um.

Er warf einen Blick auf die Menschen, die sich auf dem Bahn-

steig drängten, und blickte dann hinauf zu den Beamten in dem Büro.
»Wer das am Tag versucht, legt sich selber 'n Strick um den Hals!« sagte er. »Zu viele Leute in der Nähe.«
»Nachts?«
»Ja, nachts. Wenn das Büro leer ist und die Mäuse tanzen. Ich glaube, nachts ginge es am besten.«
»Nachts dreht die Polente ihre Runden«, erinnerte ihn Pierce. Sie hatten herausgefunden, daß die ganze Nacht hindurch Polizisten in Abständen von vier oder fünf Minuten durch die menschenleere Bahnhofshalle patrouillierten. »Werden Sie genügend Zeit haben?«
Agar runzelte die Stirn und warf einen Blick zum Büro hinauf. »Nein«, sagte er schließlich. »Es sei denn ...«
»Ja?«
»Es sei denn, die Tür ist bereits offen. Dann bin ich im Nu drinnen, mache rotzschnell die Abdrücke und bin glatt in zwei Minuten wieder unten.«
»Das Büro wird aber abgeschlossen sein«, sagte Pierce.
»Ich denke an einen Schlangenjungen«, sagte Agar und wies mit dem Kopf in Richtung des Dienstraums.
Pierce blickte hinauf. Das Büro des Fahrdienstleiters war mit einem breiten Glasfenster versehen. Pierce erkannte Mr. McPherson mit seinen weißen Haaren, der dort in Hemdsärmeln und mit einem grünen Augenschirm stand. Hinter McPherson befand sich ein etwa dreißig Quadratzentimeter großes Belüftungsfenster. »Ich sehe schon«, sagte Pierce. Und dann fügte er hinzu: »Verdammt klein.«
»Ein richtiger Schlangenjunge schafft das«, sagte Agar. Schlangenjungen waren Kinder mit einer ungewöhnlichen Fähigkeit, sich durch winzige Öffnungen hindurchzuzwängen. Gewöhnlich waren es ehemalige Schornsteinfegerlehrlinge. »Wenn er erst einmal im Büro ist, schließt er den Wandschrank auf, schließt dann die Eingangstür zum Büro von innen auf, und

schon ist alles bereit. Das macht die Sache für mich zu einem Klacks, verlassen Sie sich darauf«, sagte er und nickte zufrieden.
»Wenn man einen Schlangenjungen hat.«
»Ja.«
»Es muß schon ein ganz schön ausgekochter kleiner Teufel sein«, sagte Pierce und sah wieder zu dem Fenster hinauf. »Wenn wir diese Festung knacken wollen, muß es der beste sein, der aufzutreiben ist. Wer ist der beste?«
»Der beste?« sagte Agar und sah erstaunt auf. »Der beste ist Sauber-Willy, aber der sitzt.«
»Wo sitzt er denn?«
»In Newgate, und da kommt keiner raus. Er wird seine Tage in der Tretmühle abreißen und ein braver Junge sein und auf seine Entlassung warten, falls die je kommt. Aber ein Ausbruch? Nicht aus Newgate.«
»Vielleicht kann Sauber-Willy einen Weg finden.«
»Niemand kann das«, sagte Agar. »Das haben schon andere vor ihm versucht.«
»Ich schicke ihm einen Kassiber«, sagte Pierce, »und dann wollen wir sehen.«
Agar nickte.
»Hoffen kann man ja«, sagte er, »aber mehr nicht.«
Die beiden Männer wandten ihre Aufmerksamkeit wieder den Büroräumen zu. Pierce starrte zu dem Lagerraum hinauf und sah sich den kleinen Wandschrank an. Jetzt fiel Pierce ein, daß er ihn noch nie offen gesehen hatte. Ihm kam ein Gedanke: Was, wenn sich mehrere Schlüssel – vielleicht sogar Dutzende – in diesem Schränkchen befanden? Woher sollte Agar wissen, von welchen Schlüsseln er einen Abdruck machen sollte?
»Da kommt die Polente«, sagte Agar.
Pierce wandte sich um und sah den Konstabler seine Runde machen. Er drückte auf seinen Chronographen: 7 Minuten

und 47 Sekunden seit dem letzten Rundgang. Nachts würde der Beamte wohl in kürzeren Abständen patrouillieren.
»Sehen Sie ein Versteck?« fragte Pierce.
Agar wies mit einem Kopfnicken auf einen Gepäckständer in einer Ecke der Halle, keine zwölf Schritte von der Treppe entfernt. »Das müßte genügen.«
»Durchaus«, sagte Pierce.
Die beiden Männer blieben bis sieben Uhr abends auf ihrer Bank sitzen. Da verließen die Bahnbeamten das Büro und gingen nach Hause. Um zwanzig nach sieben verließ auch der Fahrdienstleiter seinen Dienstraum und schloß die Außentür hinter sich ab. Agar nahm den Schlüssel aus der Entfernung aufs Korn.
»Was für ein Schlüssel ist es?« fragte Pierce.
»Ein simpler Dietrich tut's auch«, erwiderte Agar.
Die beiden Männer blieben noch eine weitere Stunde sitzen, bis es ihnen nicht mehr geraten erschien, sich noch länger auf dem Bahnsteig aufzuhalten. Der letzte Zug war bereits abgefahren, und sie fielen jetzt zu sehr auf. Sie blieben nur noch lange genug, um den Konstabler von der Nachtschicht zu stoppen, als dieser seine Rundgänge durch den Bahnhof aufnahm. Der Konstabler kam alle fünf Minuten und drei Sekunden am Büro des Fahrdienstleiters vorüber.
Pierce drückte den Knopf seines Chronographen und blickte auf das zweite Zifferblatt. »Fünf drei«, sagte er.
»Kleinigkeit«, sagte Agar.
»Werden Sie es schaffen?«
»Natürlich schaffe ich es«, sagte Agar. »In der Zeit mache ich spielend einer Frau ein Kind – wie ich schon sagte, eine Kleinigkeit. Fünf drei?«
»Eine Zigarre zünde ich mir aber schneller an«, erinnerte ihn Pierce.
»Ich schaffe es«, sagte Agar fest, »wenn ich einen Schlangenjungen wie Sauber-Willy habe.«

Die beiden Männer verließen den Bahnhof. Als sie in die hereinbrechende Nacht hinaustraten, winkte Pierce seine Kutsche heran. Der Kutscher, der eine Narbe auf der Stirn hatte, gab dem Pferd die Peitsche, und der Wagen kam auf den Eingang des Bahnhofs zugerattert.
»Wann stoßen wir das Ding?« fragte Agar.
Pierce gab ihm ein Goldstück. »Wenn ich Ihnen Bescheid gebe«, sagte er. Er bestieg seine Kutsche und fuhr in die dunkler werdende Nacht.

6. Kapitel Das Problem

Mitte Juli 1854 wußte Edward Pierce, wo sich drei der vier Schlüssel befanden. Zwei hingen in dem grünen Schränkchen des Fahrdienstleiters der South Eastern Railway. Der dritte hing am Hals von Henry Fowler. Diese drei Schlüssel waren für Pierce kein größeres Problem.
Natürlich mußte der günstigste Augenblick für einen unbeobachteten Einstieg ermittelt werden, damit die Wachsabdrücke gemacht werden konnten. Außerdem mußte ein fähiger Schlangenjunge gefunden werden, der bei dem Einbruch in das Bahnbüro helfen sollte. Doch dies waren keine unüberwindlichen Hindernisse.
Wirklich schwierig dagegen war die Sache mit dem vierten Schlüssel. Pierce wußte, daß der vierte Schlüssel sich in der Obhut von Mr. Trent, dem Präsidenten der Bank, befand. Er wußte aber nicht, *wo* Mr. Trent ihn aufbewahrte. Und das in Erfahrung zu bringen, war keine leichte Aufgabe. Sie sollte Pierce in den nächsten vier Monaten vollauf beschäftigt halten.
Hier sind wohl einige Erklärungen angebracht. 1854 stand Alfred Nobel noch am Anfang seiner Laufbahn. Es sollte noch zehn Jahre dauern, bis er das Dynamit entdeckte. Und Nitroglyzerin-›Gelee‹ sollte es erst viel später geben. Um die

Mitte des 19. Jahrhunderts bot also jeder einigermaßen fachmännisch konstruierte Metallsafe wirksamen Schutz gegen Diebstahl.
Dies war so allgemein bekannt, daß die Hersteller von Geldschränken ihr Hauptaugenmerk darauf richteten, ihre Erzeugnisse feuersicher zu machen. Der Verlust von Geld und Dokumenten durch einen Brand war eine erheblich ernstere und drohendere Gefahr als der Verlust durch Diebstahl. In dieser Zeit wurden zahlreiche Patente auf Verfahren erteilt, die darauf hinzielten, Geldschränke mit Hilfe von Eisenmangan, Schamott, Marmorstaub und Gips feuersicher zu machen. Wenn ein Dieb vor einem Safe stand, hatte er drei Möglichkeiten. Die erste war, den ganzen Safe zu stehlen, fortzuschaffen und ihn dann irgendwo in aller Ruhe aufzubrechen. Dieses Verfahren verbot sich, wenn der Safe eine bestimmte Größe oder ein bestimmtes Gewicht überschritt. Die Hersteller von Geldschränken verwandten daher große Sorgfalt darauf, möglichst schwere und schwer zu transportierende Safes zu bauen. Zweitens konnte ein Dieb einen Spezialbohrer benutzen, der am Schlüsselloch des Safes befestigt wurde und es ermöglichte, ein Loch zu bohren, durch das man den Mechanismus des Schlosses manipulieren und das Schloß öffnen konnte. Dieser Bohrer aber war ein Werkzeug, mit dem nur Spezialisten umgehen konnten. Außerdem machte er Lärm, arbeitete langsam und war nicht immer zuverlässig. Er war nur um teures Geld zu haben und zu unhandlich, um sich ohne weiteres an den ›Arbeitsplatz‹ schaffen zu lassen.
Die dritte Möglichkeit bestand darin, bis zu dem Geldschrank vorzudringen und dann aufzugeben. Auf diese Weise endeten die weitaus meisten Versuche, einen Safe zu knacken. Zwanzig Jahre später waren Geldschränke für Einbrecher nur noch ein lästiges Ärgernis, aber im Moment stellten sie noch ein schier unüberwindliches Hindernis dar.
Kombinationsschlösser waren noch nicht erfunden worden.

Alle Schlösser wurden mit Schlüsseln geöffnet, und am einfachsten war es, man brachte einen Schlüssel, den man sich zuvor beschafft hatte, mit, wenn man einen Safe knacken wollte. Dies erklärt, warum die Verbrecher des 19. Jahrhunderts sich so oft und so intensiv mit Schlüsseln befaßten. Die Kriminalliteratur der Viktorianischen Zeit, ob offizielle Berichte oder Romane, erweckt oft den Eindruck, als seien Schlüssel hier zur fixen Idee geworden. Der Schlüssel aber war, wie der meisterliche Geldschrankknacker Neddy Sykes es 1848 als Angeklagter vor Gericht ausdrückte, ›einfach alles bei einem Bruch: das Problem und seine Lösung‹.

Edward Pierce ging bei der Planung des Eisenbahnraubs also mit Recht von der selbstverständlichen Voraussetzung aus, daß er sich zunächst Duplikate der erforderlichen Schlüssel beschaffen müsse. Und dazu mußte er sich Zugang zu den Originalschlüsseln verschaffen. Es gab zwar bereits eine neue Methode, nach der man wächserne ›Rohlinge‹ in ein Safeschloß hineindrücken konnte, aber dieses Verfahren war unzuverlässig. Deshalb ließ man damals Safes oft unbeaufsichtigt und unbewacht.

Das wirkliche Augenmerk eines Verbrechers mußte auf die Schlüssel zum Safe gerichtet sein – wo immer sie sich befinden mochten. Nachschlüssel anzufertigen war kein wirkliches Problem: Wachsabdrücke eines Schlüssels ließen sich in wenigen Augenblicken machen. Und jede Räumlichkeit, in der ein Schlüssel verwahrt wurde, konnte verhältnismäßig leicht aufgebrochen werden.

Genau betrachtet, ist ein Schlüssel jedoch ein sehr kleiner Gegenstand, der sich an den unwahrscheinlichsten Stellen verstecken läßt, wenn man ihn nicht gar am Körper trägt. Und ein Zimmer der Viktorianischen Zeit bot viele Verstecke, wenn man bedenkt, daß schon ein Papierkorb damals mit Stoff bezogen und mit Fransen und Quasten drapiert war.

Wir vergessen leicht, wie außerordentlich überladen die Zimmer damals waren. Der vorherrschende Geschmack der damaligen Zeit bot zahllose Möglichkeiten, einen Gegenstand zu verstecken. Überdies liebten die Engländer des 19. Jahrhunderts Geheimfächer und verborgene Hohlräume. Um 1850 wurde in einer Anzeige ein Schreibtisch ›mit 110 Fächern‹ angepriesen, ›von denen viele höchst kunstvoll vor Entdeckung geschützt sind‹. Selbst die reichverzierten Kaminsimse boten Dutzende von Verstecken für einen so kleinen Gegenstand wie einen Schlüssel.

Folglich war um die Mitte der Viktorianischen Zeit eine Information über den Aufbewahrungsort eines Schlüssels fast so wertvoll wie ein Nachschlüssel. Ein Dieb, der einen Wachsabdruck brauchte, konnte in ein Haus einbrechen, wenn er wußte, wo der Schlüssel versteckt war, oder wenn er zumindest wußte, in welchem Raum er lag. Wenn er es nicht wußte, war er gezwungen, unbemerkt das ganze Haus zu durchsuchen – ein Haus voller Bewohner und Dienstboten –, und das nur mit Hilfe einer abgeblendeten Laterne, die nur einen schwachen Lichtstrahl warf. Mit anderen Worten, die Schwierigkeiten waren so groß, daß sich der Versuch oft von vornherein gar nicht lohnte. Pierce konzentrierte daher seine Bemühungen darauf, herauszufinden, wo Mr. Edgar Trent, Präsident der Firma Huddleston & Bradford, seinen Schlüssel aufbewahrte.

Die erste Frage war, ob Mr. Trent seinen Schlüssel in der Bank verwahrte. Die einfachen Angestellten von Huddleston & Bradford nahmen ihr Essen um ein Uhr mittags in dem der Bank gegenüberliegenden Pub ›Pferd und Reiter‹ ein. In dem kleinen Lokal war es um die Mittagsstunde meist voll und sehr heiß. Pierce machte sich an einen der Buchhalter heran, einen jungen Mann namens Rivers.

Die meisten Angestellten der Bank hüteten sich gewöhnlich vor Zufallsbekanntschaften. Man wußte nie, ob man nicht mit

einem Verbrecher sprach, der einen aushorchen wollte. Rivers aber machte sich da keine weiteren Sorgen. Er war fest davon überzeugt, daß die Bank gegen jeden Einbruchsversuch gefeit war. Doch mochte es auch daran liegen, daß er Grund zu haben glaubte, der Bank zu grollen.
Letzteres ist vielleicht verständlich, wenn man die revidierte ›Büroordnung für Angestellte‹ liest, die Mr. Trent zu Beginn des Jahres 1854 hatte aushängen lassen.

1. *Gottesfurcht, Sauberkeit und Pünktlichkeit sind die Eckpfeiler des Geschäftslebens.*
2. *Die Firma hat den Arbeitstag auf die Stunden von 8 Uhr 30 bis 19 Uhr verkürzt.*
3. *Gemeinsame Gebete werden allmorgendlich im Hauptbüro abgehalten. Dabei haben die Angestellten anwesend zu sein.*
4. *Würdige und unauffällige Kleidung ist unerläßlich. Es ist den Angestellten untersagt, grelle Farben zu tragen.*
5. *Zum Wohl der Angestellten hält die Firma einen Ofen bereit. Es wird empfohlen, daß jeder Angehörige in der kalten Jahreszeit pro Tag vier Pfund Kohle mitbringt.*
6. *Angestellte, die ihren Arbeitsplatz vorübergehend verlassen wollen, benötigen dazu die Erlaubnis von Mr. Roberts. Die natürlichen Bedürfnisse sind gestattet. Die Angestellten werden diesbezüglich auf den Garten hinter dem zweiten Tor verwiesen. Dieses Gelände ist peinlich sauber und in guter Ordnung zu halten.*
7. *Während der Geschäftsstunden sind private Gespräche nicht erlaubt.*
8. *Das Verlangen nach Tabak, Wein oder Spirituosen ist eine menschliche Schwäche und als solche den Angestellten untersagt.*
9. *Die Angestellten sind gehalten, sich selbst mit den nötigen Schreibfedern zu versorgen.*

10. Die Geschäftsleitung erwartet zum Ausgleich für diese geradezu utopischen Arbeitsbedingungen eine erheblich gesteigerte Arbeitsleistung.

Ob utopisch oder nicht, die Arbeitsbedingungen bei Huddleston & Bradford hielten den Buchhalter Rivers nicht davon ab, sich sehr offen über Mr. Trent zu äußern. Und das mit erheblich weniger Begeisterung, als man angesichts eines so utopischen Dienstherren hätte erwarten sollen.

»Ein bißchen pedantisch ist er«, sagte Rivers. »Punkt acht Uhr dreißig klappt er den Deckel seiner Uhr auf und kontrolliert, ob jeder an seinem Arbeitsplatz ist. Entschuldigungen läßt er nicht gelten. Gott sei dem Mann gnädig, dessen Pferdeomnibus sich in der Hauptverkehrszeit verspätet hat.«

»Er verlangt, daß alles wie am Schnürchen läuft, was?«

»Er treibt's auf die Spitze, daß es eine Art hat. Er ist wirklich ein harter Bursche – die Arbeit muß getan werden, und das ist alles, was ihn interessiert. Er kommt allmählich in die Jahre«, sagte Rivers. »Eitel ist er auch noch. Hat sich Koteletten wachsen lassen, die sind länger als Ihre. Soll wohl ein Ausgleich dafür sein, daß ihm oben auf der Platte die Haare ausgehen.«

Damals wurde heftig darüber debattiert, ob ein Herr von Welt sich Koteletten wachsen lassen dürfe oder nicht. Es war eine neue Mode. Über ihre Vorzüge gab es geteilte Meinungen. Ähnlich verhielt es sich mit einer anderen Mode, die kürzlich aufgekommen war: das Rauchen sogenannter Zigaretten. Aber die konservativsten Männer rauchten überhaupt nicht – in der Öffentlichkeit gewiß nicht, aber auch nicht zu Hause. Und die konservativsten Männer waren überdies glattrasiert.

»Er hat sich übrigens so eine Bürste besorgt«, fuhr Rivers fort. »Dr. Scotts elektrische Haarbürste. Kommt direkt aus Paris. Wissen Sie, wie teuer die ist? Kostet zwölf Shilling Sixpence, stellen Sie sich das mal vor.«

Erklärlich, daß Rivers dies kostspielig fand: Die Bank zahlte ihm zwölf Shilling pro Woche.
»Wozu ist sie gut?« wollte Pierce wissen.
»Gegen Kopfschmerz, Schuppen und Haarausfall«, erwiderte Rivers, »das wird jedenfalls behauptet. Komische kleine Bürste. Er schließt sich regelmäßig einmal die Stunde in seinem Büro ein und bürstet sich damit.« An dieser Stelle lachte Rivers über die Launen seines Dienstherrn.
»Er muß ein großes Büro haben.«
»O ja, groß ist es, komfortabel auch. Er ist ein wichtiger Mann, dieser Mr. Trent.«
»Hält es sicher auch in Ordnung?«
»Und ob. Die Reinmachefrau kommt jeden Abend, wischt Staub, putzt, rückt alles zurecht, und jeden Abend, wenn er das Büro verläßt, sagt Mr. Trent zu der Reinmachefrau: ›Jedes Ding an seinem Platz, dann findet man auch alles.‹ Er geht immer Punkt sieben.«
Den Rest der Unterhaltung vergaß Pierce sofort, denn was nun noch gesprochen wurde, war für ihn nicht von Interesse. Er wußte bereits, was er hatte wissen wollen – Trent bewahrte den Schlüssel nicht in seinem Büro auf. Andernfalls hätte er nie zugelassen, daß es in seiner Abwesenheit geputzt wurde, denn Reinmachefrauen standen in dem Ruf, leicht bestechlich zu sein. Ein gründliches Putzen kam einer gründlichen Durchsuchung oft sehr nahe.
Aber selbst wenn der Schlüssel sich nicht in Trents Büro befand, konnte es trotzdem sein, daß er in der Bank aufbewahrt wurde. Mr. Trent konnte ihn in einem der Kellertresore verschlossen haben. Um sich Klarheit darüber zu verschaffen, hätte Pierce sich an einen anderen Angestellten wenden müssen, aber das wollte er auf alle Fälle vermeiden. Er wählte einen anderen Weg.

Teddy Burke, vierundzwanzig, arbeitete um zwei Uhr nachmittags auf dem *Strand*. Es war die Stunde, zu der die elegante Welt flanierte. Wie die anderen vornehmen Herren hatte Teddy Burke sich mit Sorgfalt gekleidet. Er trug einen hohen Hut, einen dunklen Gehrock, Röhrenhosen sowie ein dunkles seidenes Halstuch. Diese Ausstattung hatte ihn ein hübsches Sümmchen gekostet, war aber eine notwendige Voraussetzung für sein Gewerbe, denn Teddy Burke war unter den stutzerhaften Ganoven einer der stutzerhaftesten.
In dem Gedränge, in dem Herren und Damen von einem der eleganten Geschäfte dieser Straße zum nächsten schlenderten, um sich die Auslagen anzusehen, würde es niemandem auffallen, daß Teddy Burke nicht allein war. Nicht in dieser Straße, die Disraeli einmal die ›erste Straße Europas‹ genannt hatte. Teddy Burke arbeitete nach seinem bewährten Muster. Er selbst war der eigentliche Taschendieb, der ›Stipper‹. Ihm zur Seite stand der ›Beispringer‹, der im Notfall die Aufmerksamkeit auf sich zu lenken hatte. Und vor und hinter ihm gingen zwei weitere Helfer, die sogenannten ›Schatten‹. Alle vier gut gekleideten Männer bewegten sich unauffällig in der Menge. Hier bot sich dem Auge Zerstreuung genug. Es war ein strahlender Frühsommertag. Die Luft war lau und duftete nach Pferdemist, obwohl die vielen Straßenkehrer ihn emsig aufkehrten. Es herrschte starker Verkehr: ein Gewimmel von Karren, Blockwagen, bunt beschrifteten ratternden Pferdeomnibussen, zwei- und vierrädrigen Droschken. Von Zeit zu Zeit rollte eine elegante Kalesche mit einem uniformierten Kutscher auf dem Bock und livrierten Dienern auf dem hinteren Trittbrett vorbei. Kinder in zerlumpten Kleidern huschten durch die Menge und schlugen zum Vergnügen der Passanten, die ihnen ein paar Pennies zuwarfen, vor den Pferdehufen Rad.

Diese Vergnügungen ließen Teddy Burke ebenso kalt wie die üppigen Auslagen in den Schaufenstern. Seine Aufmerksamkeit richtete sich auf sein nächstes Opfer, eine elegante Dame in einem dunkelroten, mit schweren Volants besetzten Reifrock. In wenigen Augenblicken, während sie weiterflanierte, würde er sie ›stippen‹.

Seine Mannschaft hatte sich formiert. Einer seiner Schatten hielt sich drei Schritte vor dem Opfer, ein anderer fünf Schritte dahinter. Falls mit dem Griff etwas schiefging, würden die beiden Schatten eingreifen und für Verwirrung und Aufregung sorgen.

Das Opfer bewegte sich zwar, aber das störte Teddy Burke nicht. Er hatte vor, die Dame im Vorbeistreifen auszunehmen, während sie von einem Schaufenster zum nächsten ging. Dies war die schwierigste Art des Taschendiebstahls.

»Los, jetzt«, sagte er. Der Beispringer schob sich neben ihn. Seine Aufgabe war es, die Sore, sobald Teddy sie geschnappt hatte, an sich zu nehmen. Teddy war dann sauber, falls es Geschrei geben und ein Konstabler ihn anhalten würde.

Er und der Beispringer arbeiteten sich so dicht an die Frau heran, daß sie ihr Parfüm riechen konnten. Teddy ging zu ihrer Rechten, denn das Kleid einer Frau hatte nur eine Tasche, und die saß rechts.

Teddy hatte sich einen Mantel über den linken Arm gelegt. Ein aufmerksamer Beobachter hätte sich zwar verwundert fragen können, warum ein Herr an einem so warmen Tag einen Mantel bei sich hatte. Aber der Mantel sah neu aus und hätte ohne weiteres soeben in einem der Läden gekauft sein können. Wie dem auch sei: Der Mantel verbarg die blitzschnelle Bewegung, mit der Teddys rechter Arm am Körper vorbei zu dem Rock der Frau hinüberglitt. Teddy tastete mit behutsamen Fingern über den Stoff, um herauszufinden, ob sich überhaupt eine Geldbörse in der Tasche befand. Seine Finger spürten etwas. Er holte tief Luft, schickte ein Stoßgebet

zum Himmel, daß die Münzen nicht klimperten und zog der Frau die Geldbörse aus der Tasche.
Sofort entfernte er sich unauffällig von der Frau und legte sich den Mantel über den rechten Arm. Mit der gleichen Bewegung reichte er die Geldbörse dem Beispringer. Der Beispringer setzte sich vorsichtig ab, und auch die Schatten vor und hinter ihm bewegten sich in verschiedenen Richtungen davon. Nur Teddy Burke, jetzt ›trocken‹, flanierte weiter den *Strand* entlang. Er blieb vor einem Schaufenster stehen, in dem aus Frankreich importierte Glas- und Kristalldekanter ausgestellt waren.
Ein hochgewachsener Herr mit einem roten Bart bewunderte die Auslagen im Schaufenster. Ohne Teddy Burke anzusehen, sagte er: »Sauberer Griff.«
Teddy Burke sah ihn blinzelnd an.
Der Mann war zu gut gekleidet, sah zu korrekt aus, um irgendein hergelaufener Polizist in Zivil zu sein. Ein Schnüffler oder Spitzel war er schon gar nicht. Teddy Burke sagte vorsichtig: »Sprechen Sie mit mir, Sir?«
»Ja«, erwiderte der Mann. »Ich sagte, das war ein sehr sauberer Griff. Haben Sie sie mit dem Haken abgebeizt?«
Teddy Burke war tief beleidigt.
Der ›Haken‹ war ein Werkzeug aus Draht, dessen sich Taschendiebe minderen Ranges bedienten, um eine Geldbörse zu ziehen, vor allem dann, wenn ihre Finger für diese Arbeit zu zittrig waren.
»Bitte um Vergebung, Sir. Ich weiß nicht, was Sie meinen, Sir.«
»Ich glaube, das wissen Sie sehr gut«, sagte der Mann. »Gehen wir ein Stückchen zusammen?«
Teddy Burke zuckte die Achseln und schloß sich dem Fremden an. Schließlich war er trocken und hatte nichts zu fürchten.
»Wunderschöner Tag heute«, sagte er.
Der Fremde gab keine Antwort. Sie gingen einige Minuten schweigend nebeneinander her.

»Könnten Sie auch einmal einen solchen Griff tun, ohne abzubeizen?« fragte der Mann nach einer Weile.
»Wie soll ich das verstehen, Sir?«
»Ich meine«, erwiderte der Mann, »können Sie ein Opfer abklopfen und dabei trockenbleiben?«
»Mit Absicht?« Teddy Burke lachte. »Das kommt auch so oft genug vor, ohne daß ich's darauf anlege, das können Sie mir glauben.«
»Wenn Sie mir beweisen, daß Sie auch gut stümpern können, winken Ihnen fünf Pfund.«
Teddy Burkes Augen verengten sich. Es gab genügend Bauernfänger, die oft einen nichtsahnenden Komplicen bei einem ausgeklügelten Manöver in die Falle laufen ließen. Teddy Burke ließ sich von niemandem zum Narren halten.
»Fünf Pfund sind etwas mager.«
»Zehn«, sagte der Mann gelangweilt.
»Ich muß an meine Jungs denken.«
»Nein«, sagte der Mann, »hier geht es nur um Sie, Sie allein.«
»Was soll ich also tun?«
»Sie sollen den Mann anrempeln und ihn nur gerade so viel befummeln, daß er Angst bekommt und sich auf die Taschen klopft.«
»Und Sie wollen, daß ich trocken rauskomme?«
»Trocken wie Staub«, sagte der Mann.
»Und wer soll das Opfer sein?« fragte Teddy Burke.
»Ein Herr namens Trent. Sie sollen ihn wie ein Stümper vor seinem Büro befummeln, einfach ein bißchen anrempeln.«
»Wo ist denn sein Büro?«
»In der Huddleston & Bradford-Bank.«
Teddy Burke pfiff durch die Zähne. »Westminster. Schwierige Gegend. Da läuft 'ne ganze Armee Polente rum.«
»Wieso? Sie werden ja trocken sein. Sie sollen ihn nur ein bißchen erschrecken.«
Teddy Burke begleitete den Herrn noch ein paar Schritte,

blickte hierhin und dorthin, schnupperte die Luft und überlegte.
»Wann soll's also sein?«
»Morgen früh. Punkt acht.«
»Also gut.«
Der Herr mit dem roten Bart gab ihm eine Fünf-Pfund-Note und erklärte ihm, den Rest werde er nach getaner Arbeit erhalten.
»Worum geht's denn überhaupt?« fragte Teddy Burke.
»Persönliche Angelegenheit«, erwiderte der Fremde und entschwand in der Menge.

8. Kapitel Das ›Heilige Land‹

Zwischen 1801 und 1851 dehnte sich das Stadtgebiet Londons auf das Dreifache aus. Mit zweieinhalb Millionen Einwohnern war es nunmehr die weitaus größte Stadt der Welt, und jeder ausländische Besucher zeigte sich über ihre Ausdehnung erstaunt. Nathaniel Hawthorne war sprachlos; Henry James war fasziniert und entsetzt angesichts dieser ›erschreckend vielen Menschen‹; Dostojewski fand die Stadt ›riesig wie einen Ozean... Sie ist eine biblische Vision, eine Prophetie der Apokalypse, die sich vor unseren Augen erfüllt‹.
Dabei wuchs London immer noch weiter. Um die Mitte des 19. Jahrhunderts waren ständig etwa viertausend neue Wohnungen gleichzeitig im Bau. Die Stadt platzte buchstäblich aus allen Nähten. Die heute vertraute Zersiedelung gab es schon damals und wurde als ›Flucht in die Vororte‹ bezeichnet. Randgebiete der Stadt, die zu Beginn des Jahrhunderts noch Dörfer und kleine Marktflecken gewesen waren – Marylebone, Islington, Camden, St. John's Wood und Bethnal Green –, präsentierten sich nun als vollständig bebaute Stadtbezirke. Der seit kurzem zu einigem Wohlstand gelangte Mittelstand floh aus der Innenstadt, um sich in diesen Gebieten anzusie-

deln, wo die Luft besser war, der Lärm weniger lästig und das Leben allgemein angenehmer und ›ländlicher‹.
Einige der älteren Bezirke Londons hatten natürlich ihre durch große Eleganz und Wohlhabenheit geprägte Eigenart bewahrt, aber diese Viertel grenzten oft direkt an die abstoßendsten und erschreckendsten Slums. Das unmittelbare Nebeneinander von großem Reichtum und abgrundtiefem Elend beeindruckte auch ausländische Besucher, dies besonders deshalb, weil diese Elendsviertel Zufluchtsort und Brutstätte der sogenannten ›kriminellen Klasse‹ waren. Es gab Bezirke in London, in denen ein Dieb nach einem Einbruch in ein vornehmes Haus nur die Straße zu überqueren brauchte und in einem unübersehbaren Gewirr enger Gassen und baufälliger Häuser untertauchen konnte. Diese Gegenden waren so vollgestopft mit Menschen und so gefährlich, daß nicht einmal ein bewaffneter Polizist einen Übeltäter bis hierher zu verfolgen wagte.
Wie Elendsviertel entstehen, wurde damals nur von sehr wenigen erkannt; der Begriff ›Slum‹ setzte sich erst um 1890 allgemein durch. Die uns heute vertraute Entwicklung wurde aber bereits vage gesehen: ein bestimmtes Viertel wurde durch neu erbaute Straßenzüge von der übrigen Stadt abgeschnitten; der Verkehrsstrom wurde an diesem Viertel vorbeigelenkt, Geschäfte schlossen; andernorts unerwünschte Industriebetriebe siedelten sich jetzt hier an, die viel Lärm machten, die Luft verschmutzten und die Attraktivität des Viertels weiter verringerten; am Ende mied jeder dieses Viertel, der die Mittel besaß, woanders zu wohnen; das Viertel verfiel, Häuser und Straßen wurden nicht mehr gepflegt.
Damals wie heute existierten diese Slums zum Teil auch, weil sie für Hauswirte profitabel waren. In einem Haus mit acht Räumen wohnten oft bis zu hundert Logiergäste, von denen jeder einen oder zwei Shilling wöchentlich zu entrichten hatte, um dann in ›kunterbunter Promiskuität‹ zu leben. Bis zu

zwanzig Angehörige des gleichen oder verschiedenen Geschlechts schliefen in einem Raum. (Die wohl bizarrsten Logierhäuser der damaligen Zeit waren die im Hafen gelegenen *penny hangs* für Seeleute. Hier konnte ein betrunkener Seemann für einen Penny nächtigen. Die Männer legten die Arme über in Brusthöhe angebrachte Seile und hingen dann dort wie Wäschestücke auf der Leine.)
Während manche der Eigentümer dieser Logierhäuser oder Nachtasyle in dem gleichen Viertel lebten — und statt des Mietzinses oft gestohlenes Gut annahmen —, zogen andere Hauswirte, die als angesehene Bürger galten, es vor, woanders zu wohnen. Sie hielten sich den Elendsvierteln fern und überließen es irgendeinem rauhbeinigen Stellvertreter, die Mieten einzutreiben und die Häuser notdürftig oder nur zum Schein in Ordnung zu halten.
Es gab in jener Zeit verschiedene berüchtigte Elendsviertel, Seven Dials, Rosemary Lane, Jacob's Island oder Ratcliffe Highway, aber keines war bekannter als die sechs Acres im Herzen Londons, wo sich das Elendsviertel St. Giles befand, das sogenannte ›Heilige Land‹. Dank seiner Nähe zu den Theatern am Leicester Square, zum Dirnenviertel am Haymarket und zu den eleganten Geschäften der Regent Street hatte St. Giles eine strategisch günstige Lage für Kriminelle, die ›untertauchen‹ wollten.
In zeitgenössischen Berichten wird das Heilige Land als ›dichte Masse von Häusern‹ beschrieben, ›die so alt sind, daß man den trügerischen Eindruck erhält, sie könnten gar nicht einstürzen. Dazwischen winden und schlängeln sich enge Gassen. Hier kann sich niemand in eigene vier Wände zurückziehen, und wer sich in dieses Viertel hineinwagt, findet die — nur aus Höflichkeit so genannten — Straßen voller Nichtstuer und blickt durch trübe Fensterscheiben in Räume, die zum Bersten überfüllt sind und in denen man kaum atmen kann‹. Es finden sich Hinweise auf ›Rinnsteine, in denen eine stin-

kende Brühe steht‹, auf ›den unbeschreiblichen Schmutz in dunklen Gängen, auf rußverschmierte Wände, Türen fallen aus ihren Angeln . . . und überall wimmelt es von Kindern, die ihre Notdurft verrichten, wo immer es ihnen behagt‹.
Eine derart verwahrloste, übelriechende und gefährliche Behausung war gewiß kein Aufenthaltsort für einen vornehmen Herrn, schon gar nicht nach Einbruch der Dunkelheit an einem nebligen Sommerabend. Aber Ende Juli 1854 promenierte ein modisch gekleideter rotbärtiger Herr furchtlos durch die rauchgeschwängerten, überfüllten und engen Gassen. Den Tagedieben und Landstreichern, die ihm mit den Blicken folgten, konnte nicht entgehen, daß sein mit einem Silberknauf versehener Stock auffällig schwer zu sein schien und gut einen Degen verbergen konnte. Eine Ausbuchtung der Hose deutete darauf hin, daß im Gürtel ein ›Kracher‹ steckte. Allein schon die Kühnheit dieses Vordringens ins Heilige Land mochte viele der Wegelagerer einschüchtern, die versucht sein konnten, diesen Mann zu überfallen.
Pierce selbst sagte später einmal: »Es ist das Auftreten, das von diesen Leuten respektiert wird. Jeder Mann, der keine Angst vor ihnen zeigt, versetzt sie selbst in Angst.«
Pierce ging durch die stinkenden Straßen und fragte nach einer bestimmten Frau. Schließlich fand er einen lungernden Trunkenbold, der sie kannte.
»Ist es Maggie, die Sie suchen? Die kleine Maggie?« fragte der Mann. Er lehnte im Nebel an einem gelben Gaslaternenpfahl. Im dichten Schatten konnte man sein Gesicht kaum erkennen.
»Ich suche eine Hure – Sauber-Willys Schatz.«
»Die kenne ich. Sie ist Waschfrau und läßt ab und zu was mitgehen. Ja, das ist sie.« Hier machte der Mann eine bedeutungsvolle Pause und sah Pierce blinzelnd an.
Pierce gab ihm eine Münze.
»Wo finde ich sie?«

»Erster Durchgang, dann erste Tür zur rechten Hand«, sagte der Mann.
Pierce setzte seinen Weg fort.
»Brauchen sich gar nicht die Mühe zu machen«, rief der Mann hinter ihm her. »Willy sitzt im Kittchen, in Newgate sogar, und reißt seine Zeit in der Tretmühle ab.«
Pierce sah sich nicht um. Er ging die Straße hinunter, vorbei an schemenhaften Gestalten im Nebel, hier und da leuchtete etwas im Dunkeln auf – Phosphorflecken am Kleid einer Frau, die in der Zündholzfabrik arbeitete. Hunde bellten, Kinder weinten. Durch den Nebel drangen Geflüster, Stöhnen und Gelächter an Pierces Ohr. Schließlich gelangte er zu der schäbigen Herberge, an deren Eingang ein Rechteck gelben Lichts ein unbeholfen beschriftetes Schild beleuchtete. Dort stand zu lesen:

Zimmer für
Reisende

Pierce warf einen Blick auf das Schild und betrat das Haus. Er bahnte sich den Weg durch ein Gewimmel schmutziger und abgerissener Kinder, die sich auf den Treppen drängten. Einem versetzte er einen Schlag mit der flachen Hand, um ihnen allen zu zeigen, daß er ein Herumfingern an seinen Anzugtaschen nicht dulden würde. Er ging die knarrenden Stufen zum ersten Stock hinauf und fragte nach Maggie. Man sagte ihm, sie sei in der Küche, und so ging er wieder ins Erdgeschoß hinunter.
Die Küche war der Mittelpunkt dieser Art von Herbergen, und um diese Stunde war sie ein warmer und freundlicher Ort, in dem Hitze und starke Gerüche miteinander verschmolzen, während draußen vor den Fenstern grauer und kalter Nebel waberte. Ein halbes Dutzend Männer stand plaudernd und trinkend am Herdfeuer. An einem Seitentisch spielten

einige Männer und Frauen Karten, während andere dampfende Suppe in sich hineinlöffelten. In den Ecken türmten sich Musikinstrumente, Krücken von Bettlern, Körbe von Haustieren und Bauchläden von Straßenhändlern. Pierce fand Maggie, ein schmutziges Kind von zwölf Jahren, und zog sie beiseite. Er gab dem Mädchen eine Goldguinee. Sie biß darauf und bleckte die Zähne zu einem leichten Lächeln.
»Worum geht's denn, Herr?« Sie sah anerkennend auf seine feine Kleidung. Dieser berechnende Blick war nicht mehr der Blick eines kleinen zwölfjährigen Kindes. »Ein bißchen Spaß zu zweit?«
Pierce ignorierte den Vorschlag.
»Du hast es mit Sauber-Willy?«
Sie zuckte die Achseln.
»Das war einmal. Willy sitzt.«
»Newgate?«
»Ja.«
»Besuchst du ihn manchmal?«
»Ja, ab und zu. Ich gehe als seine Schwester hin, verstehen Sie?«
Pierce zeigte auf die Münze, die sie in der Hand hielt. »Du kriegst noch eine davon, wenn du ihm eine Nachricht bringen kannst.«
Einen Augenblick blitzte es in den Augen des Mädchens auf. Dann wurden sie wieder ausdruckslos. »Worum geht's?«
»Sag Willy, er soll bei der nächsten Hinrichtung ausbrechen. Man wird Emma Barnes hängen, die Mörderin. Sie werden sie ganz sicher öffentlich hängen. Sag ihm: Brich bei der Hinrichtung aus.«
Sie lachte. Es war ein seltsames Lachen, harsch und rauh. »Willy sitzt in Newgate«, sagte sie, »und da bricht keiner aus — ob gerade jemand aufgehängt wird oder nicht.«
»Sag ihm, daß *er's* schon schaffen wird«, sagt Pierce. »Sag ihm, er soll zu dem Haus gehen, wo er John Simms kennengelernt hat; dann wird schon alles in Ordnung kommen.«

»Sind Sie John Simms?«
»Ich bin ein Freund«, erwiderte Pierce. »Und sag ihm, bei der nächsten Hinrichtung. Entweder er schafft es, oder er ist nicht Sauber-Willy.«
Sie schüttelte den Kopf.
»Wie soll er aus Newgate ausbrechen?«
»Sag's ihm nur«, entgegnete Pierce und wandte sich zum Gehen.
An der Küchentür drehte er sich um und sah sie an: ein mageres Kind mit hängenden Schultern, das in einem zerlumpten Kleid steckte. Das Kleid war mit Schmutzflecken übersät, ihr Haar verfilzt und schmutzig.
»Ich werd's ihm sagen«, versetzte sie und ließ das Goldstück im Schuh verschwinden.
Pierce wandte sich ab und verließ das Heilige Land auf dem Weg, auf dem er gekommen war. Er trat aus einer schmalen Gasse auf den Leicester Square und verschwand in der Menge vor dem Mayberry Theatre.

9. Kapitel Der Tag eines Bankiers

Das ehrbare London schlief friedlich. In der Zeit vor der Erfindung des Verbrennungsmotors lag das Geschäfts- und Bankenviertel im Herzen der Stadt nach Einbruch der Dunkelheit verlassen und still da. Nur die festen Schritte der Konstabler der Metropolitan Police durchbrachen alle zwanzig Minuten das nächtliche Schweigen.
Wenn der Morgen graute, hörte man Hähne krähen und Kühe muhen – ländliche Laute, die nicht recht zu einer so städtischen Umgebung passen wollen. Aber in jenen Tagen gab es in der Innenstadt Vieh, und die Viehzucht war in London noch immer ein bedeutender Erwerbszweig und zudem tagsüber eine Hauptursache von Verkehrsstockungen. Es konnte einem besseren Herrn durchaus passieren, daß ein Schäfer

mit seiner Herde auf den Straßen der Innenstadt seiner Kutsche den Weg versperrte. London war damals das größte städtische Gemeinwesen der Erde, aber die Grenzen zwischen städtischem und ländlichem Leben waren – wenn man moderne Maßstäbe anlegt – noch fließend.
Aber nur so lange, bis die Turmuhr der Horse Guards sieben schlug und die ersten jener Menschen, die wir heute ›Pendler‹ nennen, ihrer Arbeit zustrebten, allerdings ›auf Schusters Rappen‹, also zu Fuß. Es waren die Heere von Frauen und Mädchen, die bis zur Erschöpfung in den Kleiderfabriken im West End arbeiteten – zwölf Stunden am Tag und für nur ein paar Shillinge in der Woche.
Um acht Uhr wurden die hölzernen Läden der Geschäfte an den großen Straßen abgenommen; Lehrlinge und Gehilfen dekorierten die Schaufenster für den neuen Tag, stellten zur Schau, was ein zeitgenössischer sarkastischer Beobachter ›die unzähligen Albernheiten und den ganzen Krimskrams der jeweils neuesten Mode‹ nannte.
Zwischen acht und neun Uhr herrschte dichter Verkehr. Auf den Straßen drängten sich die Menschen. Alle Welt war auf den Beinen, Regierungsbeamte, Bankkassierer, Börsenmakler, Zuckerbäcker, Seifensieder. Sie legten den Weg zur Arbeit zu Fuß, in Pferdeomnibussen oder Kutschen zurück – ein ratterndes, lärmendes, drangvoll enges Durcheinander von Fuhrwerken und Kutschern, die fluchend und schimpfend auf ihre Pferde einhieben.
Inmitten dieses geräuschvollen Verkehrs begannen die Straßenkehrer ihre Tagesarbeit. In der stark nach Ammoniak riechenden Luft fegten sie, vorsichtig zwischen Omnibussen, Kutschen und Karren lavierend, die ersten Pferdeäpfel auf. Sie hatten genug zu tun: Henry Mayhew zufolge ließ jedes Londoner Pferd jährlich sechs Tonnen Mist auf die Straßen der Stadt fallen – und es gab mindestens eine Million Pferde in London.

Mitten durch diesen Wirrwarr rollten einige wenige elegante Kutschwagen aus glänzendem, schwarzlackiertem, auf Hochglanz poliertem Holz. Diese sanft gefederten Gefährte mit kunstvoll gearbeiteten Speichenrädern beförderten ihre Insassen, Herren mit Rang und Namen, höchst komfortabel ihren Pflichten entgegen.

Pierce und Agar, die auf dem Dach eines der Huddleston & Bradford-Bank gegenüberliegenden Hauses kauerten, beobachteten, wie eine solche Kutsche sich auf der unter ihnen liegenden Straße dem eindrucksvollen Bankgebäude näherte.

»Da ist er«, sagte Agar.

Pierce nickte. »Nun, bald wissen wir Bescheid.« Er blickte auf seine Uhr. »Acht Uhr neunundzwanzig. Pünktlich wie immer.«

Pierce und Agar hielten sich seit Tagesanbruch auf dem Dach auf. Sie hatten die frühe Ankunft der Schalterbeamten und der Buchhalter beobachtet; sie hatten gesehen, wie der Verkehr auf der Straße und das Gedränge auf den Bürgersteigen mit jeder Minute dichter und eiliger geworden war.

Jetzt rollte die Kutsche vor der Eingangstür der Bank aus, und der Kutscher sprang vom Bock, um den Schlag zu öffnen. Der Präsident von Huddleston & Bradford stieg aus. Mr. Edgar Trent ging auf die Sechzig zu. Er hatte einen grauen Bart und trug einen beachtlichen Embonpoint vor sich her. Ob er wirklich kahl wurde oder nicht, konnte Pierce nicht ausmachen, denn Mr. Trents Kopf bedeckte ein Zylinder.

»Ein fetter Kerl, was?« sagte Agar.

»Achtung, jetzt«, sagte Pierce.

In genau dem Augenblick, in dem Mr. Trent auf den Bürgersteig trat, wurde er von einem gutgekleideten jungen Mann grob angerempelt. Dieser murmelte eine kurze Entschuldigung über die Schulter und eilte mit den anderen Passanten weiter. Mr. Trent ignorierte den Zwischenfall. Er ging die wenigen Schritte auf die imposanten Eichentüren der Bank zu.

Dann blieb er plötzlich wie angewurzelt stehen.
»Es hat gewirkt«, sagte Pierce.
Trent blickte hinter dem gutgekleideten jungen Mann her, klopfte im gleichen Augenblick gegen die Seitentasche seiner Jacke und tastete nach einem bestimmten Gegenstand. Was er suchte, war offenbar immer noch an seinem Platz; er ließ die Schultern erleichtert sinken und setzte seinen Weg ins Bankgebäude fort.
Die Kutsche rollte davon; die schweren Türen drüben schlossen sich wieder.
Pierce lächelte breit und wandte sich Agar zu. »Nun«, sagte er, »das wär's.«
»Was?« fragte Agar.
»Was wir wissen wollten.«
»Und was wollten wir denn wissen?« sagte Agar.
»Wir wollten wissen, ob Mr. Trent heute seinen Schlüssel mitgebracht hat«, sagte Pierce ganz langsam, »denn heute ist der Tag ...« Er brach mitten im Satz ab. Er hatte Agar noch nicht in seinen Plan eingeweiht und wollte das auch erst in der allerletzten Minute tun. Ein Mann wie Agar, der zum Trunk neigte, konnte leicht zur Unzeit schwatzen. Was ein Trinker aber nicht wußte, konnte er auch nicht preisgeben.
»Was für ein Tag?« hakte Agar nach.
»Der Tag der Abrechnung«, sagte Pierce.
»Sie sind reichlich zugeknöpft, das muß ich sagen«, bemerkte Agar. Und dann fügte er hinzu: »War das nicht Teddy Burke, der einen Griff versuchte?«
»Wer ist Teddy Burke?« fragte Pierce.
»Ein Taschendieb, der auf dem *Strand* sein Revier hat.«
»Wie sollte ich den kennen«, murmelte Pierce, worauf die beiden Männer das Dach des Gebäudes verließen.
»Mein Gott, aus Ihnen kriegt man aber auch gar nichts raus«, sagte Agar. »Das *war* Teddy Burke.«
Pierce lächelte nur.

In den folgenden Wochen erfuhr Pierce eine ganze Menge über Mr. Trent und dessen Tageseinteilung. Mr. Trent war ein recht gestrenger und gottesfürchtiger Mann; er trank mit Maßen, rauchte nicht und spielte auch nie Karten. Er war Vater von fünf Kindern. Seine erste Frau war vor einigen Jahren im Kindbett gestorben. Seine zweite Frau, Emily, war dreißig Jahre jünger als er und eine stadtbekannte Schönheit, dabei aber ebenso fromm und sittsam wie ihr Mann.

Die Trents residierten in der Highwater Road 17 in Mayfair. Sie bewohnten dort ein weitläufiges georgianisches Herrenhaus mit dreiundzwanzig Zimmern, die Dienstbotenräume nicht mitgerechnet. Insgesamt standen der Familie zwölf Bedienstete zur Verfügung: ein Kutscher, zwei Diener, ein Gärtner, ein Hauswart, ein Butler, eine Köchin, zwei Küchen- und drei Hausmädchen. Für die drei jüngsten Kinder stand noch eine Gouvernante in den Diensten der Familie.

Die Kinder, der Jüngste vier Jahre alt, die Älteste neunundzwanzig, lebten noch alle im Haus. Der Vierjährige war Schlafwandler und schreckte nachts oft das ganze Haus auf.

Mr. Trent hielt zwei Bulldoggen, die zweimal am Tag, um sieben Uhr morgens und abends Viertel nach acht, von den Küchenmädchen ausgeführt wurden. Die Hunde wurden hinter dem Haus in einem Zwinger nahe beim Lieferanteneingang gehalten.

Auch Mr. Trent folgte einem streng geregelten Tagesablauf. Er stand jeden Morgen um sieben Uhr auf, frühstückte um sieben Uhr dreißig, fuhr um acht Uhr zehn zur Bank, wo er um acht Uhr neunundzwanzig eintraf. Seinen Lunch nahm er Punkt ein Uhr ausnahmslos bei Simpson's ein, wo er eine Stunde blieb. Er verließ die Bank pünktlich um sieben Uhr abends und kam nie später als zwanzig nach sieben nach Hause. Er war zwar Mitglied verschiedener Clubs, die er aber selten besuchte. Mr. Trent und seine Frau gingen im Verlauf einer Woche zweimal aus; im allgemeinen gaben sie einmal die Woche ein Dinner, gelegentlich eine größere Party. An solchen Abenden wurden ein zusätzliches Hausmädchen und ein weiterer Diener beschäftigt. Diese Leute wurden nur von benachbarten Haushalten ausgeliehen; es handelte sich um sehr zuverlässige Bedienstete, die sich nicht bestechen ließen. Die Händler und Lieferanten, die sich tagtäglich am Seiteneingang des Hauses einfanden, belieferten alle Haushaltungen der Straße. Sie achteten peinlich darauf, sich nie mit fragwürdigen Existenzen abzugeben. Für einen Obst- und Gemüsehändler war es gar nicht leicht, sich so eine vornehme Straße zu erobern, und wer es geschafft hatte, plauderte nichts aus. Von einem Schornsteinfeger namens Marks, der in dieser Gegend arbeitete, wußte man, daß er sofort die Polizei verständigte, wenn sich ein verdächtiges Individuum zeigte, offenbar Informationen einholte und womöglich etwas ›ausbaldowerte‹. Der Schornsteinfegerlehrling war ein Einfaltspinsel, aus dem sich nichts herausholen ließ.

Der Konstabler, der in der Straße patrouillierte, Lewis, machte alle siebzehn Minuten seine Runde. Um Mitternacht war Schichtwechsel. Der für den Nachtdienst eingeteilte Beamte, Howell, machte alle sechzehn Minuten die Runde. Beide Männer waren höchst zuverlässig, nie krank oder angetrunken und keiner Bestechung zugänglich.

Die Dienerschaft war zufrieden. Kein Bediensteter war in letzter Zeit eingestellt oder entlassen worden. Man behandelte sie alle gut, was sie, besonders Mrs. Trent gegenüber, mit Loyalität vergalten. Der Kutscher war mit der Köchin verheiratet. Einer der Diener schlief mit einem der Hausmädchen. Die beiden anderen Mädchen waren hübsch, und es fehlte ihnen offenkundig nicht an männlichem Schutz: sie hatten unter der Dienerschaft der benachbarten Haushalte Liebhaber gefunden.

Einmal im Jahr, im August, fuhren die Trents an die See. In diesem Jahr allerdings würde diese Reise entfallen, denn die geschäftlichen Verpflichtungen Mr. Trents waren so umfangreich, daß sie seine Anwesenheit in der Stadt während des ganzen Sommers erforderten. Die Familie verbrachte gelegentlich ein Wochenende im Haus der Eltern Mrs. Trents auf dem Land, aber während dieser Ausflüge blieb die Mehrheit der Dienerschaft in der Stadt. Im Stadthaus hielten sich nie weniger als acht Personen auf.

Alle diese Informationen beschaffte Pierce sich nach und nach und mit größter Vorsicht; oft nahm er dabei Risiken auf sich. Offenbar benutzte er bei seinen Gesprächen mit Bediensteten in Pubs und auf der Straße verschiedene Verkleidungen. Er muß auch in der Nachbarschaft Erkundungsgänge gemacht haben, um die Gewohnheiten der Hausbewohner auszukundschaften, aber das war ein gefährliches Verfahren. Er hätte natürlich einige ›Krähen‹ anheuern können, damit sie die Gegend für ihn auskundschafteten, aber je mehr Leute er einsetzte, um so größer wurde die Gefahr, daß Gerüchte über einen bevorstehenden Einbruch bei den Trents laut wurden. In diesem Fall würden die ohnehin schon beträchtlichen Schwierigkeiten eines nächtlichen Eindringens ins Haus noch größer. Pierce zog es also vor, die meiste Arbeit selbst zu tun; nur Agar half ihm gelegentlich.

Seiner eigenen Aussage zufolge war Pierce Anfang August noch nicht weitergekommen als einen Monat vorher. »Der Mann gab für sich kein Geld aus«, sagte Pierce über Trent. »Keine Laster, keine Schwächen, nichts Exzentrisches, und seine Frau hätte einem Handbuch über die pflichtbewußte Führung eines glücklichen Haushalts entsprungen sein können.« Es hatte also offenkundig keinen Sinn, mit der nur höchst vagen Chance, den versteckten Schlüssel zu finden, in ein Dreiundzwanzig-Zimmer-Herrenhaus einzubrechen. Pierce brauchte unbedingt weitere Informationen, und während seiner fortgesetzten Kundschafterarbeit wurde deutlich, daß er diese Informationen nur von Mr. Trent selbst erhalten konn-

te. Der Aufbewahrungsort des Schlüssels war nur ihm bekannt. Pierce war es jedoch nicht gelungen, eine persönliche Bekanntschaft mit Mr. Trent anzuknüpfen. Henry Fowler, mit dem Pierce von Zeit zu Zeit bei einem Herrenabend in der Stadt zusammentraf, war von Pierce auf Trent hin angesprochen worden, aber Fowler hatte gesagt, der Mann sei fromm, rechtschaffen und ein rechter Langweiler; Fowler fügte hinzu, seine Frau sei zwar hübsch, gehe einem aber genauso auf die Nerven. (Als diese Äußerungen beim Prozeß zur Sprache kamen, brachten sie Mr. Fowler in arge Verlegenheit; er sollte später aber in noch größere Verlegenheit geraten.)
So wäre jeder über Pierces Wunsch, ihn mit diesem uncharmanten Paar bekannt zu machen, erstaunt gewesen. Sich Trent direkt zu nähern, verbot sich ebenfalls, selbst unter dem Vorwand, es gehe um geschäftliche Dinge. Henry Fowler würde mit Recht erwarten, daß Pierce sich in allen geschäftlichen Fragen an ihn hielt. Pierce kannte außer Fowler auch niemanden, der mit Trent Umgang hatte.
Pierce hatte also keinerlei Trümpfe in der Hand, und am 1. August war er so weit, daß er schon ganz verzweifelte Manöver erwog. So wollte er sich etwa vor dem Wohnhaus der Trents oder vor der Bank von einer Kutsche anfahren lassen. Das waren jedoch billige Tricks, die zudem voraussetzten, daß Pierce sich tatsächlich dabei verletzte, wenn sie überhaupt wirken sollten. Über solche Aussichten war er verständlicherweise nicht glücklich und schob die Angelegenheit immer wieder hinaus. Und da, am Abend des 3. August, wich Mr. Trent plötzlich von seinem gewohnten Tagesablauf ab. Er kehrte zur gewohnten Zeit um zwanzig nach sieben nach Hause zurück, ging aber nicht ins Haus, sondern begab sich sogleich zum Hundezwinger und nahm eine seiner Bulldoggen an eine Koppelleine. Er streichelte das Tier ausgiebig, kletterte mit ihm in die wartende Kutsche und rollte davon.
Als Pierce das sah, wußte er, daß der Mann ihm sicher war.

Unweit Southwark Mints befand sich der Mietstall von Jeremy Johnson & Son. Das kleinere Unternehmen hielt in drei hölzernen Stallungen etwa zwei Dutzend Pferde bereit. Sättel, Zaumzeug und andere Gerätschaften hingen an den Wänden. Ein zufälliger Besucher wäre vielleicht überrascht gewesen, statt des Wieherns von Pferden das unverkennbare Bellen, Knurren und Jaulen von Hunden zu hören. Häufigere Besucher waren damit jedoch vertraut. In ganz London fand man zahlreiche angesehene Unternehmen dieser Art, die nebenher Kampfhunde abrichteten und verkauften.

Mr. Jeremy Johnson senior führte seinen rotbärtigen Kunden durch die Ställe nach hinten. Mr. Johnson war ein jovialer alter Mann, dem die meisten Zähne fehlten. »Selbst kann ich zwar nicht mehr so zubeißen«, sagte er kichernd, »aber trinken kann ich noch sehr gut, das dürfen Sie mir glauben.« Er gab einem Pferd einen Klaps aufs Hinterteil, damit es ihm Platz machte. »Los, beweg dich«, sagte er und sah dann wieder Pierce an. »Also, womit kann ich Ihnen denn dienen?«

»Nur mit dem Besten«, sagte Pierce.

»Das wollen alle Herren«, entgegnete Mr. Johnson mit einem Seufzen. »Alle wollen immer den Besten.«

»Ich bin sehr anspruchsvoll.«

»Oh, das ist mir klar«, sagte Johnson. »Das sehe ich. Sie suchen einen jungen, dem Sie den letzten Schliff geben können?«

»Nein«, erwiderte Pierce, »ich suche einen voll abgerichteten Hund.«

»Da werden Sie aber einiges anlegen müssen, wissen Sie.«

»Ich weiß.«

»Sehr teuer, sehr teuer«, murmelte Johnson und ging durch den Stall weiter nach hinten. Er schob eine quietschende Tür auf, und sie traten auf einen kleinen Hof hinter den Stallungen. Hier sah Pierce drei kreisrunde Kampfplätze für Ratten-

und Hundekämpfe, die mit Holz verschalt waren. Sie maßen etwa sechs Fuß im Durchmesser. Ringsherum Hunde in Käfigen. Die Hunde jaulten und kläfften, als sie die Männer sahen.

»Sehr teuer, so ein abgerichteter Hund«, sagte Johnson. »Es braucht ein sehr langes Training, bevor man einen guten Kampfhund hat. Ich will Ihnen mal sagen, wie wir das machen. Erst geben wir den Hund zu einem Straßenhändler, der ihn Tag um Tag am Karren mitlaufen läßt. Damit er Ausdauer bekommt, verstehen Sie?«

»Ich verstehe«, sagte Pierce ungeduldig, »aber ich...«

»Dann«, fuhr Johnson fort, »dann stecken wir ihn zu einem zahnlosen alten Hund in den Käfig—oder auch zu einem jungen ohne Zähne, wie wir es zur Zeit tun müssen. Unseren bisherigen Trainingshund haben wir nämlich vor vierzehn Tagen verloren. Darum benutzen wir jetzt diesen hier« — er deutete auf einen der eingepferchten Hunde. »Wir haben ihm alle Zähne herausgebrochen, damit er diese Aufgabe übernehmen kann. Ein sehr guter Trainingshund übrigens, er weiß genau, wie er einem Neuling zu schaffen machen kann — sehr lebhaft, dieser Bursche, wirklich.«

Pierce betrachtete den Trainingshund, ein junges und gesundes Tier, das kräftig bellte. All seine Zähne waren herausgebrochen worden, was ihn aber nicht davon abhielt, zu knurren und drohend die Lefzen zurückzuziehen. Der Anblick brachte Pierce zum Lachen.

»Ja, ja, ich weiß, sieht ein bißchen lächerlich aus«, sagte Johnson und ging um den Käfig herum, »aber hier, bei diesem, sieht es wieder anders aus. Bei dem hier ist es kein Spaß. Das ist garantiert der beste ›Reizhund‹ in ganz London.«

Es war ein Bastard, größer als eine Bulldogge, an bestimmten Stellen waren die Haare wegrasiert. Pierce kannte das Verfahren: Ein junger Hund wurde zunächst in Sparringskämpfen mit einem alten und zahnlosen Veteranen trainiert.

Dann wurde er zusammen mit einem ›Reizhund‹ in die Arena geschickt, einem Tier, das man zu opfern bereit war, das aber doch guten Kampfgeist besaß. Im Verlauf der Sparringskämpfe mit dem Reizhund erwarb der Anfänger dann die Fähigkeiten, die er brauchte, um in einem Kampf auf Leben und Tod zu bestehen. Die übliche Praxis bestand darin, daß man beim ›Reizhund‹ die verletzlicheren Körperteile rasierte und so den Neuling reizte, diese Stellen anzugreifen.

»Dieser Bursche«, sagte Johnson, »dieser Reizer hat bei mehr Champions Spuren hinterlassen, als Sie zählen können. Sie kennen Mr. Benderbys Hund, der vergangenen Monat den Killer von Manchester bezwungen hat? Nun, dieser Reizer hier hat Mr. Benderbys Hund trainiert. Übrigens auch den Hund von Mr. Starrett und – ach, noch ein Dutzend andere, sämtlich erstklassige Kampfhunde. Jetzt kommt also Mr. Starrett persönlich zu mir und will genau diesen Reizer kaufen. Sagt mir, er braucht ihn, um ein paar Dachse aufzustöbern. Wollen Sie wissen, was er mir geboten hat? Fünfzig Pfund bietet er mir. Und wissen Sie, was ich ihm sage? Um keinen Preis der Welt, sage ich, diesen Reizer gebe ich doch nicht für fünfzig Pfund her.«

Johnson schüttelte betrübt den Kopf.

»Als Dachshund würde ich sowieso keinen hergeben«, sagte er. »Dachse sind keine Gegner für einen richtigen Kampfhund. Nein, nein. Ein richtiger Kampfhund ist was für Hunde oder, wenn es denn sein muß, auch für Ratten.« Er sah Pierce von der Seite an. »Sie wollen doch einen Hund für Rattenkämpfe? Wir haben besonders ausgebildete Rattenhunde«, sagte Mr. Johnson. »Eine Spur weniger teuer, wissen Sie. Ich wollt's nur gesagt haben.«

»Ich will Ihren besten abgerichteten Hund.«

»Und Sie sollen ihn haben, mein Wort drauf. Der hier ist's, der ist ein wahrer Teufel, da haben Sie ihn.« Johnson blieb vor einem Käfig stehen. Pierce sah eine Bulldogge, die etwa vierzig Pfund wiegen mochte. Der Hund knurrte, rührte sich aber nicht. »Sehen Sie den? Der hat Selbstbewußtsein, sage ich Ihnen. Hat ein- oder zweimal schon kräftig hingelangt, und gut abgerichtet ist er außerdem. Böse, wie ich ihn nie gesehen habe. Manche Hunde haben nun einmal den Instinkt, wissen Sie – man kann ihnen das nicht beibringen. Sie haben einfach den Instinkt, sich ein Maulvoll zu holen, die gehen ran. Das hier ist so einer, der hat den Instinkt.«

»Wieviel?« fragte Pierce.

»Zwanzig Pfund.«

Pierce zögerte.

»Mit der beschlagenen Koppelleine, mit dem Halsband, mit Maulkorb, alles inbegriffen«, fügte Johnson hinzu. »Er wird Ihnen Ehre machen, ich schwör's Ihnen, große Ehre.«

Nach einem gedehnten Schweigen sagte Pierce kühl: »Ich will den *besten* Hund, den Sie haben.« Er zeigte auf den Käfig. »Dieser Hund hat nie gekämpft. Er hat keine Narben. Ich will einen Kampfhund, der sich schon bewährt hat.«

»Gut, Sie sollen ihn haben«, erwiderte Johnson, ohne mit der Wimper zu zucken. Er ging zwei Käfige weiter. »Der hier hat den Killerinstinkt, hat Blut geleckt, sozusagen. Und schnell? Nun, der hier ist schneller als Ihr Auge, ehrlich, der hier. Hat den Jagdhund vom alten Whitington letzte Woche einen Kopf kürzer gemacht, beim Turnier – vielleicht waren Sie sogar da und haben ihn gesehen?«

Pierce sagte: »Wieviel?«

»Fünfundzwanzig Pfund, alles inbegriffen.«

Pierce starrte das Tier einen Augenblick an und sagte dann: »Ich will den besten Hund, den Sie haben.«

»Genau den haben Sie vor sich, ich schwöre – genau den, den besten von allen.«

Pierce kreuzte die Arme auf der Brust und stampfte ungeduldig mit dem Fuß auf.

»Ich schwöre es, Sir, fünfundzwanzig Pfund. Alles, was sein

Herr sich nur erträumen kann. Und in jeder Beziehung große Klasse.«
Pierce starrte ihn nur an.
»Also schön«, sagte Johnson und blickte zur Seite, als hätte Pierce ihn aus der Fassung gebracht. »*Einer* ist da noch, aber der ist eine Sache für sich. Er hat den Killerinstinkt, ist blutrünstig, schnell wie der Blitz und hart im Nehmen. Hier entlang.«
Er führte Pierce von dem umschlossenen Hof zu einem anderen freien Platz, wo drei Hunde in etwas größeren Zwingern gehalten wurden. Diese Hunde waren schwerer als die anderen. Pierce schätzte ihr Gewicht auf je fünfzig Pfund, vielleicht wogen sie sogar noch mehr. Johnson tippte auf den mittleren Käfig.
»Der hier«, sagte er. »Der ist einmal sogar auf mich losgegangen. Hab' schon gedacht, ich müßte ihn töten – er ist durch und durch böse –, ein Killer.« Johnson krempelte sich den Ärmel auf und entblößte ein paar gezackte weiße Narben. »Das hat der mir angetan«, sagte er, »hat plötzlich durchgedreht. Ich hab' ihn aber wieder aufgenommen, ihn gepflegt und ihm eine besondere Ausbildung gegeben, denn er hat den Kampfgeist, verstehen Sie, und der Kampfgeist ist alles.«
»Wieviel?« fragte Pierce.
Johnson betrachtete die Narben auf dem Arm. »Den wollte ich eigentlich behalten, um ...«
»Wieviel?«
»Kann ihn nicht für weniger als fünfzig Pfund hergeben, bitte um Vergebung.«
»Ich gebe Ihnen vierzig.«
»Verkauft«, sagte Johnson schnell. »Sie nehmen ihn gleich mit?«
»Nein«, erwiderte Pierce. »Ich werde ihn aber bald holen lassen. Im Augenblick behalten Sie ihn bitte noch hier.«
»Dann werden Sie vielleicht eine Kleinigkeit anzahlen?«

»Gewiß«, sagte Pierce und gab dem Mann zehn Pfund. Dann wies er Johnson an, die Kiefer des Hundes zu öffnen, und warf einen prüfenden Blick auf die Zähne des Tiers. Danach verabschiedete er sich und ging.

»Hol' mich der Teufel«, sagte Johnson, nachdem Pierce gegangen war. »Der Mann kauft einen abgerichteten Hund und läßt ihn dann hier. Was sind denn das für Zeiten? Wo soll das noch hinführen?«

11. Kapitel Die Rattenjagd

Captain Jimmy Shaw, ein ehemaliger Faustkämpfer, betrieb den berühmtesten aller *sporting pubs* – ›Die Königskrone‹ – in einer Nebenstraße der Windmill Street. Einem Besucher dieses Pubs bot sich am Abend des 10. August 1854 ein höchst seltsames Schauspiel, denn obwohl der Pub eine bemerkenswert niedrige Decke hatte und einen selten schäbigen und billigen Eindruck erweckte, drängten sich hier zahlreiche gutgekleidete Herren Schulter an Schulter mit Hausierern, Schwellenlegern, Straßenhändlern und anderen Angehörigen der niedrigsten Stände. Das schien jedoch niemanden zu stören, denn alle Anwesenden befanden sich in einem Zustand aufgeregter lärmender Erwartung. Überdies hatte fast jeder Besucher einen Hund bei sich. Man sah Tiere der verschiedensten Rassen: Bulldoggen, Skyterrier, Bullterrier sowie verschiedene Bastarde. Einige kauerten in den Armen ihrer Besitzer, andere waren an Tischbeinen oder an der Fußstange vor der Theke festgebunden. Sie alle waren Gegenstand hitziger Gespräche und genauer Prüfung: Man hielt sie hoch, um ihr Gewicht zu taxieren, befühlte ihre Läufe, um sich von der Stärke ihres Knochenbaus zu überzeugen, öffnete ihre Kiefer, um das Gebiß zu mustern.

Einem mit der Eigenart des Lokals nicht vertrauten Besucher wäre wohl aufgefallen, daß auch der spärliche Raumschmuck der ›Königskrone‹ das Interesse an Hunden zu erkennen gab. An den Wänden hingen metallbeschlagene Lederhalsbänder. An der Wand hinterm Tresen waren schmutzige Glaskästen mit ausgestopften Hunden angebracht. Neben dem Kamin hingen Stahlstiche von Hunden sowie eine berühmte Zeichnung von Tiny, dem ›Wunderhund‹, einer weißen Bulldogge, deren legendäre Leistungen jedem der hier Anwesenden geläufig waren.

Jimmy Shaw, eine stämmige Gestalt mit einer gebrochenen Nase, ging im Raum auf und ab und rief mit lauter Stimme: »Bitte um Ihre Bestellungen, meine Herren!« In der ›Königskrone‹ tranken selbst die feinsten Herren heißen Gin, und niemand schien die schäbige Umgebung zur Kenntnis zu nehmen. Und niemand fand etwas dabei, daß die meisten Hunde an Kopf, Leib und Läufen bereits Narben aufwiesen.

Über der Theke stand auf einem rußgeschwärzten Schild zu lesen:

Jedermann hat sein Pläsierchen
und Ratten sind ganz böse Tierchen

Und wenn jemand noch über den Sinn dieser Worte im unklaren war, so wußte er spätestens um neun Uhr Bescheid, wenn Captain Jimmy Order gab, ›über dem Kampfplatz Licht zu machen‹. Das war das Signal für sämtliche Anwesenden, ins Obergeschoß aufzubrechen. Jeder Mann trug seinen Hund, und jeder Mann drückte einem Helfer einen Shilling in die Hand, ehe er die Treppe hinaufstieg.

Das Obergeschoß der ›Königskrone‹ war ein großer Raum mit einer ebenso niedrigen Decke wie unten im Parterre. Hier fehlte jegliches Mobiliar. Die Arena beherrschte den Raum – ein runder Kampfplatz von sechs Fuß Durchmesser, der von vier Fuß hohen Planken umschlossen war. Der Boden der Arena wurde jeden Abend aufs neue weiß getüncht.

Als die Zuschauer im Obergeschoß ankamen, wurden ihre

Hunde mit einemmal lebendig: Sie wurden auf den Armen ihrer Besitzer unruhig, bellten wie wild und zerrten an ihren Leinen. Captain Jimmy sagte mit ernster Stimme: »Meine Herren, Sie sollten Ihre Lieblinge jetzt zum Schweigen bringen. Ich bitte um Ruhe.« Das war leichter gesagt als getan, denn schon wurde der erste Käfig mit Ratten hereingebracht. Beim Anblick der Ratten kläfften und knurrten die Hunde wie wild. Captain Jimmy hielt den rostigen Drahtkäfig hoch und schwenkte ihn hin und her. In dem Käfig tobten ungefähr fünfzig aufgeregte Ratten. »Wahre Musterexemplare, meine Herren«, verkündete Captain Jimmy. »Alles echte Landkinder, keine einzige aus den Abwässersielen. Wer will es mal versuchen?«

Inzwischen hatten sich etwa fünfzig oder sechzig Menschen in den Raum gezwängt. Viele lehnten auf den Planken. In jeder Hand war Geld zu sehen, und man tätigte lebhafte Geschäfte. Eine Stimme aus dem Hintergrund übertönte den allgemeinen Lärm. »Ich will's mal versuchen. Zwanzig von Ihren Besten für meinen Liebling.«

»Wiegt den Liebling von Mr. T.«, sagte Jimmy, denn er kannte den Mann, der gesprochen hatte. Die Gehilfen rannten herbei und nahmen einem graubärtigen Mann mit spärlichem Haarwuchs die Bulldogge aus dem Arm. Der Hund wurde gewogen.

»Siebenundzwanzig Pfund!« wurde ausgerufen, worauf der Hund seinem Eigentümer zurückgegeben wurde.

»Das wär's also, die Herren«, sagte Captain Jimmy. »Mr. T.s Hund bringt siebenundzwanzig Pfund auf die Waage, und er möchte es mit zwanzig Ratten versuchen. Sind vier Minuten recht?«

Mr. T. nickte zustimmend.

»Vier Minuten also, meine Herren, Sie können jetzt Wetten abschließen, wie es Ihnen beliebt. Machen Sie bitte Platz für Mr. T.«

Der graubärtige Herr ging zum Rand des Kampfplatzes. Noch immer hielt er seinen Hund in den Armen. Das schwarzweiß gefleckte Tier knurrte die Ratten an. Mr. T. stachelte seinen Hund an, er gab knurrende und bellende Geräusche von sich. »Her mit ihnen«, rief er.
Der Gehilfe öffnete den Käfig und faßte mit der bloßen Hand hinein, um sich ein paar Ratten zu greifen. Dies war wichtig, denn so wurde bewiesen, daß es sich tatsächlich um Ratten vom Land handelte, die nicht mit irgendwelchen Krankheitserregern infiziert waren. Der Gehilfe suchte ›zwanzig der Besten‹ aus und warf sie in die Arena. Die Tiere rannten zunächst an der Außenwand entlang und drängten sich dann in einer Ecke zu einer pelzigen Masse zusammen.
»Sind wir bereit?« rief Captain Jimmy, der mit einer Stoppuhr herumwedelte.
»Bereit«, sagte Mr. T., der seinen Hund immer noch weiter anstachelte.
»Pustet sie an! Pustet sie an!« ertönten die Rufe der Zuschauer. Verschiedene sonst recht würdige Herren beugten sich vor und pusteten und bliesen die Ratten an, deren Fell sich sträubte. Die Ratten gerieten zunehmend in Erregung.
»Uuunnnnnd . . . *los*!« rief Captain Jimmy, und Mr. T. warf seinen Hund in die Arena. Mr. T. duckte sich hinter die Planken, so daß nur noch sein Kopf dahinter hervorragte. Von dort aus feuerte er seinen Hund mit Rufen und Knurrlauten an.
Der Hund machte einen Satz mitten in die Masse grauen Fells hinein, schnappte nach den Ratten, packte einige Tiere im Nacken und zeigte so, daß er ein echter Vollblutkampfhund war. Im Nu hatte er drei oder vier getötet.
Diejenigen Zuschauer, die Wetten plaziert hatten, schrien und brüllten nicht weniger als der Hundebesitzer, der die Arena nicht eine Sekunde aus den Augen ließ. »So ist's gut!« rief Mr. T. »Die ist tot, laß sie fallen, jetzt *weite*r! Grrrrr;

Gut, da, das ist noch eine, jetzt weg damit. *Drauf!* Pack sie! Grrrhm!«
Der Hund erledigte eine nach der anderen. Dann verbiß sich eine Ratte in seine Nase und ließ nicht locker; der Hund konnte sie nicht abschütteln.
»Nicht schütteln! Beißen!« johlte die Menge.
Der Hund wand und schüttelte sich, kam frei und stürzte sich auf die anderen. Jetzt waren sechs Ratten tot. Ihre Körper lagen leblos auf dem blutüberströmten Boden der Arena.
»Noch zwei Minuten«, verkündete Captain Jimmy.
»Los, Lover, guter Lover«, kreischte Mr. T. »Los doch, Junge. Grrrrr! Da hast du wieder eine, loslassen, die nächste. Pack sie, Lover!«
Der Hund raste durch die Arena und verfolgte seine Beute. Die Zuschauer johlten und hämmerten gegen die Holzplanken, um die Tiere in höchster Erregung zu halten. Einmal hatten sich vier Ratten an Lover festgebissen, was ihn aber nicht hinderte, eine fünfte zwischen seinen mächtigen Kiefern zu zermalmen. In all der Erregung bemerkte niemand einen rotbärtigen distinguierten Herrn, der sich durch die Menge schob, bis er neben Mr. T. stand, dessen Aufmerksamkeit noch immer auf den Hund gerichtet war.
»Noch eine Minute!« rief Captain Jimmy. Einige Männer in der Menge stöhnten laut auf. Drei Minuten vorbei und erst zwölf Ratten tot. Wer auf Mr. T.s Liebling gesetzt hatte, würde sein Geld verlieren.
Mr. T. selbst schien die Zeitangabe zu überhören. Er ließ den Hund nicht aus den Augen. Er bellte und jaulte, schüttelte sich wie im Krampf und wand sich wie der Hund, der ihm gehörte. Er schnappte mit den Kiefern und schrie dem Tier Befehle zu, bis er nur noch heiser krächzte.
»Ende!« brüllte Captain Jimmy und wedelte wieder mit der Stoppuhr. Ein Seufzen ging durch die Menge. Lover wurde aus der Arena gezogen; die drei verbleibenden Ratten wur-

den von den Gehilfen mit geschickten Griffen herausgeholt. Der Rattenkampf war vorüber; Mr. T. hatte verloren.
»Verdammt guter Kampf«, sagte der Herr mit dem roten Bart tröstend.

Das seltsam paradoxe Verhalten Mr. T.s in der ›Königskrone‹ – ja allein schon sein Aufenthalt in so dubioser Umgebung – bedarf einiger Erklärung.
Zunächst einmal: Ein Mann, der Präsident einer Bank war, dazu ein frommer Christ und eine Stütze der Gesellschaft, hätte nicht im Traum daran gedacht, sich mit Angehörigen der niederen Stände gemeinzumachen. Ganz im Gegenteil: Mr. Trent verwandte viel Zeit und Energie darauf, solche Leute auf ihren Platz zu verweisen, und er tat dies in dem sicheren Bewußtsein, daß er damit die soziale Ordnung aufrechterhielt. In der viktorianischen Gesellschaft gab es jedoch einige Orte, an denen Angehörige der verschiedensten Schichten frei und offen miteinander verkehrten, und hier sind an erster Stelle Sportveranstaltungen zu nennen – der Boxring, der Turf und die Tierhatz. Alle diese Aktivitäten waren entweder verrufen oder rundheraus ungesetzlich, und das vereinte ihre Anhänger, die sich aus allen Gesellschaftsschichten rekrutierten. Dabei lockerten sich die gesellschaftlichen Schranken. Und wenn Mr. Trent es nicht für unpassend hielt, sich in die Gesellschaft von Straßenhändlern und Hausierern zu begeben, so waren diese, sonst in Gegenwart von vornehmen Herren einsilbig und gehemmt, bei derartigen Anlässen besonders aufgekratzt. Sie lachten und gaben wohl schon einmal einem Mann einen vertraulichen Rippenstoß, dessen Kleidung sie sonst nicht einmal zu berühren gewagt hätten. Ihre gemeinsame Leidenschaft – die Tierhatz – war schon im alten Europa seit dem Mittelalter ein weitverbreiteter und geschätzter Zeitvertreib gewesen. Im viktorianischen England aber starben diese Vergnügungen rasch aus. Sie fielen der Gesetzgebung und dem

sich wandelnden Geschmack des Publikums zum Opfer. Das Hetzen von Bullen oder Bären, noch um die Jahrhundertwende ein gewohntes Schauspiel, war jetzt recht selten geworden; Hahnenkämpfe gab es nur noch in ländlichen Gebieten. Im London des Jahres 1854 waren nur noch drei Arten von Tierkämpfen populär, und bei allen spielten Hunde eine Rolle.

Seit den Tagen Elizabeths I. hat fast jeder ausländische Beobachter vermerkt, wie sehr die Engländer an ihren Hunden hängen. Es ist seltsam, daß ausgerechnet das Geschöpf, das den Herzen der Engländer am nächsten war, im Mittelpunkt jener ›Sportarten‹ stand, die sich durch flagranten Sadismus auszeichneten.

Von den drei Hundesportarten galt das Hetzen von Hunden als die vornehmste Form der Tierhatz. Dieser Sport erfreute sich einer so weiten Verbreitung, daß in London die Hundediebe oder ›Fellschnapper‹ ihr gutes Auskommen hatten. Hundekämpfe fanden aber nicht allzuoft statt, denn sie endeten meist mit dem Tod eines der Kontrahenten, und ein guter Kampfhund war etwas sehr Kostspieliges.

Noch seltener war die Dachshatz, bei der ein Dachs in einer Arena angekettet wurde, auf den man dann ein oder zwei Hunde losließ. Das kräftige Fell und das scharfe Gebiß eines Dachses machten ein solches Spektakel zu einem besonders spannenden Vergnügen, das sich großer Beliebtheit erfreute. Das seltene Vorkommen von Dachsen setzte dieser Sportart allerdings Grenzen.

Die Rattenhatz war der verbreitetste Hundesport, besonders um die Mitte des 19. Jahrhunderts. Obwohl ungesetzlich, wurde sie jahrzehntelang unter offener Mißachtung der Gesetze abgehalten. In ganz London konnte man Schilder wie etwa diese lesen: ›Ratten gesucht‹ oder ›Ratten! An- und Verkauf‹. Das Fangen von Ratten hatte sich sogar zu einem besonderen Gewerbe entwickelt, einem Geschäft mit eigenen Usancen. Ratten vom Land standen wegen ihrer Kampfeslust, und weil sie nur selten Träger von Krankheitserregern waren, besonders hoch im Kurs. Die häufigeren Sielratten – an ihrem Geruch leicht zu erkennen – waren eher ängstlich, und überdies konnte der Biß einer solchen Ratte einen wertvollen Kampfhund leicht infizieren. Wenn man sich vor Augen führt, daß der Inhaber eines *sporting pub* mit einer gutbesuchten Rattenarena rund zweitausend Ratten pro Woche kaufte – und für eine gute Ratte vom Land wurde nicht selten ein Shilling gezahlt –, kann es nicht überraschen, daß es viele Leute gab, die sich vom Rattenfang ernährten. Der berühmtese Rattenfänger der Zeit war Veilchenauge-Hanson, der in einem Gefährt herumfuhr, das einem Leichenwagen ähnelte, und sich erbot, die Wohnhäuser vornehmer Familien für eine lächerlich geringe Gebühr von Schädlingen zu befreien, solange er ›die Viecher lebend kriegen‹ konnte.

Es gibt keine einleuchtende Erklärung dafür, warum Engländer aller Schichten damals an Rattenkämpfen keinen Anstoß nahmen. Schriftsteller der Zeit, die sich um das sittliche Wohl ihrer Zeitgenossen Sorgen machten, verdammten und beklagten zwar die Hahnenkämpfe – die aber auch so schon recht selten geworden waren –, verloren aber kein Wort über den ›Hundesport‹. Es findet sich auch kein Hinweis darauf, daß Herren von Stand wegen ihrer Teilnahme an Rattenkämpfen irgendwelche Gewissensbisse verspürt hätten; diese Herren fühlten sich als Förderer der ›Ungezieferbekämpfung‹ und nichts anderes.

Einer dieser Förderer, Mr. T., zog sich jetzt in die unteren Räume der ›Königskrone‹ zurück, die fast leer waren. Er winkte den Barmann heran und bestellte ein Glas Gin für sich und etwas Pfefferminz für seinen Liebling.

Mr. T. war gerade damit beschäftigt, seinem Hund die Schnauze mit Pfefferminz auszuwaschen – um Rachenkrankheiten vorzubeugen –, als der Herr mit dem roten Bart die Treppe

herunterkam und fragte: »Darf ich mich auf ein Glas zu Ihnen setzen?«
»Aber gern, bitte«, sagte Mr. T., der mit der Behandlung seines Hundes fortfuhr.
Das Getrampel und Gebrüll im Obergeschoß zeigten den Beginn einer neuen Runde der Schädlingsvernichtung an. Der Fremde mit dem roten Bart mußte die Stimme erheben, um sich verständlich zu machen. »Ich darf wohl davon ausgehen, daß Sie ein Herr mit sportlichen Neigungen sind«, sagte er.
»Und mit Pech geschlagen dazu«, entgegnete Mr. T. in gleicher Lautstärke. Er streichelte seinen Hund. »Lover war heute abend nicht in bester Form. Wenn er in der richtigen Laune ist, reicht kein Hund an ihn heran, aber manchmal fehlt ihm der rechte Antrieb.«
Mr. T. seufzte bedauernd. »Heute war leider so ein Tag.« Er tastete mit der Hand über den Körper des Tieres, um nach tieferen Bißwunden zu suchen, und wischte sich mit seinem Taschentuch Blut von den Fingern. »Hat sich aber trotz allem gut geschlagen. Lover wird wieder kämpfen.«
»Das will ich hoffen«, sagte der Mann mit dem roten Bart, »und ich werde auch wieder auf ihn setzen, wenn er kämpft.«
Mr. T. zeigte eine Spur von Anteilnahme. »Haben Sie viel verloren?«
»Eine Bagatelle. Zehn Guineen, nicht der Rede wert.«
Mr. T. war ein konservativer Mann und durchaus vermögend, aber es wäre ihm nie eingefallen, zehn Guineen als Bagatelle abzutun. Er betrachtete seinen Trinkgenossen von neuem und vermerkte den eleganten Schnitt seines Anzugs und die erstklassige weiße Seide seines Halstuches.
»Ich freue mich, daß Sie es so leichtnehmen«, sagte er. »Darf ich Sie auf ein Glas einladen, um Sie für Ihren Verlust ein wenig zu entschädigen.«
»Von Verlust kann keine Rede sein«, erwiderte der rotbärtige Herr, »denn ich betrachte es eher als Gewinn, einen Mann

kennengelernt zu haben, der einen so guten Hund hat und ihn kämpfen läßt. Ich würde das auch gern tun, wenn ich nicht so oft in Geschäften unterwegs sein müßte.«

»Oh, wirklich?« sagte Mr. T. und gab dem Mann hinter der Theke ein Zeichen, noch eine Runde zu bringen.

»Leider«, sagte der Fremde. »Noch vor ein paar Tagen ist mir ein vorzüglicher Kampfhund angeboten worden, ein exzellentes Tier, fast so etwas wie ein Menschenfresser, ein Hund mit echtem Kampfgeist. Ich konnte die Gelegenheit aber nicht wahrnehmen, denn ich hätte selbst keine Zeit, mich um das Tier zu kümmern.«

»Höchst bedauerlich«, sagte Mr. T. »Wie hoch war der geforderte Preis wohl, wenn ich fragen darf?«

»Fünfzig Guineen.«

»Ein stolzer Preis.«

»Kann man wohl sagen.«

Die Getränke wurden gebracht. »Ich bin selbst auf der Suche nach einem guten Kampfhund«, sagte Mr. T.

»Tatsächlich?«

»Ja«, erwiderte Mr.T. »Ich würde gern einen dritten Hund neben Lover und Shantung in meinen Zwinger aufnehmen. Ich nehme natürlich nicht an ...«

Der Herr mit dem roten Bart machte eine diskrete Pause, bevor er antwortete. Die Ausbildung sowie der An- und Verkauf von Kampfhunden waren immerhin durch Gesetz verboten.

»Wenn Sie es wünschen«, sagte Pierce schließlich, »kann ich einmal vorfühlen, ob das Tier noch zu haben ist.«

»Wollen Sie das tun? Das wäre zu liebenswürdig von Ihnen.«

Mr. T. kam plötzlich ein Gedanke.

»An Ihrer Stelle würde ich ihn doch selbst kaufen. Während Sie auf Reisen sind, könnte Ihre Frau die Diener anweisen, wie das Tier zu pflegen ist.«

»Ich fürchte«, erwiderte der Rotbärtige, »ich habe mich in der

Vergangenheit zu sehr den Geschäften gewidmet. Und so kommt es, daß ich nie geheiratet habe.« Doch dann fügte er lächelnd hinzu: »Aber natürlich würde ich gern heiraten.«
»Natürlich«, sagte Mr. T. und sah sein Gegenüber prüfend an.

12. Kapitel Eine junge Dame von Stand

Das viktorianische England war das erste Land, in dem über vieles, was in der Nation vorging, kontinuierlich statistisches Material zusammengetragen wurde. Diese Zahlen waren meist eine Quelle unverhohlenen Stolzes. Um 1840 jedoch begann sich eine Entwicklung abzuzeichnen, die den führenden Köpfen der Zeit Sorgen machte: die Zahl alleinstehender Frauen nahm unverhältnismäßig zu. Um 1851 wurde die Zahl alleinstehender Frauen im heiratsfähigen Alter zuverlässig mit 2765000 angegeben – und sehr viele dieser Frauen stammten aus dem Mittelstand und aus der Oberschicht.
Hier stellte sich ein ernstes Problem von großer Tragweite. Mädchen aus der Unterschicht konnten mancherlei Arbeiten annehmen, etwa als Näherinnen, Blumenmädchen, Landarbeiterinnen, konnten aber auch in manchem anderen geringgeachteten Beruf Unterschlupf finden. Diese Frauen waren kein dringendes soziales Problem; sie waren unwissende, schlampige Geschöpfe, denen es an Ausbildung, Erziehung und Weltkenntnis fehlte. A.H. White hat im Ton höchsten Erstaunens über ein Gespräch mit einem jungen Mädchen berichtet, das als Zündholzmacherin arbeitete. ›Sie ist noch nie in der Kirche gewesen. Hat noch nie etwas von ‚England' oder ‚London' oder ‚dem Meer' oder von ‚Schiffen' gehört. Weiß nichts von Gott. Hat keine Ahnung, was ER tut. Weiß nicht, ob es besser ist, ein guter oder ein schlechter Mensch zu sein.‹
Angesichts so verblüffender Unwissenheit kann man nur dankbar sein, daß dieses arme Kind einen Weg gefunden hat,

in der damaligen Gesellschaft zu überleben. Die unverheirateten Töchter aus Familien des Mittelstands und der Oberschicht stellten ein völlig anderes Problem dar. Diese jungen Damen waren gebildet, hatten eine gute Erziehung genossen und besaßen einen ausgeprägten Sinn für feine Lebensart. Von Kindesbeinen an hatte man sie auf nichts anderes vorbereitet als darauf, ›vollkommene Ehefrauen‹ zu werden. Für solche Frauen war es ein Unglück, nicht zu heiraten. Der Zustand der Ehelosigkeit – das Dasein als alte Jungfer – war so etwas wie Verkrüppelung, denn es galt als unumstößliche Wahrheit, daß ›die wahre Aufgabe einer Frau darin besteht, Hüterin des Hauses, Kraftquell und guter Geister der Familie zu sein‹, und wenn eine Frau nicht in der Lage war, diese Aufgaben zu erfüllen, wurde sie zu einer bemitleidenswerten Außenseiterin, zur komischen Figur.

Das Problem wurde noch durch den Umstand verschärft, daß einer Frau aus guter Familie kaum eine Alternative zum Ehestand blieb. Denn, wie ein zeitgenössischer Beobachter einmal bemerkte, welche Beschäftigung konnte sie sonst finden, ›ohne ihre Stellung in der Gesellschaft zu verlieren? Um wirklich Dame zu sein, darf eine Frau nur Dame sein und sonst nichts. Sie darf nicht um Gewinn arbeiten und auch nicht irgendeine Beschäftigung ausüben, die andere gegen Bezahlung für sie ausüben könnten. Andernfalls macht sie der Arbeiterklasse, die von ihrer Hände Arbeit lebt, Rechte streitig‹.

Eine unverheiratete Frau aus der Oberschicht konnte nur aus der einzigen Mitgift, die sie ihrer gesellschaftlichen Stellung verdankte, ihrer Erziehung, Nutzen ziehen und Gouvernante werden. Um 1851 wurden aber bereits fünfundzwanzigtausend Frauen als Gouvernanten beschäftigt, und für mehr war, um es einmal höflich auszudrücken, kein Bedarf. Die noch verbleibenden Möglichkeiten waren weit weniger reizvoll: Eine Frau konnte allenfalls noch Ladengehilfin werden,

Buchhalterin, Telegrafistin, Kinder- oder Krankenschwester. Aber diese Berufe eigneten sich weit mehr für eine ehrgeizige Frau aus der Unterschicht als für eine in guten Verhältnissen lebende Dame von Stand.

Wenn eine junge Frau sich weigerte, eine so erniedrigende Arbeit zu übernehmen, so bedeutete ihre Ehelosigkeit für ihre Familie eine erhebliche finanzielle Bürde. Miss Emily Downing bemerkte einmal, daß ›die Töchter von Männern der höheren Berufsstände . . . sich selbst zwangsläufig als eine Belastung und als Schmarotzer an den mühsam verdienten Einkünften ihrer Väter empfinden müssen. Sie müssen sich selbst sagen – falls sie sich überhaupt dazu verstehen, darüber nachzudenken –, daß sie Anlaß zu beständiger Sorge sind. Wenn sie nicht heiraten, so ist mit höchster Wahrscheinlichkeit damit zu rechnen, daß sie früher oder später gezwungen sein werden, in den Kampf ums Dasein einzutreten, den sie, unvorbereitet wie sie sind, nicht bestehen können‹.

Mit anderen Worten, der Zwang, eine Ehe einzugehen – eine beliebige Ehe, soweit sie nur irgendwie vertretbar war –, wurde von Vätern wie Töchtern gleichermaßen empfunden. In der Viktorianischen Zeit heiratete man meist relativ spät, mit Ende Zwanzig oder Anfang Dreißig, aber Mr. Edgar Trent hatte eine Tochter, Elizabeth, die jetzt bereits neunundzwanzig und ›voll heiratsfähig‹ war – was hieß, daß sie ihre Blüte schon hinter sich hatte. Es konnte der Aufmerksamkeit Mr. Trents unmöglich entgangen sein, daß der Herr mit dem roten Bart vielleicht auf der Suche nach einer Ehefrau war. Der Herr selbst hatte sich als durchaus heiratswillig bezeichnet, aber zugleich darauf hingewiesen, daß die Anforderungen der Geschäfte ihn bislang davon abgehalten hätten, sich ein häusliches Glück zu schaffen. Es gab also durchaus keinen Grund, anzunehmen, dieser gutgekleidete und offensichtlich wohlhabende junge Mann mit einem Faible für Hundesport könne sich etwa nicht zu Elizabeth hingezogen fühlen. Mit diesen Hintergedanken lud Mr. Trent Mr. Pierce für Sonntag zum Tee ins Haus an der Highwater Road ein. Mr. Trent gab vor, über den Ankauf des erwähnten Kampfhundes sprechen zu wollen. Mr. Pierce nahm die Einladung nach leichtem Zögern an.

Elizabeth Trent wurde zu dem Prozeß gegen Pierce nicht als Zeugin geladen. Offenbar wollte man ihre Gefühle nicht verletzen. Zeitungsberichte der damaligen Zeit geben uns aber ein genaues Bild von ihrem Äußeren. Sie war mittelgroß, mit einem etwas dunkleren Teint, als Mode war. Ihre Gesichtszüge waren, wie ein Beobachter schrieb, ›zwar ebenmäßig, aber doch nicht so, daß man sie hübsch nennen könnte‹. Journalisten neigten damals – wie heute – dazu, die Schönheit einer in einen Skandal verwickelten Frau zu übertreiben. Das Fehlen von Komplimenten über die Erscheinung Miss Trents läßt also wohl den Schluß zu, daß sie einen ›unvorteilhaften Anblick‹ bot.

Sie hatte offensichtlich nur wenige Verehrer, wenn man einmal von den auffällig ehrgeizigen Burschen absieht, die nur zu gern die Tochter eines Bankiers geheiratet hätten. Diese wies sie aber standhaft zurück, was ihr Vater wohl nur mit gemischten Gefühlen billigte. Von Pierce muß sie aber beeindruckt gewesen sein, diesem ›schneidigen, unerschrockenen, gutaussehenden Mannsbild, das soviel Charme versprühte‹. Aus allen Berichten der damaligen Zeit geht hervor, daß Pierce von der jungen Dame gleichermaßen angetan gewesen war. Die Zeugenaussage eines Dienstboten schildert ihre erste Begegnung. Diese Darstellung liest sich, als stammte sie aus einem Roman der damaligen Zeit.

Mr. Pierce nahm den Tee zusammen mit Mr. und Mrs. Trent, ›einer stadtbekannten Schönheit‹, auf dem Rasen hinter dem Haus ein. Sie sahen zu, wie Maurer im Hintergrund eine Ruine errichteten, während ein Gärtner in der Nähe malerische

Unkräuter anpflanzte. Es waren die letzten Ausläufer der fast hundertjährigen englischen Begeisterung für Ruinen, aber noch immer ließ sich jeder, der es sich leisten konnte, auf seinem Grundstück eine ansehnliche Ruine errichten.
Pierce beobachtete die Arbeiter eine Weile. »Was soll es werden?« wollte er wissen.
»Wir haben gedacht, eine Wassermühle«, sagte Mrs. Trent. »Es wird ein bezaubernder Anblick werden, besonders mit dem rostigen Mühlrad. Finden Sie nicht auch?«
»Dieses rostige Rad kostet uns ein Vermögen«, grollte Mr. Trent.
»Es wird aus schon vorher verrostetem Material hergestellt, was uns eine Menge Zeit und Mühe erspart«, fügte Mrs. Trent hinzu. »Wir müssen natürlich noch darauf warten, daß das Unkraut um die Ruine herum in die Höhe schießt, ehe das Ganze richtig aussieht.«
In diesem Augenblick schwebte Elizabeth in einem weißen Kleid heran. »Ah, mein Tochterherz«, sagte Mr. Trent und erhob sich. Mr. Pierce tat es ihm nach. »Darf ich bekannt machen, Mr. Edward Pierce, meine Tochter Elizabeth.«
»Ich muß gestehen, ich wußte gar nicht, daß Sie eine Tochter haben«, sagte Pierce. Er verneigte sich tief, ergriff ihre Hand, machte Anstalten, diese zu küssen, zögerte aber. Das Erscheinen der jungen Frau schien ihn sehr zu verwirren.
»Miss Trent«, sagte er und gab ihre Hand unbeholfen frei. »Sie sehen mich überrascht!«
»Ich weiß nicht, ob ich das als Kompliment auffassen soll oder nicht«, erwiderte Miss Trent, die sich rasch am Teetisch niederließ und die Hand nach der Teetasse ausstreckte, die ihr sogleich gereicht wurde.
»Durchaus als Kompliment, versichere ich Ihnen«, gab Mr. Pierce zurück, wobei er, wie berichtet wird, tief errötete.
Miss Trent fächelte sich kühle Luft zu. Mr. Trent räusperte sich. Mrs. Trent, die vollkommene Hausfrau, nahm ein Ta-

blett mit Biskuits und sagte: »Möchten Sie nicht eines davon versuchen, Mr. Pierce?«

»Mit Freuden, Madam«, erwiderte Mr. Pierce, und keiner der Anwesenden bezweifelte die Aufrichtigkeit seiner Worte.

»Wir sprachen gerade über Ruinen«, sagte Mr. Trent, vielleicht eine Spur zu laut. »Aber vorher hat Mr. Pierce uns von seinen Reisen ins Ausland erzählt. Er ist übrigens erst vor kurzem aus New York zurückgekehrt.«

Das war ein Stichwort. Seine Tochter nahm es geschickt auf.

»Ach wirklich?« sagte sie und fächelte sich heftiger. »Wie unerhört aufregend.«

»Ich fürchte, Sie stellen es sich aufregender vor, als es in Wahrheit ist«, erwiderte Mr. Pierce. Er wich dem Blick der jungen Dame so auffällig aus, daß jedermann seine scheue Zurückhaltung bemerkte. Sie hatte es ihm offensichtlich angetan. Der letzte Beweis dafür war erbracht, als er sich nunmehr ganz Mr. Trent zuwandte. »Es ist eine Stadt wie jede andere auf der Welt, um ehrlich zu sein. Sie zeichnet sich vor allem dadurch aus, daß ihr all die Annehmlichkeiten fehlen, die wir Londoner für selbstverständlich halten.«

»Man hat mir gesagt«, fühlte Miss Trent, die den Fächer noch immer in Bewegung hielt, vor, »daß es dort in der Gegend noch Wilde geben soll.«

»Ich wäre entzückt, könnte ich Ihnen mit aufregenden Geschichten über die Indianer dienen«, sagte Mr. Pierce. »Aber ich fürchte, ich habe nichts Aufregendes zu berichten. Die Wildnis Amerikas beginnt erst, nachdem man den Mississippi überquert hat.«

»Haben Sie das getan?« fragte Mrs. Trent.

»Das habe ich«, erwiderte Mr. Pierce. »Es ist ein mächtiger Strom, viele Male breiter als die Themse. Er bezeichnet in Amerika die Grenze zwischen Zivilisation und Wildnis. Allerdings hat man jüngst mit dem Bau einer Eisenbahnlinie quer durch diese riesige ›Kolonie‹ begonnen« — er erlaubte

sich diese despektierliche Bezeichnung Amerikas, bei der Mr. Trent lauthals auflachte —, »und ich habe das Gefühl, daß mit dem Bau der großen Eisenbahnlinien die Reste unzivilisierter Wildheit verschwinden werden.«
»Wie kurios«, versetzte Miss Trent, der nichts einfallen wollte.
»Was für Geschäfte haben Sie nach New York geführt?« fragte Mr. Trent.
»Wenn ich so kühn sein darf«, fuhr Mr. Pierce fort, die Frage ignorierend, »und wenn es die zarten Ohren der anwesenden Damen nicht beleidigt, möchte ich Ihnen ein Beispiel für die rohe Wildheit nennen, die in amerikanischen Landen noch immer vorherrscht, und Ihnen von der groben Lebensart erzählen, die viele Menschen dort für nicht weiter bemerkenswert halten. Haben Sie von Büffeln gehört?«
»Ich habe über sie gelesen«, sagte Mrs. Trent mit blitzenden Augen. Den Aussagen ihrer Dienstboten zufolge soll sie von Mr. Pierce ebenso hingerissen gewesen sein wie ihre Stieftochter, und ihr Verhalten löste bei der Dienerschaft einen kleinen Skandal aus. Mrs. Trent sagte: »Es sind sehr große Tiere, sie sehen aus wie wilde Kühe und haben ein zottiges Fell.«
»Genauso ist es«, bestätigte Mr. Pierce. »Der westliche Teil Amerikas ist voll von diesen Kreaturen, und viele Menschen leben — wenn man das ›leben‹ nennen kann — von der Büffeljagd.«
»Sind Sie auch in Kalifornien gewesen, wo es Gold gibt?« fragte Miss Trent unvermittelt.
»Ja«, erwiderte Pierce.
»Laß den Herrn doch zu Ende reden«, sagte Mrs. Trent ein wenig zu scharf.
»Also«, fuhr Pierce fort, »diese Büffeljäger, wie man sie nennt, sind mitunter auf das Fleisch der Tiere aus, das dort als Wildbret gilt, mitunter aber auch auf das Fell, das ebenfalls seinen Wert hat.«

»Aber Stoßzähne haben sie nicht«, sagte Mr. Trent. Er hatte kürzlich im Namen der Bank eine Elefantenjagd finanziert, und in diesem Augenblick war ein gewaltiges Lagerhaus im Hafen bis unter das Dach mit Elfenbein gefüllt. Es lagerten dort fünftausend Stoßzähne. Mr. Trent hatte sie selbst in Augenschein genommen – ein riesiger Lagerraum voller gebogener Stoßzähne, höchst eindrucksvoll.
»Nein, Stoßzähne haben sie nicht, aber dafür haben die Bullen Hörner.«
»Hörner . . . Ah so, ich verstehe. Aber nicht aus Elfenbein.«
»Nein, nicht aus Elfenbein.«
»Ich verstehe.«
»Bitte, fahren Sie fort«, sagte Mrs. Trent, und ihre Augen blitzten noch immer.
»Nun«, sagte Pierce, »die Männer, die diese Büffel tö . . ., die sie erlegen, heißen Büffeljäger, und sie gebrauchen dabei Gewehre mit gezogenem Lauf. Gelegentlich stellen sie sich in einer Reihe auf, um gleich eine ganze Herde dieser Tiere über eine Felsklippe in den Abgrund zu treiben. Das ist jedoch die Ausnahme. Zumeist werden Tiere einzeln erlegt. Jedenfalls – und hier muß ich im voraus für die rohen Gebräuche, die ich aus diesem rohen Lande zu berichten habe, um Vergebung bitten –, sobald das Tier sein Leben ausgehaucht hat, werden ihm seine Innereien entnommen.«
»Sehr vernünftig«, versetzte Mr. Trent.
»Durchaus«, sagte Pierce. »Aber jetzt kommt das Absonderliche. Für diese Büffeljäger ist ein Teil der Eingeweide die höchste aller Delikatessen, nämlich der Dünndarm des Tieres.«
»Wie wird er zubereitet?« fragte Miss Trent. »Über einem Feuer geröstet, nehme ich an.«
»Nein Madam«, sagte Pierce, »denn ich berichte Ihnen von einem Beispiel für abscheuliche Roheit. Diese so hochgeschätzten Dünndärme, diese angebliche Delikatesse, werden nämlich auf der Stelle, völlig ungekocht, verzehrt.«

»Wollen Sie damit sagen, man ißt sie *roh*?« fragte Mrs. Trent und rümpfte ihre kleine Nase.
»In der Tat, Madam. So wie wir eine rohe Auster verspeisen, verzehren diese Jäger den Dünndarm, und das, während er noch die Körperwärme des soeben getöteten Tieres hat.«
»Grundgütiger Himmel«, sagte Mrs. Trent.
»Damit nicht genug«, fuhr Pierce fort. »Es kommt gelegentlich vor, daß zwei Männer ein und dasselbe Tier erlegt haben. Kaum liegt die Bestie tot auf der Erde, macht sich jeder der beiden über ein Ende des so hochgeschätzten Dünndarms her. Und jeder der beiden Jäger versucht, die Delikatesse schneller hinunterzuschlingen als der andere.«
»Himmel«, sagte Miss Trent, die den Fächer jetzt noch heftiger schwenkte.
»Das ist noch nicht alles«, sagte Pierce. »In ihrer gierigen Hast schlingen die Büffeljäger ihr Teil oft unzerkaut hinunter. Das ist sogar ein bekannter Trick. Der Gegner aber, der diese List durchschaut, zieht oft dem anderen den unverdauten Dünndarm wieder aus dem Mund, etwa so, wie ich eine Schnur durch meine Finger ziehen würde. Und so kann es vorkommen, daß ein Mann verschlingt, was ein anderer bereits gegessen hat, wenn es gestattet ist, so deutlich zu werden.«
»O du meine Güte«, sagte Mrs. Trent, die recht blaß geworden war.
Mr. Trent räusperte sich. »Bemerkenswert.«
»Wie kurios«, sagte Miss Trent tapfer, aber mit bebender Stimme.
»Sie müssen mich bitte entschuldigen«, sagte Mrs. Trent und erhob sich.
»Meine Liebe«, sagte Mr. Trent.
»Madam, ich hoffe, mein Bericht hat Sie nicht zu sehr angegriffen«, sagte Mr. Pierce, der sich gleichfalls erhob.
»Ihre Erzählungen sind wirklich höchst bemerkenswert«, sagte Mrs. Trent und wandte sich zum Gehen.

»Meine Liebe«, wiederholte Mr. Trent und eilte ihr nach.
So kam es, daß Mr. Edward Pierce und Miss Elizabeth Trent für kurze Zeit auf dem Rasen hinter dem Haus allein gelassen wurden. Es wurde beobachtet, daß sie ein paar Worte miteinander wechselten. Der Inhalt ihrer Unterhaltung ist nicht bekannt. Miss Trent bekannte später einer Zofe gegenüber, sie habe Mr. Pierce in seiner ›rauhen, aber geraden Art ganz faszinierend gefunden‹. Unter der Dienerschaft herrschte Einigkeit darüber, daß die junge Miss Elizabeth jetzt das Wertvollste besaß, was man besitzen konnte: ›Aussichten.‹

13. Kapitel Eine Frau am Galgen

Die Hinrichtung der berüchtigten Mörderin Emma Barnes am 28. August 1854 war Stadtgespräch in London. Bereits am Abend vor der Exekution bildeten sich vor den hohen Granitmauern des Gefängnisses von Newgate die ersten Menschenansammlungen. Die Leute wollten hier die Nacht verbringen, um sich für das Spektakel am folgenden Morgen einen guten Platz zu sichern. Am selben Abend wurde auch der Galgen gebracht und von den Gehilfen des Henkers errichtet. Das Hämmern war bis tief in die Nacht zu hören.
Die Eigentümer der in der Nähe gelegenen Pensionen und Logierhäuser hatten das Glück, ihre Zimmer an jene besseren Damen und Herren vermieten zu können, die sich zu einer ›Galgen-Party‹ zusammenfanden und ein Zimmer mit guter Sicht auf die Hinrichtungsstätte suchten. Mrs. Edna Molloy, eine tugendhafte Witwe, wußte sehr genau, was ihre Räume wert waren, und als ein gewandt auftretender Herr namens Pierce den besten davon zu mieten wünschte, stellte sie eine harte Forderung: 25 Guineen für diese eine Nacht.
Das war eine beachtliche Summe Geldes. Von diesem Betrag konnte Mrs. Molloy ein ganzes Jahr bequem leben. Aber sie ließ sich nicht beirren, denn sie wußte auch, was dieser Betrag

für einen Herrn wie Mr. Pierce darstellte – es war der Lohn eines Butlers für sechs Monate oder der Preis eines oder zweier guter Damenkleider. Und Mr. Pierce empfand diesen Preis offenbar als nicht zu hoch. Jedenfalls zählte er ihr den Betrag auf der Stelle in Goldguineen hin.
Mrs. Molloy wollte es nicht riskieren, ihn zu beleidigen, indem sie in seiner Gegenwart auf die Münzen biß. Sie würde das nachholen, sobald sie allein war. Mit Goldguineen konnte man nicht vorsichtig genug sein, und sie war mehr als einmal hereingelegt worden, sogar von feinen Herren.
Zu ihrer großen Erleichterung waren die Münzen echt. So sah sie kaum hin, als Mr. Pierce und seine Gesellschaft später am Tag zu dem gemieteten Raum hinaufgingen. Die Gesellschaft bestand aus zwei weiteren Männern und zwei Frauen, alle auf das eleganteste gekleidet. Mrs. Molloy konnte aber am Akzent hören, daß die Männer keine Herren und daß die Frauen nicht besser waren, als sie aussahen, trotz der Weidenkörbe und der Weinflaschen, die sie mit sich führten.
Nachdem die Gesellschaft den Raum betreten hatte und die Tür ins Schloß gefallen war, machte Mrs. Molloy sich nicht die Mühe, am Schlüsselloch zu lauschen. Diese Leute würden ihr keinen Ärger bereiten, da war sie sicher.

Pierce trat ans Fenster und blickte auf die Menschenmenge hinunter, die mit jeder Minute größer wurde. Der Platz war dunkel. Nur die Fackeln am Galgengerüst warfen ein flakkerndes Licht. In dem heißen, unheilverkündenden Schein sah Pierce, wie der Querbalken und die Falltür hergerichtet wurden.
»Schafft er nie«, sagte Agar hinter ihm.
Pierce drehte sich um. »Er muß es schaffen, mein Junge.«
»Er ist der beste Schlangenjunge im Gewerbe, der beste, von dem man je gehört hat. Aber da kommt er nie raus«, sagte Agar und zeigte mit dem Daumen auf das Gefängnis.

Jetzt sprach der zweite Mann, Barlow, ein untersetzter Mann mit einem zerfurchten Gesicht, auf dessen Stirn ein Messer eine lange weiße Quernarbe hinterlassen hatte, die er gewöhnlich unter der Krempe seines Hutes verbarg. Barlow war ein bekehrter Taschendieb, der sich auf Straßenraub verlegt hatte. Pierce hatte ihn vor einigen Jahren als Kutscher angeheuert. Alle Straßenräuber waren im Grunde Raufbolde, und einem Einbrecher wie Pierce konnte das nur recht sein. Er brauchte einen Mann, der Schmiere stand und die Kutsche für einen schnellen Rückzug bereithielt, und wenn es sein mußte, ließ Barlow sich auch gern auf eine Rauferei ein. Außerdem war er Pierce treu ergeben. Er stand jetzt schon seit fast fünf Jahren in seinen Diensten.
Barlow zog die Stirn in Falten und sagte: »Wenn es überhaupt zu machen ist, wird er's schaffen. Sauber-Willy schafft's, wenn es überhaupt einer schafft.« Er sprach langsam und machte den Eindruck eines Mannes, der seine Gedanken bedächtig formt. Im Handeln allerdings war er schnell. Pierce wußte das.
Pierce betrachtete die Frauen, die Liebchen von Agar und Barlow—und zugleich deren Helferinnen. Pierce kannte ihre Namen nicht und wollte sie auch nicht wissen. Allein schon der Gedanke, daß sie bei dieser Gelegenheit anwesend sein mußten, hatte ihm nicht behagt — in den vergangenen fünf Jahren hatte er Barlows Liebchen nicht einmal zu Gesicht bekommen —, aber er hatte keine Möglichkeit gesehen, dieses Zusammentreffen zu vermeiden. Barlows Liebchen war offenkundig eine Säuferin: ihren nach Gin stinkenden Atem konnte man quer durchs Zimmer riechen. — Agars Liebchen war nicht viel besser, aber immerhin nüchtern.
»Haben Sie die Sachen mitgebracht?« fragte Pierce.
Agars Liebchen öffnete eilfertig einen Picknickkorb, der einen Schwamm, medizinischen Puder und Bandagen enthielt sowie ein sorgfältig zusammengelegtes Kleid.

»Alles, was Sie mir aufgetragen haben, Sir.«
»Das Kleid ist klein?«
»Ja, Sir. Kaum mehr als ein Kinderkleidchen, Sir.«
»Gut«, sagte Pierce und trat wieder ans Fenster, um auf den Platz hinunterzusehen. Dem Galgen und der anwachsenden Menschenmenge schenkte er keinen Blick. Er starrte nur zu den Mauern des Gefängnisses von Newgate hinüber.
»Hier ist das Abendessen, Sir«, sagte Barlows Liebchen.
Pierce warf einen Blick in ihren Korb: kaltes Geflügel, eingelegte Zwiebeln, Hummerscheren und ein Kistchen mit schwarzen Zigarren.
»Sehr schön, sehr schön«, sagte er.
Agar sagte: »Für wen spielen wir hier eigentlich die Nobelgesellschaft?« Es war eine sarkastische Bemerkung, und Agar sagte später vor Gericht aus, sie habe Pierce anscheinend mißfallen.
Pierce drehte sich um. Sein Gehrock war offen und gab den Blick auf eine Pistole frei, die im Gürtel steckte.
»Wenn einer von euch etwas falsch macht«, sagte er, »hat er einen Kracher unter der Nase und kann sich die Lilien von unten besehen.« Er lächelte dünn. »Es gibt nämlich schlimmere Dinge als Deportation nach Australien.«
»Vergebung, Vergebung«, sagte Agar mit einem Blick auf das Schießeisen. »Vergebung, es sollte nur ein Scherz sein.«
Barlow sagte: »Wozu brauchen wir überhaupt diesen Schlangenjungen?«
Pierce ließ sich nicht ablenken. »Hört genau zu«, sagte er. »Wenn einer von euch was falsch macht, hat er eine Kugel im Bauch, bevor er amen sagen kann. Und das ist kein Scherz.« Er setzte sich an den Tisch. »So«, sagte er, »und jetzt will ich eine von den Hühnerkeulen. Wir wollen es uns so wohl sein lassen wie möglich, solange wir hier warten müssen.«
Pierce verbrachte einen Teil der Nacht schlafend. Bei Tagesanbruch wurde er durch den Lärm der sich vor dem Haus

drängenden Menschenmenge geweckt. Über fünfzehntausend lärmende, rohe Menschen hatten sich inzwischen dort unten versammelt, und Pierce wußte, daß noch einmal zehn- oder fünfzehntausend hinzukommen würden, Neugierige, die auf dem Weg zur Arbeit noch rasch einen Abstecher zu der Hinrichtung machten. Wenn am Montagmorgen eine Hinrichtung war, gaben sich die Dienstherren der Stadt gar nicht erst den Anschein, als legten sie Wert auf strikte Pünktlichkeit. Man ging wie selbstverständlich davon aus, daß jeder zu spät zur Arbeit erschien, besonders heute, da eine Frau gehängt werden sollte.

Der Galgen war jetzt fertig. Der Strick schwang über der Falltür hin und her. Pierce sah auf seine Taschenuhr: 7 Uhr 45. Gleich war es soweit.

Unten auf dem Platz begann der Mob im Chor zu rufen: »Oh, ihr Leut', hängen soll ich heut! Oh, ihr Leut', hängen soll ich heut!« Man hörte lärmendes Gelächter und das Gestampfe von Füßen. An ein, zwei Stellen kam es zu Prügeleien, die sich in dem dichten Gedränge aber nicht recht entfalten konnten.

Sie traten alle ans Fenster, um das Schauspiel zu betrachten. Agar fragte: »Wann wird er's versuchen?«

»Punkt acht, würde ich meinen.«

»Ich selbst würde es ein bißchen eher versuchen.«

Pierce sagte: »Er wird den Zeitpunkt wählen, der ihm am günstigsten erscheint.«

Langsam verstrichen die Minuten. Niemand im Raum sagte etwas. Schließlich sagte Barlow: »Ich habe Emma Barnes gekannt – hätte nie gedacht, daß sie so enden würde.«

Pierce sagte nichts.

Vom Turm von St. Sepulchre her schlug es acht Uhr, und die Menge johlte vor Erwartung. Eine Gefängnisglocke läutete dünn. Eine Tür in der Gefängnismauer wurde geöffnet, und die Gefangene wurde herausgeführt. Die Hände waren ihr

auf den Rücken gefesselt. Ihr voraus ging ein Geistlicher, der laut aus der Bibel las. Hinter ihr ging in schwarzer Kleidung der Henker der Stadt.
Die Menge sah die Gefangene und brüllte: »Hüte ab!« Alle nahmen ihre Hüte ab, während die Gefangene langsamen Schrittes das Galgengerüst betrat. Dann wurden Rufe laut: »Runter, da vorn! Man sieht ja nichts!« Sie blieben aber weitgehend unbeachtet.
Pierce behielt die zum Tod verurteilte Frau im Auge. Emma Barnes war in den Dreißigern und wirkte noch recht jung. Ihr offenes Kleid ließ die feste Linie ihres Halses erkennen. Ihr Blick war abwesend und starr. Sie schien überhaupt nichts wahrzunehmen. Sie stellte sich an den ihr zugewiesenen Platz. Der Scharfrichter wandte sich ihr zu und zupfte an ihrem Kleid herum wie eine Näherin, die an einer Schneiderpuppe herumhantiert. Emma Barnes starrte über die Menge hinweg. Der Strick wurde ihr um den Hals gelegt.
Der Geistliche las mit lauter Stimme, ohne von der Bibel aufzublicken. Der Henker band die Beine der Frau mit einem Lederriemen zusammen. Dazu mußte er unter ihren langen Rock greifen, was die Menge mit anzüglichen Bemerkungen quittierte.
Dann erhob sich der Scharfrichter wieder und zog der Delinquentin eine schwarze Haube über den Kopf. Und schließlich, auf ein Zeichen hin, öffnete sich die Falltür mit einem hölzernen Krachen, das Pierce mit peinvoller Deutlichkeit vernahm; der Körper fiel, fing sich und hing im gleichen Augenblick regungslos da.
»Er lernt's allmählich!« sagte Agar. Der Londoner Scharfrichter war für schlampige Hinrichtungen bekannt, bei denen die Verurteilten sich oft minutenlang wanden und krümmten, bis der Tod eintrat. »Aber das wird den Leuten gar nicht gefallen«, fügte Agar hinzu.
Doch die Menge schien es zufrieden. Einen Augenblick lang

herrschte Totenstille. Dann brach aufgeregter Lärm los. Pierce wußte, daß die meisten Menschen noch auf dem Platz ausharren würden, um noch die ganze nächste Stunde auf den Galgen zu starren – bis man die tote Frau vom Strick abschnitt und in einen Sarg legte.
»Etwas Punsch gefällig?« fragte Agars Hure.
»Nein«, sagte Pierce. Und dann sagte er: »Wo bleibt Willy?«

Sauber-Willy Williams, der berühmteste Schlangenjunge des Jahrhunderts, schickte sich in diesem Augenblick an, aus dem Gefängnis von Newgate auszubrechen. Er war von fast zwergenhaftem Wuchs, und schon als Schornsteinfegerlehrling war er seiner Behendigkeit wegen berühmt gewesen. In späteren Jahren hatten sich die berüchtigtsten Einbrecher seiner Talente bedient. Er erfreute sich eines geradezu legendären Rufes. Es ging das Gerücht, Sauber-Willy könne sogar an einer Glaswand hochklettern. Und kein Mensch hätte es zu bestreiten gewagt.
Die Gefängniswärter von Newgate hatten während der vergangenen Monate diesen Gefangenen immer scharf im Auge behalten. Sie kannten seinen Ruf und waren auf alles vorbereitet. Sie wußten aber auch, daß ein Ausbruch aus Newgate einfach unmöglich war. Ein entschlossener und fähiger Mann mochte vielleicht aus Ponsdale entwischen können, wo die Bewachung notorisch lax war, die Mauern weniger hoch und die Wachen dafür bekannt, daß sie eine Schwäche für Goldstücke hatten und schon einmal ein Auge zudrückten. Ponsdale, vielleicht auch Highgate oder ein Dutzend anderer Gefängnisse, aber niemals Newgate.
Newgate war das sicherste Gefängnis ganz Englands. Entworfen hatte es George Dance, ›einer der akkuratesten Architekten in diesem Zeitalter des guten Geschmacks‹. Jedes Detail des Gebäudes war darauf angelegt, den Insassen das Gefühl des Gefangenseins deutlich spürbar zu machen. So

hatte man etwa das Mauerwerk der Fensterbögen ›mit Bedacht verstärkt, um die schmerzliche Enge dieser Öffnungen zu betonen‹. Die Zeitgenossen zollten grausamen Effekten dieser Art Beifall.

Newgate war allerdings nicht allein seiner kunstvollen Architektur wegen berühmt. In den mehr als siebzig Jahren seit der Vollendung des Bauwerks im Jahre 1782 hatte keiner der Insassen ausbrechen können. Das konnte niemanden überraschen: Newgate war auf allen Seiten von fünfzig Fuß hohen Granitmauern umschlossen. Die Steinquader waren so sorgfältig geschnitten und verfugt, daß man es für unmöglich hielt, die Mauern zu erklimmen. Aber selbst für den Fall, daß jemand das Unmögliche zuwege bringen sollte, war es vergeblich: auf den Mauerkronen waren zusätzliche Sicherungen angebracht. Über ihre gesamte Länge verlief eine Eisenstange, um die sich mit rasiermesserscharfen Stacheln besetzte Eisentrommeln drehten. Kein Mensch konnte dieses Hindernis überwinden. Ein Ausbruch aus Newgate war unvorstellbar.

Die Gefängniswärter hatten sich im Laufe der Zeit an die Anwesenheit des kleinen Willy gewöhnt. Er war kein schwieriger Gefangener. Er befolgte das Schweigegebot, sprach nie mit einem Mitgefangenen, nahm die vorgeschriebenen Fünfzehn-Minuten-Schichten in der Tretmühle ohne Murren hin — und ohne daß es je zu einem Zwischenfall kam — und arbeitete beim Wergzupfen ohne Unterlaß. Man kann sogar sagen, daß man dem kleinen Mann, der sich so grundlegend gewandelt zu haben schien, fast wider Willen Achtung zollte, denn er brachte den eintönigen Tagesablauf mit beinahe fröhlicher Gelassenheit hinter sich. Er war ein fast sicherer Kandidat für eine vorzeitige Entlassung auf Bewährung in ein oder zwei Jahren.

An jenem Montagmorgen jedoch, am 28. August 1854 um acht Uhr, hatte Sauber-Willy Williams sich still und leise in eine Ecke des Gefängnishofs geschlichen, an der zwei Mauern zusammentrafen. Den Rücken in den Mauerwinkel geklemmt, stemmte er sich mit Händen und Füßen wie in einem Felskamin hoch. Er vernahm undeutlich die Rufe der Menge: »Oh, ihr Leut', hängen soll ich heut!«, als er die Mauerkrone erreichte. Ohne zu zögern krallte er sich an einer der stachelbewehrten Eisentrommeln fest. Seine Handflächen wurden augenblicklich zerschnitten.

Seit seiner Kindheit hatte Sauber-Willy keinerlei Gefühl mehr in seinen mit Schwielen und vernarbten Wunden bedeckten Handflächen. Damals ließ man das Feuer im Kamin gewöhnlich brennen, bis der Schornsteinfeger und der Junge, der ihm half, eintrafen. Wenn der Junge dann in den Rauchfang stieg, um den noch heißen Schornstein zu reinigen, verbrannte er sich gewöhnlich die Hände. Doch das kümmerte kaum jemanden. Und wenn der Junge diese Arbeit nicht mochte, standen viele andere bereit, um seinen Platz zu übernehmen.

So hatte sich Sauber-Willy jahrelang immer wieder die Hände verbrannt. Und als jetzt das Blut aus seinen zerschnittenen Handflächen schoß, in Strömen an den Unterarmen hinablief und ihm ins Gesicht tropfte, spürte er nichts. Er verschwendete keinen Gedanken daran.

Er bewegte sich langsam an den sich drehenden Trommeln mit den Stacheln entlang, brachte eine ganze Mauer hinter sich, dann die zweite, dann die dritte. Es war erschöpfend, und er verlor dabei jedes Zeitgefühl und hörte nichts von dem Lärm der Menge nach der Hinrichtung. So gelangte er nach und nach bis zur Südmauer. Dort hielt er inne und wartete, bis ein patrouillierender Gefängniswärter außer Sichtweite war. Der Mann blickte nicht einmal nach oben, obwohl, wie Willy sich später erinnerte, Blut auf seine Mütze und seine Schultern getropft war.

Nachdem der Gefängniswärter verschwunden war, arbeitete Willy sich mit Händen und Füßen über die rotierenden Sta-

cheln hinweg, die ihm die Brust, die Knie und die Beine aufrissen, so daß sein Blut in Strömen floß. Dann sprang er fünfzehn Fuß tief auf das Dach des dem Gefängnis benachbarten Gebäudes. Seinen Aufprall hörte niemand, denn diese Gegend war jetzt menschenleer. Alles war bei der Hinrichtung. Von dem Dach sprang Willy auf das nächste und dann auf ein weiteres. Abstände von sechs oder acht Fuß übersprang er ohne jedes Zögern. Ein- oder zweimal hätte er um ein Haar den Halt verloren, als er auf lockere Dachschindeln und Schieferplatten traf, fing sich aber jedesmal wieder. Er hatte nicht umsonst einen großen Teil seines Lebens auf Hausdächern zugebracht.
Schließlich, knapp eine halbe Stunde nach dem Beginn seiner Flucht, schlüpfte er behende durch ein Giebelfenster an der Rückseite des Molloyschen Hauses, schlich durch den Flur und betrat das Zimmer, das Mr. Pierce sich soviel hatte kosten lassen.

Agar erinnerte sich später, daß Willy ›einen entsetzlichen, einen fürchterlichen Anblick‹ geboten habe, und fügte hinzu: »Er blutete wie ein angestochener Heiliger.« Diese blasphemische Bemerkung wurde jedoch aus dem Gerichtsprotokoll gestrichen.
Pierce sorgte dafür, daß Sauber-Willy, der kaum noch bei Bewußtsein war, rasch behandelt wurde. Salmiakdämpfe aus einem Inhalator von geschliffenem Glas brachten Willy wieder zu sich. Die Frauen rissen ihm die Kleider vom Leib, wobei sie keine falsche Scham an den Tag legten. Sie verrichteten ihre Arbeit umsichtig und schnell. Sie behandelten die zahlreichen Wunden mit blutstillendem Puder und verbanden sie. Agar flößte Sauber-Willy einen Schluck Coca-Wein ein und ließ ihn von dem Krafttrunk der Firma Burroughs & Wellcome, der Fleischextrakt und Eisen enthielt, trinken, damit er wieder zu Kräften kam. Dann zwang man ihn, zwei

von Carter's kleinen Nervenpillen zu schlucken, und gab ihm noch etwas Opiumtinktur gegen die Schmerzen. Diese geballte Therapie brachte ihn schließlich ins Leben zurück, worauf die Frauen ihm das Gesicht wuschen, seinen Körper mit Rosenwasser beträufelten und ihn in das bereitliegende Kleid zwängten. Als er fertig angekleidet war, flößte man ihm noch einen Schluck Bromocoffein zur weiteren Stärkung ein und wies ihn an, sich ohnmächtig zu stellen. Man setzte ihm eine Haube auf und zog ihm Stiefeletten an. Seine blutgetränkte Gefängniskleidung stopfte man in den Picknickkorb.

Niemand aus der Menge achtete auch nur im geringsten auf die gutgekleideten Herrschaften, die Mrs. Molloys Haus verließen, obwohl eine der Frauen offenbar so mitgenommen war von der Hinrichtung, daß die Männer sie zu der wartenden Kutsche tragen mußten, die dann der frühen Morgensonne entgegenrollte. Eine ohnmächtige Frau war schließlich ein alltäglicher Anblick, nicht zu vergleichen mit dem Anblick einer Frau, die am Ende eines Stricks baumelte – hin und her, hin und her.

14. Kapitel Der Gipfel der Geschmacklosigkeit

Man schätzt, daß rund sieben Achtel aller Gebäude im viktorianischen London aus der georgianischen Epoche stammten. Der Anblick, den die Stadt bot, war ein Erbe jener früheren Ära. Die Bürger des Viktorianischen Zeitalters machten sich erst ab 1880 an die gründliche Erneuerung ihrer Hauptstadt. Man scheute lange die hohen Baukosten. Die alten Gebäude wurden auch dann nicht abgerissen, wenn sie den Anforderungen der neuen Zeit nicht mehr gerecht wurden. Das Zögern entsprang gewiß nicht ästhetischer Rücksichtnahme – die Menschen der Viktorianischen Ära verabscheuten alles, was georgianisch war, diesen Stil, den sogar Ruskin als ›Nonplusultra an Häßlichkeit‹ verdammte.

So kann es kaum überraschen, daß die *Times* in einem Bericht über den Ausbruch eines Häftlings aus Newgate kritisch vermerkte: ›Die Vorzüge dieses Gefängnisses sind weit überschätzt worden. Ein Ausbruch aus Newgate ist nicht nur möglich, wie uns jetzt bewiesen worden ist, sondern sogar das reine Kinderspiel, denn der flüchtige Übeltäter ist noch nicht einmal volljährig. Es ist höchste Zeit, daß dieser Gipfel der Geschmacklosigkeit abgerissen wird.‹

In dem Artikel stand ferner zu lesen, ›die Metropolitan Police hat jetzt Gruppen bewaffneter Beamter in die Elendsviertel der Stadt entsandt, um den Flüchtigen ausfindig zu machen. Seine Festnahme steht, wie uns glaubhaft versichert wird, unmittelbar bevor‹.

Diesem Bericht folgten keine weiteren. Das darf nicht verwundern, denn wie es ein zeitgenössischer Beobachter einmal formulierte: ›Ausbrüche aus Gefängnissen sind ebenso zahlreich wie uneheliche Geburten.‹ Etwas so Alltägliches war wirklich nicht berichtenswert. Zu einer Zeit, in der man die Fenstervorhänge des Londoner Parlamentsgebäudes mit Kalkbrühe tränkte, um die Herren Abgeordneten vor der grassierenden Cholera zu schützen, während sie über den Krimkrieg debattierten, konnten die Zeitungen sich nicht mit einem kleinen Ganoven aufhalten, dem es gelungen war, sich aus dem Staub zu machen.

Einen Monat später fand man in der Themse die Leiche eines jungen Mannes. Die Polizeibehörden identifizierten den Leichnam als den aus Newgate entsprungenen Häftling. Die Nachricht war dem *Evening Standard* nicht mehr als einen Absatz wert. Die anderen Blätter erwähnten den Vorfall überhaupt nicht.

Nach seinem Ausbruch wurde Sauber-Willy zu Mr. Pierces Haus in Mayfair gebracht, wo er etliche Wochen in völliger Abgeschiedenheit lebte, bis seine Wunden geheilt waren. Aus Willys späteren Aussagen vor der Polizei erfahren wir zum erstenmal von der rätselhaften Frau, die Pierces Geliebte war und die Willy als ›Miss Miriam‹ kennengelernt hatte.

Willy wurde in einem Raum des Obergeschosses untergebracht. Den Dienstboten des Hauses wurde gesagt, es handle sich um einen Verwandten Miss Miriams, der in der New Bond Street von einer Kutsche angefahren worden sei. Er wurde von Miss Miriam gepflegt, die von Zeit zu Zeit nach ihm sah. Er rühmte ihr ›vornehmes Auftreten‹, ihre ›gute Figur‹ und ihre ›feine Ausdrucksweise‹. Sie habe sich immer gemessenen Schrittes bewegt und nie einen gehetzten oder eiligen Eindruck gemacht. Alle Zeugen, die ihr einmal begegnet waren, äußerten sich in ähnlicher Weise. Sie zeigten sich vor allem von der ›ätherischen Erscheinung‹ der jungen Frau beeindruckt. Ihre Augen seien besonders bezaubernd. Man sprach von ihrer ›traumhaften‹ und ›überirdischen Anmut‹.

Miss Miriam lebte offenkundig mit Pierce in diesem Haus zusammen, war jedoch tagsüber oft unterwegs. Sauber-Willy wußte nie genau, wo sie sich gerade aufhielt. Da man ihn ohnehin oft mit Opium sedierte, mag dies das ›Geisterhafte‹ erklären, das er ihr zuschrieb.

Willy konnte sich nur an eine Unterhaltung mit ihr erinnern. Er hatte sie einmal gefragt: »Sind Sie ein Vögelchen?« Er meinte, ob sie Pierces Komplizin bei seinen Einbrüchen sei.

»O nein«, hatte sie lächelnd erwidert. »Ich verstehe nichts von der Musik.«

Daraus hatte er geschlossen, daß sie nicht in Pierces Pläne eingeweiht war, eine Annahme, die sich später als falsch erwies. In Wirklichkeit spielte sie eine wesentliche Rolle in seinem Plan, und er hatte sie vermutlich als erste eingeweiht. Im Prozeß wurden zahlreiche Spekulationen über Miss Miriam und ihre Herkunft angestellt. Einige Anzeichen lassen den Schluß zu, daß sie Schauspielerin war, was auch ihre Fähigkeit erklären würde, verschiedene Akzente nachzuahmen oder mühelos in verschiedene Rollen zu schlüpfen: die Dame von Stand gelang ihr ebenso gut wie die einfache Frau aus dem Volk. So wird auch ihre Neigung verständlich, Schminke aufzulegen, denn damals wäre es keiner ehrbaren Frau eingefallen, der Natur mit Kosmetika nachzuhelfen. Und schließlich ließ sie offen erkennen, daß sie Pierces Geliebte war. In jenen Tagen waren die Grenzen zwischen einer Schauspielerin und einer Prostituierten fließend. Schauspieler waren schon von Berufs wegen immer unterwegs. Es lag nahe, daß sie Verbindung zu Verbrecherkreisen hatten oder sogar selbst ein kriminelles Leben führten. Welche Vergangenheit Miss Miriam auch gehabt haben mag, sie mußte schon seit Jahren Pierces Geliebe gewesen sein. Pierce selbst hielt sich nur selten im Haus auf und blieb gelegentlich auch über Nacht fort. Sauber-Willy erinnerte sich, ihn ein paarmal am späten Nachmittag gesehen zu haben – in Reitkleidung und nach Pferd riechend, als wäre er gerade von einem Ausritt zurückgekehrt. »Ich wußte gar nicht, daß Sie ein Pferdefreund sind«, hatte Willy einmal gesagt.

»Bin ich auch nicht«, hatte Pierce knapp erwidert. »Ich hasse die verdammten Biester.«

Nachdem Willys Wunden verheilt waren, hielt Pierce ihn noch im Haus, damit sein ›Terrierschnitt‹ nachwachsen konnte. Ein entsprungener Häftling ließ sich damals am ehesten an seinen kurzgeschorenen Haaren erkennen. Ende September waren Willys Haare zwar schon länger, aber Pierce erlaubte ihm noch immer nicht, aus dem Haus zu gehen. Als Willy nach dem Grund fragte, sagte Pierce: »Wir wollen erst abwarten, bis man dich wieder einfängt.«

Diese Äußerung verwirrte Willy zwar sehr, aber er blieb wie befohlen im Haus. Wenige Tage darauf kam Pierce mit einer Zeitung unter dem Arm zu ihm ins Zimmer und sagte ihm, jetzt könne er gehen. Noch am selben Abend begab Willy sich ins ›Heilige Land‹, wo er sein Liebchen Maggie wiederzufinden hoffte. Er mußte feststellen, daß Maggie sich inzwischen mit einem Straßenräuber liiert hatte, einem grobschlächtigen Burschen, der sich durch ›Stockschwingen‹, durch Überfälle also, über Wasser hielt. Maggie zeigte Willy die kalte Schulter.

Willy tröstete sich mit einem zwölfjährigen Mädchen namens Louise, das sich vorwiegend vom Wäschestehlen ernährte. Im Prozeß wurde sie den Richtern als Wäschediebin der untersten Kategorie beschrieben. Die höheren Ränge der Zunft suchten vornehmere Stadtviertel heim und stahlen dort die elegante, oft bereits gestärkte und gaufrierte Wäsche von der Leine. Wäschediebe wie Willys neue Geliebte arbeiteten nur dann mit einigem Gewinn, wenn sie das gestohlene Gut an Hehler verkaufen konnten, die es in Trödelläden weiterveräußerten. Nur Kinder und junge Mädchen ließen sich auf diese wenig einträgliche Form des Wäschediebstahls ein.

Willy lebte von den Einnahmen des Mädchens und wagte sich nie über die Grenzen des Elendsviertels hinaus, in dem er jetzt hauste. Pierce hatte ihn eindringlich gewarnt: er solle den Mund halten und nie verlauten lassen, daß er ihm bei dem Ausbruch aus Newgate geholfen hatte. Sauber-Willy wohnte mit seinem Liebchen zusammen in einer billigen Herberge, in der über hundert Menschen hausten. Das Haus war als Schlupfwinkel kleiner Gauner bekannt. Willy schlief mit seiner Freundin in einem Bett, das er noch mit zwanzig Personen beiderlei Geschlechts teilen mußte. Louise sagte über diese Zeit: »Er lebte in den Tag hinein, ließ es sich gutgehen und wartete darauf, daß sein Herr und Meister ihn rief.«

Von all den eleganten Orten, wo das feine London sich traf, konnte es keiner mit dem schlammigen Reitweg im Hyde Park aufnehmen, der als ›Meile der Damen‹ oder ›Rotten Row‹ bekannt war. Hier konnte man bei gutem Wetter buchstäblich Hunderte von elegant gekleideten Männern und Frauen bewundern, die sich gegen vier Uhr nachmittags im goldenen Schein der Sonne in strahlender Laune zu Pferde sehen ließen. Es war ein munteres Treiben: Reiter und Reiterinnen, dicht an dicht. Hinter den Damen trotteten uniformierte Pagen her, manche wurden auch von ernst dreinblickenden Anstandsdamen zu Pferde oder von berittenen Kavalieren begleitet. Es war ein prächtiges, mondänes Schauspiel, und doch hatte es gleichzeitig etwas leicht Anrüchiges, denn etliche der Damen standen in zweifelhaftem Ruf. Wie ein zeitgenössischer Beobachter schrieb: ›Es gehört nicht viel Phantasie dazu, den Beruf jener hinreißenden *equestrienne* zu erraten, die mit der Peitsche oder mit einem Winken ein halbes Dutzend Männer zugleich begrüßt und zuweilen die Eintönigkeit des korrekten Reitens durchbricht, indem sie, beide Hände auf dem Rücken, sich anmutig zu einem zu Fuß neben ihr gehenden Bewunderer herabbeugt und seinen Komplimenten lauscht.‹ Solche Damen gehörten der höchsten Klasse der Prostituierten an, und ehrbare Damen sahen sich oft in die Lage versetzt, mit diesen raffiniert aufgemachten Demimondänen um die Gunst der Männer konkurrieren zu müssen. Solche Wettbewerbe fanden allerdings nicht nur in der Arena statt: Oper und Theater waren dafür gleichermaßen beliebte Schauplätze. Mehr als eine junge Dame wurde plötzlich gewahr, daß die Augen ihres Begleiters nicht das Geschehen auf der Bühne verfolgten, sondern fest auf irgendeine Loge gerichtet waren, aus der eine elegante Frau seine Blicke mit offenem, unverhohlenem Interesse erwiderte.

Die Bürger des Viktorianischen Zeitalters taten zwar empört angesichts des Eindringens von Prostituierten in ehrbare Kreise, doch allen Rufen nach Reformen zum Trotz ließen die Damen der Halbwelt sich noch ein halbes Jahrhundert lang fröhlich und unbeschwert dort sehen, wo manche sie lieber nicht gesehen hätten. Die Prostitution der damaligen Zeit wird gern als besonders geschmacklose Manifestation der tiefverwurzelten Heuchelei jener Gesellschaft abgetan. Aber so einfach sind die Dinge nicht. Hier muß die Stellung der Frau im viktorianischen England berücksichtigt werden.
Ganz allgemein wurde damals auf den Unterschied zwischen ›männlich‹ und ›weiblich‹ größter Wert gelegt, und zwar nicht nur in Kleidung, Betragen und Gehabe. Sogar einzelne Möbel oder einzelne Zimmer eines Hauses wurden als ›männlich‹ oder ›weiblich‹ angesehen. So galt etwa das Eßzimmer als maskulin, der Salon als feminin und so weiter. Man war der Ansicht, dafür gebe es biologische Gründe.
›Es ist offenkundig‹, schrieb etwa Alexander Walker, ›daß der Mann, ausgestattet mit der Kraft seines Verstands, seiner Muskeln und dem Mut, sich seiner Gaben zu bedienen, für die Beschützerrolle qualifiziert ist. Die Frau hingegen, von schwacher Konstitution, schüchtern und mit geringeren Geistesgaben versehen, bedarf des Schutzes. Unter solchen Umständen fällt dem Mann natürlich die Führungsrolle zu. Der Frau ist es von der Natur bestimmt, zu dienen und zu gehorchen.‹
Mit geringen Abweichungen wurde dieser Glaube immer wieder nachgebetet. Die Frauen könnten nicht logisch denken; sie könnten die Folgen nicht absehen; sie ließen sich allein von ihren Gefühlen leiten, folglich sei es unerläßlich, daß der rational denkende, nüchterne Mann sie mit fester Hand lenke. Schon bei der Erziehung ließ man sich von dem Glauben an die geistige Unterlegenheit der Frau leiten, und viele Frauen aus guter Familie dürften tatsächlich jene einfältigen, affektierten, hilflosen Dummchen gewesen sein, die die Romane

der Viktorianischen Zeit bevölkern. Männer konnten nicht erwarten, viel Gemeinsames mit ihren Ehefrauen zu haben. Mandell Creighton schrieb einmal, er finde ›Damen im allgemeinen eine höchst unbefriedigende geistige Nahrung; sie scheinen keine bemerkenswerten Gedanken und Ideen zu entwickeln, und obwohl es vorübergehend der Eitelkeit schmeicheln mag, daß man glaubt, ihnen einiges beibringen zu können, so verblaßt dieser Glaube doch nach kurzer Zeit. Von einem bestimmten Lebensalter an, sobald man ein Haus und eine gesicherte Existenz sein eigen nennt, gehört eben auch eine Frau dazu, sozusagen als Bestandteil des Inventars, und man sieht in ihr eine bequeme Einrichtung. Ich bezweifle jedoch sehr, daß je ein Mann von Geist und Verstand seine Gedanken zuerst seiner Frau mitgeteilt hat oder gar erwarten konnte, daß seine Frau diese Gedanken zu würdigen wußte‹.

Vieles spricht dafür, daß dieses Arrangement beide Geschlechter zu Tode langweilte. Die Frauen, die sich in ihren großen Häusern voller Dienstboten verloren vorkamen, flüchteten sich in spektakuläre hysterische Neurosen: vorübergehender Verlust des Gehörs, der Sprache und der Sehkraft, Atemnot, Ohnmacht, Appetitlosigkeit, gelegentlich sogar Verlust des Erinnerungsvermögens und zuweilen Krämpfe und Zuckungen. Solche Symptome bekräftigten natürlich nur die allgemeine Auffassung von der Hinfälligkeit und Zerbrechlichkeit der Frau.

Frustrierten Männern stand eine andere Möglichkeit offen: sie konnten bei Prostituierten Zuflucht suchen, die oft lebhaft, fröhlich und voller Esprit waren, die all das hatten, was bei einer Frau eigentlich unvorstellbar war. Außerdem fanden die Männer die Gesellschaft von Prostituierten angenehm, denn in ihrer Gegenwart konnten sie die steifen Formen des gesellschaftlichen und beruflichen Alltags abstreifen und sich in einer Atmosphäre ›gelockerter Ungeniertheit‹ entspannen.

Diese Freiheit von Beschränkungen jeglicher Art war mindestens so wichtig wie das ›Ventil‹ für sexuelle Wünsche. Diese Vorzüge sind es wohl, die der Institution in der damaligen Gesellschaft ein so breites Fundament gaben und es den Prostituierten erlaubten, kühn in die Festungen der Ehrbarkeit einzudringen, etwa in die Arena der Rotten Row.
Von September 1854 an traf Edward Pierce regelmäßig bei Ausritten in der Rotten Row mit Miss Elizabeth Trent zusammen. Die erste Begegnung schien ein Zufall gewesen zu sein, aber die späteren erfolgten auf ein unausgesprochenes Einverständnis hin.
Elizabeth Trents Leben begann um diese nachmittäglichen Begegnungen zu kreisen. Sie verbrachte jeden Morgen damit, sich darauf vorzubereiten, und jeden Abend sprach sie darüber. Ihre Freundinnen beklagten sich, sie habe nur noch ihren Edward im Kopf. Ihr Vater beklagte sich über ihr unersättliches Verlangen nach neuen Kleidern. »Sie scheint es für eine Notwendigkeit zu halten«, sagte er, »jeden Tag ein neues Kleid zu tragen, und am liebsten sogar zwei.«
Der unattraktiven jungen Frau kam offenbar nie der Gedanke, wie seltsam es war, daß Mr. Pierce unter all den hinreißenden Schönheiten der Rotten Row ausgerechnet sie erwählt hatte. Seine Aufmerksamkeiten nahmen sie völlig gefangen. Im Prozeß äußerte sich Pierce summarisch über diese Unterhaltungen. Sie seien ›oberflächlich und trivial‹ gewesen. Nur von einer berichtete er ausführlicher. Sie hatte irgendwann im Oktober 1854 stattgefunden.
Es war eine Zeit politischer Unruhen und militärischer Skandale. Dem Selbstbewußtsein der Nation war ein schwerer Schlag zugefügt worden. Der Krimkrieg nahm einen katastrophalen Verlauf. ›Anfangs‹, so J. B. Priestley, ›begrüßte die Oberschicht den Krieg als ein grandioses, überdimensionales Picknick in einer weit entfernten, romantischen Gegend. Man hätte meinen können, das Schwarze Meer sei für den

Tourismus entdeckt worden. Wohlhabende Offiziere wie etwa Lord Cardigan entschlossen sich, ihre Jachten mitzunehmen. Die Ehefrauen einiger Kommandeure bestanden darauf, sich der Truppe anzuschließen, und ließen sich von ihren Zofen begleiten. Verschiedene Zivilisten machten ihre Urlaubspläne rückgängig und folgten statt dessen der Armee, um sich den Spaß aus der Nähe anzusehen.‹

Der Spaß wurde schnell zum Debakel. Die britischen Truppen waren schlecht ausgebildet, schlecht ausgerüstet und unterstanden einer unfähigen Führung. Lord Raglan, der Oberkommandierende, war bereits fünfundsechzig und ›schon sehr alt für sein Alter‹. Raglan meinte wohl, er kämpfe noch bei Waterloo. Wenn er vom Feind sprach, sagte er oft ›die Franzosen‹, obwohl die Franzosen jetzt seine Verbündeten waren. Einmal bezog er sogar, wohl in völliger Verwirrung, einen Beobachtungsposten hinter den feindlichen russischen Linien. Die Atmosphäre des ›altersbedingten Chaos‹ verdichtete sich, und um die Mitte des Sommers schrieben selbst die Ehefrauen verschiedener Offiziere in ihren Briefen nach Hause, daß ›die Männer allmählich nicht mehr zu wissen scheinen, was sie hier sollen‹.

Im Oktober erreichten die Fehlleistungen der militärischen Führung in dem von Lord Cardigan befohlenen Angriff der Light Brigade ihren Höhepunkt. Bei diesem heldenhaften Sturmangriff fielen drei Viertel seiner Truppen – sie hatten die erfolgreiche Anstrengung unternommen, die falsche Feindbatterie außer Gefecht zu setzen.

Das Picknick war zweifellos beendet. Fast alle Engländer der Oberschicht machten sich ernste Sorgen. Die Namen Cardigan, Raglan und Lucan waren in aller Munde. An jenem warmen Oktobernachmittag im Hyde Park jedoch brachte Mr. Pierce das Gespräch mit Elizabeth Trent behutsam auf ihren Vater.

»Heute morgen war er fürchterlich nervös«, sagte sie.

»Tatsächlich?« fragte Pierce, der neben ihr hertrabte.
»An den Tagen, an denen er eine Goldsendung zur Krim auf den Weg bringen muß, ist er immer sehr nervös. Er ist dann vom Aufstehen an sozusagen ein völlig anderer Mensch, geistesabwesend und tief in Gedanken.«
»Ich bin überzeugt, daß er eine schwere Verantwortung zu tragen hat«, sagte Pierce.
»Sie wird so schwer sein, fürchte ich, daß er sich in übermäßiges Trinken flüchtet«, sagte Elizabeth und lachte kurz auf.
»Ich bitte Sie, Sie übertreiben, Madam.«
»Nun, immerhin benimmt er sich sehr seltsam. Das ist nicht zu übersehen. Wie Sie wissen, ist er entschieden dagegen, daß man vor Einbruch der Dunkelheit Alkohol zu sich nimmt.«
»Ich weiß. Ein sehr vernünftiger Grundsatz, wie ich meine.«
»Wissen Sie«, fuhr Elizabeth Trent fort, »ich habe ihn im Verdacht, daß er gegen seine eigenen Regeln verstößt, denn an den Tagen, an denen eine neue Ladung verschickt werden soll, geht er morgens allein in den Weinkeller. Keiner der Diener darf ihn begleiten, nicht einmal, um ihm die Laterne zu halten. Er besteht darauf, allein zu gehen. Meine Stiefmutter hat ihm schon oft Vorwürfe gemacht und gesagt, er könne stolpern oder die Kellertreppe herunterfallen. Aber er will nicht auf sie hören. Er verbringt dann einige Zeit im Keller, kommt wieder nach oben und begibt sich dann wie jeden Morgen zur Bank.«
»Ich nehme an«, sagte Pierce, »daß er den Weinkeller nur aus irgendeinem einleuchtenden Grund inspizieren möchte. Das wäre doch logisch?«
»Nein, durchaus nicht«, erwiderte Elizabeth, »denn die Ergänzung und Pflege des Weinkellers vertraut er immer nur meiner Stiefmutter an. Auch das Dekantieren der Weine vor dem Essen und solcherlei Dinge überläßt er ihr.«
»Wenn das so ist, muß ich zugeben, daß sein Verhalten höchst seltsam anmutet. Ich hoffe sehr«, sagte Pierce mit tiefernster

Stimme, »daß seine Verantwortung sein Nervensystem nicht einer zu großen Belastung aussetzt.«

»Das hoffe ich auch«, erwiderte Mr. Trents Tochter mit einem Seufzen. »Ist es nicht ein wunderschöner Tag?«

»Wundervoll«, pflichtete Pierce ihr bei. »Unsagbar schön, aber doch nicht schöner als Sie.«

Elizabeth Trent kicherte und erwiderte, was ihm denn einfalle, ihr so offen zu schmeicheln.

»Man könnte ja fast meinen, Sie hätten Absichten!« sagte sie lachend.

»Aber, aber!« gab Pierce zurück und legte seine Hand leicht, wenn auch nur kurz, auf die ihre.

»Ich bin so glücklich«, sagte sie.

»Und ich bin es mit Ihnen«, sagte Pierce. Und es war die reine Wahrheit, denn er wußte jetzt, wo er den vierten Schlüssel zu suchen hatte.

II. Die Schlüssel *November 1854 bis Februar 1855*

Mr. Henry Fowler, der zur Lunchzeit in einer dunklen Nische des Schankraums saß, zeigte alle Anzeichen höchster Erregung. Er biß sich auf die Lippen, drehte sein Glas in den Händen und brachte es kaum über sich, seinem Freund Edward Pierce in die Augen zu sehen. »Ich weiß nicht, wie ich anfangen soll«, sagte er. »Ich bin in einer höchst vertrackten Lage.«

»Ich versichere Sie meiner völligen Verschwiegenheit«, sagte Pierce und hob sein Glas.

»Ich danke Ihnen«, sagte Fowler. »Wissen Sie«, begann er, verstummte aber sogleich wieder. »Wissen Sie, es ist –«, wieder brach er unvermittelt ab und schüttelte den Kopf. »Es ist eine scheußlich peinliche Angelegenheit.«

»Sprechen Sie bitte ganz offen«, sagte Pierce, »von Mann zu Mann.«

Fowler leerte sein Glas mit einem Zug und setzte es dann mit einer so heftigen Bewegung auf den Tisch, daß es klirrte.

»Also gut. Also, um es kurz zu machen, ich habe die Franzosenkrankheit.«

»Ach du liebe Zeit«, sagte Pierce.

»Ich fürchte, ich habe es ein bißchen zu schlimm getrieben«, sagte Fowler bedrückt. »Und jetzt muß ich dafür bezahlen. Es ist alles sehr häßlich und irritabel.« In jenen Tagen hielt man venerische Krankheiten für die Folge sexueller Ausschweifungen. Heilverfahren gab es kaum. Nur die wenigsten Ärzte waren bereit, einen mit einer solchen Krankheit behafteten Patienten zu behandeln. Die meisten Krankenhäuser waren auf die Behandlung der Gonorrhoe und der Syphilis nicht eingerichtet. Ein angesehener Mann, der sich eine dieser Krankheiten zugezogen hatte, wurde leicht zum Opfer einer Erpressung. Das machte Mr. Fowlers Zurückhaltung verständlich.

»Wie kann ich Ihnen helfen?« fragte Pierce, der bereits die Antwort wußte.
»Ich dachte mir — und ich hoffe, ich trete Ihnen nicht zu nahe —, daß Sie als Junggeselle vielleicht wissen ... nun, daß Sie mir vielleicht ein Mädchen vom Lande vermitteln können, das noch Jungfrau ist.«
Pierce hob die Augenbrauen. »Das ist nicht mehr so einfach, wie es einmal war.«
»Ich weiß, ich weiß«, sagte Fowler mit vor Erregung lauter Stimme. Er zwang sich, leiser zu sprechen. »Ich weiß, wie schwierig das ist. Ich habe aber gehofft ...«
Pierce nickte. »Ich kenne da eine Frau am Haymarket«, sagte er, »die gelegentlich noch ganz frische Mädchen hat. Wenn Sie wünschen, kann ich mich diskret erkundigen.«
»Oh, *bitte*«, sagte Mr. Fowler mit bebender Stimme. »Es ist äußerst peinvoll«, fügte er hinzu.
»Ich kann mich erkundigen«, sagte Mr. Pierce.
»Ich werde für immer in Ihrer Schuld stehen«, sagte Mr. Fowler. »Es ist äußerst peinvoll.«
»Ich werde mich erkundigen«, sagte Pierce. »Sie können morgen oder übermorgen mit einer Nachricht von mir rechnen. Unterdessen sollten Sie aber nicht den Kopf hängenlassen.«
»Oh, ich danke Ihnen, ich danke Ihnen«, sagte Fowler und bestellte noch etwas zu trinken.
»Es kann freilich einiges kosten«, sagte Pierce.
»Die Kosten scheue ich nicht. Ich schwöre, ich bezahle jeden Preis!« Dann schien er es sich noch einmal durch den Kopf gehen zu lassen. »Wie hoch wird der Preis Ihrer Meinung nach denn sein?«
»Hundert Guineen, wenn man sicher sein will, ein wirklich frisches Mädchen zu bekommen.«
»Hundert Guineen?« sagte Fowler entsetzt.
»Ja, und das auch nur, wenn ich Glück habe. Die Nachfrage ist sehr groß, müssen Sie wissen.«

»Also schön, sei's drum«, sagte Mr. Fowler und leerte sein zweites Glas. »Wie hoch der Preis auch ist, ich werde ihn zahlen.«
Zwei Tage später erhielt Mr. Fowler mit der kürzlich eingerichteten *Pennypost* in seinem Büro in der Huddleston & Bradford-Bank einen Brief. Die hervorragende Qualität des Schreibpapiers sowie die feine Handschrift der unverkennbar weiblichen Absenderin beruhigten ihn sehr.

11. Nov. 1854

Sir,
Unser gemeinsamer Bekannter, Mr. P., hat mich gebeten, Ihnen Bescheid zu geben, wenn ich von einer jungen Dame mit besonderen Qualitäten höre. Ich freue mich, Ihnen ein sehr hübsches blondes junges Mädchen empfehlen zu können, das erst vor kurzem vom Lande gekommen ist. Ich glaube, sie wird Ihnen sehr zusagen. Wenn es Ihnen konveniert, können Sie sie in vier Tagen gegen acht Uhr abends in der Lichfield Street, Ecke St. Martin's Lane treffen. Sie wird dort auf Sie warten. Angemessene private Räumlichkeiten stehen ganz in der Nähe zur Verfügung.

Ich verbleibe, Sir, als Ihre ergebene Dienerin *M.B.*

South Moulton Street

Der Preis für das Mädchen wurde mit keinem Wort erwähnt, aber das kümmerte Mr. Fowler nicht weiter. Sein Leiden hatte bereits zu schmerzhaften Schwellungen geführt, die ihn so sehr quälten, daß er kaum noch an etwas anderes denken konnte, wenn er an seinem Schreibtisch saß und die Pflichten des Tages hinter sich zu bringen suchte. Er betrachtete das Schreiben aufs neue, und aufs neue beruhigte es ihn, daß der Brief einen so hervorragenden Eindruck machte. Er wirkte

zuverlässig, und das war wichtig. Fowler wußte sehr wohl, daß viele ›Jungfrauen‹ alles andere als unberührt waren. Ihr ›verwundbarer Zustand‹ wurde mit Nadel und Faden wiederhergestellt.
Fowler wußte auch, daß der Beischlaf mit einer Jungfrau nicht allgemein als Heilverfahren bei venerischen Krankheiten anerkannt wurde. Viele Männer schworen darauf, andere bestritten die Wirksamkeit. Oft wurde behauptet, wenn die Therapie versage, sei das darauf zurückzuführen, daß das Mädchen eben doch nicht wirklich unberührt gewesen sei.
Mr. Fowler betrachtete das Schreibpapier und die feine Handschrift und fühlte sich in seinen Erwartungen bestärkt. Er brachte sogleich ein paar unverfänglich formulierte Zeilen des Dankes an seinen Freund Pierce zu Papier und ließ ihm das Billett durch einen Boten zustellen.

18. Kapitel Der Kutschentrick

Am selben Tag, an dem Mr. Fowler sein Dankschreiben an Mr. Pierce aufsetzte, bereitete Mr. Pierce sich darauf vor, in Mr. Trents Haus einzubrechen. An diesem Unternehmen sollten fünf Personen beteiligt sein: Pierce, der durch seine Besuche dort eine gewisse Kenntnis der Räumlichkeiten besaß, Agar, dem die Aufgabe zufiel, von dem Schlüssel einen Wachsabdruck zu machen, Agars Liebchen, die als ›Krähe‹ Schmiere stehen sollte, und Barlow, der als Schatten mit einem Ablenkungsmanöver den Rückzug decken sollte.
Und dann war da noch die mysteriöse Miss Miriam. Sie war bei dem geplanten Eindringen in das Haus der Trents unentbehrlich, denn sie sollte den Kutschentrick ausführen. Dies war eine der gewieftesten Methoden, sich in ein fremdes Haus Einlaß zu verschaffen. Dabei spielten die Trinkgeldgewohnheiten der damaligen Zeit eine Rolle.
Im viktorianischen England waren rund zehn Prozent der Be-

völkerung als Dienstboten ›in Stellung‹, und fast alle bezogen ein kümmerliches Entgelt. Am schlechtesten wurden jene Hausangestellten entlohnt, die auf Grund ihrer Aufgaben mit den Besuchern und Gästen des Hauses in Berührung kamen: ein Butler und ein Pförtner etwa bezogen den überwiegenden Teil ihres Jahreseinkommens aus Trinkgeldern. Daher auch die Abneigung von Pförtnern gegen weniger bemittelte Besucher – und daher auch der Kutschentrick.

Am Abend des 12. November 1854 um neun Uhr – es herrschte tiefe Dunkelheit – hatte Pierce seine Getreuen postiert. Die ›Krähe‹ hielt sich unauffällig auf der dem Trentschen Haus gegenüberliegenden Straßenseite auf. Barlow, der Schatten, hatte sich verstohlen in die Seiteneinfahrt des Grundstücks begeben, die zum Lieferanteneingang und zu den Hundezwingern hinter dem Haus führte. Und Pierce und Agar hatten sich hinter einem Busch direkt neben dem Vordereingang verborgen. Als alle bereit waren, fuhr eine elegante geschlossene Kutsche vor dem Haus vor, und es läutete.

Der Pförtner des Trentschen Hauses hörte das Läuten und öffnete die Tür. Er sah die am Bordstein haltende Kutsche. Würdevoll und in Erwartung eines Trinkgelds schritt er, als niemand der Kutsche entstieg, die Treppenstufen zum Bürgersteig hinunter, um zu sehen, ob er zu Diensten sein konnte. Im Innern der Kutsche sah er eine schöne, elegante Frau, die ihn fragte, ob dies wohl das Haus von Mr. Robert Jenkins sei. Der Pförtner verneinte. Aber Mr. Jenkins sei ihm bekannt, sagte er. Sein Haus befinde sich ganz in der Nähe. Er wies dem Kutscher den Weg.

Unterdessen schlüpften Pierce und Agar durch die offene Tür ins Haus. Sie eilten unverzüglich zur Kellertür. Diese war zwar verschlossen, aber Agar machte sich sofort mit einem Dietrich ans Werk und hatte die Tür im Nu geöffnet. Als der Pförtner von der Dame in der Kutsche seinen obligaten Shilling in Empfang nahm, befanden sich die beiden Männer bereits hinter der Tür zum Keller. Der Pförtner warf die Münze in die Luft, fing sie auf, ging ins Haus zurück und verschloß die Vordertür. Ihm war nicht einen Augenblick der Gedanke gekommen, überlistet worden zu sein. Das war der sogenannte Kutschentrick.

Im Schein einer Blendlaterne sah Pierce auf seine Uhr. Es war neun Uhr vier. Sie hatten also rund eine Stunde Zeit, den Schlüssel zu suchen. Barlow würde erst um zehn mit seinem Teil des Unternehmens beginnen, der ihnen den Rückzug decken sollte.

Pierce und Agar stiegen vorsichtig die knarrenden Stufen der Kellertreppe hinab. Sie sahen die mit Weinflaschen gefüllten Regale hinter einer verschlossenen Eisengittertür. Die Schlösser dieser Tür bereiteten Agar keine Schwierigkeiten. Um neun Uhr elf öffneten sie die Gittertür und betraten den eigentlichen Weinkeller. Sie begannen sofort mit der Suche nach dem Schlüssel.

Bei dieser Suche wäre es sinnlos gewesen, auf eine plötzliche Eingebung zu hoffen. Hier versprach nur ein langsames, gründliches Vorgehen Erfolg. Pierce konnte, was das Versteck betraf, nur von einer halbwegs sicheren Voraussetzung ausgehen: Da Mr. Trents Frau normalerweise diejenige war, die den Keller betreute, und da Mr. Trent gewiß nicht riskieren wollte, daß sie den Schlüssel zufällig entdeckte, hatte er den Schlüssel vermutlich an einer höher gelegenen, schwer zu erreichenden Stelle versteckt. Die Männer tasteten zunächst die oberen Bretter der Regale ab. Dort hatte sich viel Staub angesammelt. Bald war die Luft im Keller von Staub erfüllt.

Agar mit seinen angegriffenen Lungen hatte Mühe, ein Husten zu unterdrücken. Sein ersticktes Grunzen war ein paarmal laut genug, Pierce zusammenfahren zu lassen, aber oben im Haus der Trents hörte es niemand.

Inzwischen war es bereits neun Uhr dreißig. Die Zeit wurde jetzt knapp, sagte sich Pierce. Er suchte verzweifelt und wur-

de ungeduldig. Er machte Agar, der den Lichtkegel der heiß gewordenen Laterne dirigierte, flüsternd Vorwürfe.
Zehn weitere Minuten vergingen. Pierce geriet ins Schwitzen. Und dann, völlig unerwartet, berührten seine Finger auf einer Querlatte ganz oben im Regal einen kalten Gegenstand, der mit einem metallischen Klirren zu Boden fiel. Sie tasteten einige Augenblicke aufgeregt auf dem Fußboden des Kellers herum, und dann hatten sie den Schlüssel. Es war neun Uhr fünfundvierzig.
Pierce hielt den Schlüssel in den Lichtkegel der Laterne. Agar stöhnte in der Dunkelheit auf.
»Was ist denn?« flüsterte Pierce.
»Das ist er nicht.«
»Was wollen Sie damit sagen?«
»Das ist nicht der verdammte Schlüssel, den wir suchen.«
Pierce drehte den Schlüssel in der Hand. »Sind Sie sicher?« flüsterte er. Aber er hatte es kaum gefragt, da wußte er schon, daß Agar recht hatte. Es war ein alter, verstaubter Schlüssel, und die Kerben am Bart waren mit klebrigem Schmutz verschmiert.
»Den hat seit zehn Jahren kein Mensch mehr angerührt«, sagte Agar.
Pierce fluchte und setzte seine Suche fort, während Agar die Laterne hielt. Agar betrachtete den Schlüssel mit kritischen Augen.
»Verdammt, aber mit diesem Schlüssel stimmt was nicht«, flüsterte er. »So ein Ding hab' ich noch nie gesehen. So klein und fein, wie der ist, könnte es der Geheimschlüssel einer Dame sein, wenn Sie mich fragen ...«
»Mund halten«, zischte Pierce.
Agar verstummte. Pierce suchte weiter. Er fühlte, wie sein Herz pochte. Er sah nicht auf die Uhr, wollte nicht wissen, wie spät es war. Dann berührten seine Finger wieder kaltes Metall. Er hielt den Gegenstand ins Licht.

Es war ein blanker Schlüssel.
»Der ist für einen Safe«, sagte Agar, als er ihn sah.
»Richtig«, sagte Pierce seufzend. Er nahm die Laterne und hielt sie für Agar. Agar fischte zwei Wachsplättchen aus den Taschen. Er hielt sie einen Moment in der Hand, um sie anzuwärmen, und dann preßte er den Schlüssel hinein, erst die eine Seite, dann die andere.
»Wie spät?« flüsterte er.
»Neun Uhr einundfünfzig«, erwiderte Pierce.
»Ich mach' noch einen«, sagte Agar und wiederholte die Prozedur mit zwei frischen Wachsplättchen. Wer Erfahrung im Herstellen von Nachschlüsseln hatte, machte immer zwei Abdrücke, da man nie wissen konnte, ob nicht ein Plättchen zerbrach. Nachdem Agar mit seiner Arbeit fertig war, legte Pierce den Schlüssel in sein Versteck zurück.
»Neun Uhr siebenundfünfzig.«
»Verdammt, jetzt wird's Zeit.«
Sie verließen den Weinkeller, schlossen die Gittertür hinter sich ab und gingen auf Zehenspitzen die Treppe hinauf. An der Kellertür blieben sie stehen und warteten.

Barlow, der sich draußen am Haus in der Nähe der Dienstbotenzimmer verborgen hielt, sah auf seine Taschenuhr. Es war genau zehn Uhr. Er zögerte einen Augenblick. Einerseits bedeutete jede Minute, die seine Komplicen länger in Mr. Trents Haus zubrachten, Gefahr. Andererseits war es nicht auszuschließen, daß sie, obwohl die Zeit abgelaufen war, mit ihrer Arbeit noch nicht fertig waren. Barlow wollte nicht hinterher als derjenige dastehen, der das Ganze verdorben hatte. Er wollte nicht, daß sie mit zornigen Gesichtern über ihn herfielen.
Aber zehn Uhr war zehn Uhr, und so bewegte er sich mit einem Beutel in der Hand behutsam auf die Hundezwinger zu. Dort befanden sich drei Hunde, unter ihnen der Kampfhund,

den Mr. Pierce kürzlich Mr. Trent geschenkt hatte. Barlow beugte sich über das Gitter und schüttelte vier quiekende Ratten aus dem Beutel. Die Hunde fingen sogleich an zu bellen und zu jaulen. Sie machten einen entsetzlichen Lärm.
Barlow sah, wie in den Räumen der Dienerschaft ein Licht nach dem andern angezündet wurde, und zog sich auf leisen Sohlen in die Dunkelheit zurück.

Pierce und Agar, die den Lärm hörten, öffneten die Kellertür, traten in die Eingangshalle und schlossen die Tür zum Keller wieder. An der Rückseite des Hauses waren Schritte zu hören. Pierce und Agar öffneten die Schlösser und Riegel der Vordertür, schlüpften ins Freie und verschwanden in der Nacht. Sie hinterließen keine Spuren. Das einzige Zeichen ihres Besuchs war die unverschlossene Vordertür des Hauses. Sie wußten, daß der Pförtner, der als erster aufstand, am nächsten Morgen die Eingangstür unverschlossen finden würde. Der Pförtner würde sich aber an den Zwischenfall mit der Kutsche am Abend zuvor erinnern und annehmen, er habe vergessen, die Tür abzuschließen. Insgeheim würde er vielleicht ein wenig beunruhigt sein, aber im weiteren Verlauf des Tages würde sich herausstellen, daß im Haus nichts fehlte, und so würde er den Vorfall wieder vergessen.
Jedenfalls wurde der Polizei nie ein Einbruch bei den Trents gemeldet. Das rätselhafte Verhalten der Hunde wurde durch die vier tot im Zwinger liegenden Ratten hinlänglich erklärt. Es wurde zwar ein wenig darüber diskutiert, wie es den Ratten gelungen sein mochte, in den Zwinger zu gelangen, aber es gab viel zu tun im Haus der Trents, und für überflüssige Spekulationen über Trivialitäten hatte niemand Zeit.
So kam es, daß Edward Pierce sich am 13. November 1854 bei Tagesanbruch im Besitz des ersten der vier Schlüssel befand, die er benötigte. Er machte sich sogleich mit aller Energie daran, den zweiten Schlüssel zu erlangen.

Mr. Henry Fowler traute seinen Augen nicht. In dem schwachen Lichtschein der Gaslaterne stand ein zierliches Geschöpf, wunderbar jung und mit rosigen Wangen. Wenn sie wohl auch (nach den damaligen Begriffen) nicht mehr minderjährig war, so konnte sie doch kaum älter als zwölf sein. Ihre zarte Erscheinung und ihre schüchterne Haltung sprachen für ihren unerweckten Zustand.

Er sprach sie an. Sie erwiderte seinen Gruß zögernd und mit sanfter Stimme, schlug die Augen nieder und führte ihn zu einem nicht weit entfernten Bordell. Mr. Fowler beäugte das Etablissement mit einiger Verzagtheit. Es wirkte nicht sonderlich einladend. Folglich war er angenehm überrascht, als auf das leise Klopfen des Kindes hin eine über die Maßen schöne Frau, die von dem Kind ›Miss Miriam‹ genannt wurde, die Tür öffnete. Fowler trat ein, und in der Halle sah er, daß dieses Haus nicht eines jener vulgären Etablissements war, in denen man die Betten für 5 Shilling pro Stunde vermietete und in denen der Eigentümer mit einem Stock gegen die Tür schlug, wenn die Zeit abgelaufen war. Ganz im Gegenteil, hier zeugte die gesamte Einrichtung von Geschmack und Qualität: üppiger Samt, schwere Vorhänge und feine Perserteppiche bestimmten das Bild. Außerordentlich würdevoll erbat Miss Miriam 105 Pfund. Ihre Manieren zeugten so unmißverständlich von guter Herkunft, daß Fowler ohne weiteres den geforderten Preis bezahlte. Dann begab er sich mit dem kleinen Mädchen, das Sarah hieß, sogleich nach oben. Sarah erklärte, sie sei vor kurzem aus Derbyshire nach London gekommen und ihre Eltern seien tot. Ein älterer Bruder kämpfe auf der Krim und ein jüngerer sei im Armenhaus. Sie sprach fast fröhlich von diesen Dingen. Fowler glaubte, daß sie damit ihre Aufregung zu verbergen suchte. Zweifellos hatte sie Angst vor ihrem ersten Erlebnis, und er nahm sich

vor, recht sanft mit ihr zu sein. Der Raum, den sie betraten, war ebenso superb eingerichtet wie der Empfangsraum im Parterre. Rote Farbtöne herrschten vor, die Möbel wirkten elegant, und in der Luft lag ein Hauch von Jasmin. Fowler sah sich kurz um. Man konnte ja nicht vorsichtig genug sein. Dann verriegelte er die Tür und wandte sich dem Mädchen zu.
»So, da wären wir«, sagte er. – »Sir?«
»Nun denn . . .«, sagte er. »Wollen wir, hm, ich meine . . .«
»Aber ja, natürlich, Sir«, sagte sie, und damit begann das einfache Kind, ihn zu entkleiden. Es war für ihn eine außerordentliche Erfahrung, hier mitten in diesem eleganten, ja nahezu *décadent* wirkenden Raum zu stehen und vor sich ein kleines Kind zu sehen, das ihm kaum über die Hüfte reichte und sich mit den kleinen Fingern an seinen Knöpfen zu schaffen machte, um ihn auszuziehen. Es war so überwältigend, daß er es mit sich geschehen ließ. Bald stand er nackt da, während sie noch ihre Kleidung anhatte.
»Was ist das?« fragte sie und berührte einen Schlüssel, den er an einer silbernen Kette um den Hals trug.
»Ach, das . . . äh, nur ein Schlüssel«, erwiderte er.
»Am besten, Sie nehmen ihn ab«, sagte sie. »Er könnte dabei stören. Er nahm ihn ab. Sie drehte die Gasflamme herunter und entkleidete sich. Die nächsten ein, zwei Stunden waren für Henry Fowler ein magisches Erlebnis, eine so unerhörte, so überwältigende Erfahrung, daß er sein schmerzhaftes Leiden völlig vergaß. Er nahm auch ganz gewiß nicht wahr, daß eine vorsichtige Hand hinter dem schweren roten Samtvorhang hervorlangte und den Schlüssel, der auf seinen Kleidern lag, an sich nahm. Und ebensowenig bemerkte er, daß der Schlüssel kurze Zeit später wieder zurückgelegt wurde.
»Oh, Sir«, entfuhr es ihr im entscheidenden Augenblick mit einem spitzen kleinen Schrei. »Oh, *Sir!*«
Einen kurzen Moment lang war Henry Fowler von mehr Leben und Erregung erfüllt als je zuvor in seinen 47 Jahren.

Die Leichtigkeit, mit der Pierce und seine Komplicen die beiden ersten Schlüssel an sich gebracht hatten, erfüllte sie mit einem Gefühl der Zuversicht, das sich jedoch bald als trügerisch erweisen sollte. Fast unmittelbar nachdem sie Mr. Fowlers Schlüssel an sich gebracht hatten, tauchten völlig unerwartete Schwierigkeiten auf. Die South Eastern Railway verstärkte ihre Sicherheitsvorkehrungen im London-Bridge-Bahnhof.

Die Bande beauftragte Miss Miriam, die Bahnbüros zu beobachten. Ende Dezember brachte sie schlechte Nachrichten. Bei einem Treffen in Pierces Haus, bei dem auch Agar anwesend war, berichtete sie, die Eisenbahngesellschaft habe einen Wachmann eingestellt, der die Räume bei Nacht bewache.

Da sie geplant hatten, bei Nacht einzudringen, war das in der Tat eine böse Neuigkeit.

Agar zufolge soll Pierce seine Enttäuschung jedoch rasch überwunden haben.

»Wie sieht sein Dienstplan aus?« fragte Pierce.

»Er kommt jeden Abend bei Büroschluß, pünktlich um sieben«, erklärte Miss Miriam.

»Und was für ein Bursche ist er?«

»Ein waschechter Polizist«, erwiderte sie. »Etwa vierzig, würde ich sagen. Unauffällige Kleidung, fett. Ich schätze allerdings, daß er im Dienst nicht schläft, und trinken tut er auch nicht.«

»Bewaffnet?«

»Ja«, sagte sie und nickte.

»Und wo sitzt er?« wollte Agar wissen.

»Direkt an der Tür. Er sitzt da oben auf der obersten Treppenstufe vor der Tür und bewegt sich nicht vom Fleck. Neben sich hat er eine kleine Papiertüte. Ich glaube, darin ist sein Abendbrot.« Miss Miriam war sich dessen aber nicht sicher. Sie wag-

te es nicht, sich gar zu lange im Bahnhofsgebäude aufzuhalten, da sie keinen Verdacht erregen wollte.
»Teufel auch«, sagte Agar voller Abscheu. »Sitzt direkt bei der Tür? Dann ist der Laden dicht.«
»Ich möchte bloß wissen, warum sie einen Nachtwächter eingestellt haben«, sagte Pierce.
»Vielleicht haben sie gemerkt, daß wir geschnüffelt haben«, sagte Agar, denn sie hatten das Büro mit Unterbrechungen über Monate hinweg beobachtet, und das war möglicherweise irgend jemandem aufgefallen.
Pierce seufzte.
»Jetzt ist es aus«, sagte Agar.
»Es gibt immer einen Weg«, sagte Pierce.
»Die Festung ist nicht zu knacken«, sagte Agar.
»O doch«, sagte Pierce. »Es ist nur bißchen schwieriger geworden. Das ist alles.«
»Und wie wollen Sie es anstellen, wenn ich fragen darf?« sagte Agar.
»In der Mittagszeit«, erwiderte Pierce.
»Am hellichten Tag?« fragte Agar entgeistert.
»Warum nicht?«
Am folgenden Tag beobachteten Pierce und Agar die Bahnbüros in den Mittagsstunden. Um ein Uhr war der London-Bridge-Bahnhof voller Reisender, die kamen und gingen. Gepäckträger schleppten die Koffer von eleganten Reisenden, die zu ihren Erste-Klasse-Wagen gingen. Fliegende Händler boten Erfrischungen feil. In der Halle gingen drei oder vier Polizisten auf und ab und hielten nach Taschendieben Ausschau, denn diese verlegten neuerdings ihre Tätigkeit immer mehr auf die Bahnhöfe der Stadt. Die ›Stipper‹ erleichterten ihre Opfer meist in dem Augenblick, in dem sie den Zug bestiegen. Daß sie bestohlen worden waren, merkten sie erst, wenn der Zug längst London verlassen hatte.
Taschendiebe und Bahnhöfe – das gehörte für die Menschen

der damaligen Zeit zusammen. Und als William Frith 1862 eines der berühmtesten Gemälde der Zeit malte, ›Der Bahnhof‹, stellte er zwei Detektive, die gerade einen Dieb geschnappt hatten, in den Mittelpunkt der Komposition.
Auch jetzt patrouillierten einige Konstabler der Metropolitan Police im London-Bridge-Bahnhof. Die Eisenbahngesellschaften setzten überdies noch eigene Wachen ein.
»Es wimmelt hier ja geradezu von Uniformierten«, sagte Agar ärgerlich, als er über die Bahnsteige hinblickte.
»Das soll uns nicht stören«, sagte Pierce. Er beobachtete das Büro der South Eastern.
Um ein Uhr verließen die Angestellten das Büro und kamen plaudernd die Eisentreppe herunter. Der Fahrdienstleiter, ein ernster Mann mit langen Koteletten, blieb im Büro. Um zwei Uhr kehrten die Angestellten zurück, und die Büroarbeit wurde wiederaufgenommen.
Am folgenden Tag ging der Fahrdienstleiter zum Lunch, aber dafür blieben zwei Angestellte im Büro.
Am dritten Tag kannten Pierce und Agar das Schema: um ein Uhr gingen ein oder mehrere Männer zu einem einstündigen Lunch, aber das Büro war nie ganz unbesetzt. Die Schlußfolgerung war eindeutig.
»Am Tage geht es nicht«, sagte Agar.
»Vielleicht an einem Sonntag«, sagte Pierce nachdenklich.
Wie heute hatten schon damals die britischen Eisenbahner etwas gegen die Weiterführung des Bahnbetriebs an Sonn- und Feiertagen. Es galt allgemein als unnötig, ja als ungehörig, an Sonntagen Geschäfte zu machen, und besonders die Eisenbahngesellschaften hatten seit jeher eine seltsame Neigung zu moralischem Verhalten an den Tag gelegt. So war etwa das Rauchen in Eisenbahnwagen auch dann noch verboten, als diese Gewohnheit sich allgemein durchgesetzt hatte. Ein Herr, der sich auf einer Bahnfahrt die Wohltat einer guten Zigarre gestatten wollte, mußte zuvor dem Schaffner

ein Trinkgeld geben – und auch das war verboten. Dieser Zustand hielt trotz heftigen Drucks der öffentlichen Meinung bis 1868 an, als das Parlament endlich ein Gesetz verabschiedete, mit dem den Bahngesellschaften auferlegt wurde, den Reisenden das Rauchen zu gestatten.

Ähnlich widersetzten sich die Bahngesellschaften beharrlich der Aufrechterhaltung des vollen Bahnbetriebs an Sonntagen, obwohl jedermann einsah, daß selbst die gottesfürchtigsten Menschen gelegentlich auch sonntags verreisen mußten. Trotz zunehmender Beliebtheit der Wochenendausflüge setzte die South Eastern Railway im Jahre 1854 an Sonntagen nur vier Züge ein, und die andere Linie, die den London-Bridge-Bahnhof benutzte, die London & Greenwich Railway, ließ nur sechs Züge verkehren, nicht halb so viele, wie sie an normalen Werktagen fahren ließ.

Als Pierce und Agar sich am folgenden Sonntag überzeugen wollten, was im Bahnhof vorging, mußten sie entdecken, daß vor dem Büro des Fahrdienstleiters nun sogar ein Doppelposten Wache hielt. Ein Wachmann stand in der Nähe der Tür, der andere hatte sich am Fuß der Treppe postiert.

»Warum?« fragte Pierce, als er die beiden Wachmänner sah. »Warum, um Himmels willen, *warum*?«

Später, beim Prozeß, wurde bekannt, daß die South Eastern im Herbst 1854 den Eigentümer gewechselt hatte. Der neue Besitzer des Unternehmens, Mr. Willard Perkins, war ein Mann mit philanthropischen Neigungen, dessen Fürsorge für die niederen Stände so weit ging, daß er eine neue Geschäftspolitik einführte und in allen Positionen mehr Leute beschäftigte als bisher, ›um all jenen eine ehrliche Arbeit zu geben, die sonst in Gesetzlosigkeit und leichtfertiger Promiskuität versinken könnten‹. Das zusätzliche Personal wurde nur aus diesem einen Grund eingestellt.

Die Direktion der Bahnlinie dachte nicht im Traum an einen Einbruch oder Raub. Als die Eisenbahngesellschaft dann spä-

ter tatsächlich Opfer eines Raubüberfalls wurde, war Mr. Perkins sehr schockiert.
Es darf allerdings nicht unerwähnt bleiben, daß die South Eastern Railway um diese Zeit neue, in die Stadtmitte Londons führende Trassen bauen wollte, was den Abbruch vieler Häuser und die Umsiedlung ihrer Bewohner notwendig gemacht hätte. Und in einer solchen Situation waren Mr. Perkins' philanthropische Bemühungen der Eisenbahngesellschaft sehr nützlich.
»Sonntags ist also auch nichts zu machen«, sagte Agar, als er die beiden Wachbeamten sah. »Weihnachten vielleicht?«
Pierce schüttelte den Kopf. Die Sicherheitsvorkehrungen würden am Weihnachtstag vielleicht etwas laxer gehandhabt werden, aber darauf durften sie sich nicht verlassen. »Wir müssen eine Zeit wählen, in der alles routinemäßig abläuft«, sagte er.
»Tagsüber können wir hier nichts ausrichten.«
»Ich weiß«, sagte Pierce. »Aber wir wissen noch nicht, wie es nachts hier aussieht. Wir sind noch nie die ganze Nacht über hiergeblieben.« Nachts war der Bahnhof menschenleer. Stadtstreicher und Tippelbrüder wurden von den Polizisten, die ihre Runden machten, ohne viel Federlesens auf die Straße befördert.
»Ein ›Vögelchen‹ würden sie wegfangen«, sagte Agar.
»Ich habe an einen Baldower gedacht, der sich versteckt«, entgegnete Pierce. Ein Mann, der sich irgendwo verborgen hielt, konnte die ganze Nacht über auf dem Bahnhof bleiben.
»Sauber-Willy?«
»Nein«, erwiderte Pierce. »Sauber-Willy ist ein Schwätzer und ein Dummkopf. Der hat keinen Funken Verstand im Leib. So einen Trottel können wir dabei nicht gebrauchen.«
»Sie haben recht, er ist ein Einfaltspinsel«, sagte Agar.
Sauber-Willy, der zur Zeit des Prozesses bereits das Zeitliche gesegnet hatte, wurde von verschiedenen Zeugen als ›gei-

stig minderbegabt‹ bezeichnet. Pierce selbst sagte aus: »Wir hatten das Gefühl, daß er für diese Aufgabe nicht geeignet war. Hätte man ihn gefaßt, dann hätte er, ohne daß es ihm überhaupt bewußt geworden wäre, unsere Pläne verraten.«
»Und wen nehmen wir statt dessen?« fragte Agar, der seine Blicke durch die Bahnhofshalle schweifen ließ.
»Ich habe an einen Pennbruder gedacht«, erwiderte Pierce.
»Einen Pennbruder?« Agar war überrascht.
»Ja«, erwiderte Pierce. »Ich glaube, ein Pennbruder wäre genau richtig. Kennen Sie zufällig einen, der in Frage käme?«
»Ich werde schon einen auftreiben. Aber wo soll er sich denn verstecken?«
»Wir stecken ihn in eine Kiste«, sagte Pierce.
Kurz darauf ließ Pierce eine große Kiste nach seinen Angaben anfertigen und in sein Haus bringen. Agar machte einen, wie er selbst meinte, ›sehr zuverlässigen Penner‹ ausfindig, und der Transport der Kiste zum Bahnhof wurde in die Wege geleitet.
Der Pennbruder, ein Mann namens Henson, wurde nie gefunden; aber die Polizei bemühte sich auch nicht sehr, ihn aufzuspüren. Er war bei dem Unternehmen nur eine unbedeutende Schachfigur. Randfiguren wie er waren es nicht wert, daß man sich groß mit ihnen befaßte.
Um die Mitte des 19. Jahrhunderts wuchs die Bevölkerung Londons pro Jahrzehnt um 20 Prozent. Mehr als tausend Menschen kamen Tag für Tag hinzu, und trotz umfangreicher Bauprogramme und überfüllter Slums hatte ein beachtlicher Teil der Bevölkerung kein Dach über dem Kopf. Solche Leute verbrachten ihre Nächte im Freien, wo immer die Polizei mit ihren verhaßten Handlaternen sie in Ruhe ließ. Bevorzugte Schlafplätze waren die sogenannten ›Brückenhotels‹, vor allem Eisenbahnunterführungen. Aber es gab noch zahlreiche andere Schlupfwinkel: baufällige Häuser, Hauseingänge, Heizungskeller, Remisen, leere Markthallen, Hecken, Schup-

pen und Außenklosetts – alles was Schutz vor den Unbilden des Wetters versprach.
Damals gab es selbst in eleganten Häusern keine sanitären Einrichtungen. Arme wie Reiche benutzten Außenklosetts, die ebenso wie die öffentlichen Bedürfnisanstalten, die damals aufkamen, bei Pennbrüdern beliebte Nachtquartiere waren.
Die Pennbrüder waren oft Trunkenbolde, und der Rausch half ihnen sicherlich, den Gestank und die Unbequemlichkeit ihrer Unterkünfte leichter zu ertragen.
Pierce hatte an einen Pennbruder gedacht, da diese Leute es gewohnt waren, viele Stunden lang auf engstem Raum zuzubringen. Henson soll denn auch erklärt haben, als man ihn in die Kiste sperrte: »So bequem habe ich schon lange nicht mehr gelegen.«
Die Holzkiste wurde im London-Bridge-Bahnhof an einer günstigen Stelle abgestellt. Durch die Ritzen konnte Henson den Nachtwächter beobachten. Nach der ersten Nacht wurde die Kiste abgeholt. Sie erhielt einen anderen Farbanstrich und wurde dann wieder zum Bahnhof gebracht. So verfuhr man drei Nächte hintereinander. Dann berichtete Henson, was er herausgefunden hatte. Es klang wenig ermutigend.
»Der Bursche ist zuverlässig«, erklärte er Pierce. »Zuverlässig wie diese Uhr.« Er hielt die Stoppuhr hoch, die Pierce ihm mitgegeben hatte. »Er kommt Schlag sieben mit seiner kleinen Papiertüte, in der er sein Abendbrot mitbringt. Und dann sitzt er auf den Stufen, ist immer hellwach, schnarcht nie und grüßt jedesmal den Polypen, wenn der auf seinem Rundgang vorbeikommt.«
»Wie sieht's mit den Runden aus?«
»Der erste Polyp arbeitet bis Mitternacht. Er schafft alle elf Minuten einen Rundgang durch den Bahnhof. Manchmal dauert's zwölf, ganz selten auch dreizehn Minuten, aber im allgemeinen sind es elf. Der zweite Mann arbeitet von Mit-

ternacht bis Tagesanbruch. Der hat Hummeln im Hintern. Er hält sich an keine feste Zeit, sondern geht mal hierhin, mal dorthin, taucht überall auf wie ein Springteufel und behält alles im Auge. Außerdem hat er zwei Kracher am Gürtel.«

»Und was ist mit dem Burschen an der Bürotür?« fragte Pierce.

»Zuverlässig, wie ich schon sagte, verdammt zuverlässig. Kommt um sieben, schwatzt ein bißchen mit dem ersten Polypen — der zweite ist allerdings Luft für ihn, den mustert er bloß kalt, wirklich. Aber den ersten, den mag er anscheinend. Ab und zu redet er mit ihm, aber immer nur im Vorbeigehen und bloß ein paar Worte — der Polyp bleibt nie dabei stehen.«

»Verläßt diese Kröte denn nie ihren Platz?« wollte Pierce wissen.

»Nein«, erwiderte Henson. »Sitzt einfach nur da, und dann hört er die Glocken von St. Falsworth die volle Stunde schlagen, und jedesmal, wenn sie läuten, hebt er den Kopf und lauscht. Und dann um elf macht er seine Tüte auf und haut sich den Bauch voll — immer wenn's elf schlägt. Dann ißt er so zehn, fünfzehn Minuten und trinkt eine Flasche Bier dazu, und dann kommt der Polyp wieder vorbei. Danach macht der Kerl sich's bequem, lehnt sich an den Türpfosten und wartet, bis der Polyp das nächste Mal vorbeikommt. Dann ist es halb zwölf oder so. Und dann geht der Polyp wieder weiter, und der Nachtwächter geht pissen.«

»Dann geht er also doch mal von der Tür weg«, sagte Pierce.

»Aber nur zum Pissen.«

»Und wie lange bleibt er weg?«

»Hab' mir schon gedacht, daß Sie's genau wissen wollen. Darum hab' ich die Zeit genommen«, sagte Henson. »Am ersten Abend hat er vierundsechzig Sekunden gebraucht, am zweiten achtundsechzig und am dritten wieder vierundsechzig. Immer zur gleichen Zeit, etwa um halb zwölf. Wenn der Polyp auf seiner letzten Runde vorbeikommt, ist er wieder auf

seinem Posten, Viertel vor zwölf, und dann kommt der zweite Polyp zum Dienst.«
»Und so hat er's jeden Abend gemacht?«
»Jeden Abend. Das Bier, verstehen Sie! Wenn einer Bier trinkt, kriegt er 'nen mächtigen Drang.«
»Das stimmt«, sagte Pierce. »Bier hat diese Wirkung. Weiter. Verläßt er seinen Posten noch zu irgendeiner anderen Zeit?«
»Bestimmt nicht.«
»Und Sie sind nie eingeschlafen?«
»Was? Wo ich den ganzen Tag hier in dem schönen Bett schlafen kann, da fragen Sie mich noch, ob ich die Nacht versäusele?«
»Sie müssen mir die Wahrheit sagen!« ermahnte ihn Pierce, aber ohne großen Nachdruck.
(Agar sagte später aus: »Pierce stellt ihm die Fragen, verstehen Sie, legt aber nicht zuviel rein in die Fragen, dilldaft ein bißchen, spielt den einfachen Greifenberger, verstehen sie, zeigt kein Interesse, macht sich nichts weiter aus der Sache, und er tut das, weil er nicht will, daß der Penner verluachert, daß wir 'ne zierliche Massematte vorhaben. Wenn der Penner gespannt hätte, was anlag, hätte er lampen können, und dann wären wir seinetwegen in Schwierigkeiten gekommen. Er konnte uns den ›Verdeckten‹ melden, hätte 'ne Menge Blech dafür kriegen können, aber zum Glück hat der gar nicht das Köpfchen dazu, denn wäre er sonst so ein Zitronenschleifer, he?«
Diese Aussage versetzte das Gericht in helle Aufregung. Als Seine Lordschaft eine Erklärung dieses Kauderwelschs verlangte, sagte Agar mit dem Ausdruck größter Überraschung, er habe sich doch so deutlich ausgedrückt, wie er nur könne. Agar mußte etliche Minuten befragt werden, bis klarwurde, was er gemeint hatte: Pierce hatte also Henson gegenüber den kleinen Taschendieb oder Gelegenheitseinbrecher gespielt, um den Penner zu täuschen. Er sollte nicht erraten, daß der

Plan zu einem großen Ding dahintersteckte. Agar hatte auch noch gesagt, Henson hätte eigentlich darauf kommen müssen und sie der Polizei melden können, aber dazu fehle es ihm an Verstand. Dies war nicht die einzige Gelegenheit, bei der unverständliche Gaunersprache den Fortgang des Verfahrens aufhielt.)

»Ich schwöre, Mr. Pierce«, sagte Henson. »Ich schwöre, ich habe nicht eine Sekunde geschlafen.«

»Und der Nachtwächter hat seinen Platz nur einmal an jedem Abend verlassen?«

»Jawohl, und immer zur gleichen Zeit. Man hätte diese Zwiebel« – er hielt die Uhr hoch – »nach ihm stellen können, ehrlich.«

Pierce dankte Henson, zahlte ihm eine halbe Krone für seine Bemühungen, ließ sich von Henson noch eine weitere halbe Krone abbetteln und schickte den Mann dann weg. Als die Tür sich hinter Henson schloß, sagte Pierce zu Barlow, er solle hinterhergehen und dem Burschen ›ein bißchen Angst machen‹. Barlow nickte und verließ das Haus durch einen anderen Ausgang.

Als Pierce zu Agar zurückkehrte, fragte er: »Also? Ist es zu schaffen?«

»Vierundsechzig Sekunden«, sagte Agar nachdenklich. »Das ist nicht gerade ein Kinderspiel.«

»Das habe ich auch nie behauptet«, sagte Pierce. »Sie erzählen mir aber dauernd, daß Sie der beste Vakeuer im ganzen Land sind, und hier ist ein würdiger Prüfstein für Ihre Talente. Schaffen Sie's, oder schaffen Sie's nicht?«

»Vielleicht«, sagte Agar. »Ich muß erst mal ein bißchen üben. Und ich muß mir das Ganze noch mal aus der Nähe ansehen. Können wir einen kleinen Besuch dort machen?«

»Gern«, sagte Pierce.

›In den letzten Wochen‹, schrieb die *Illustrated London News* am 21. Dezember 1854, ›hat die Zahl dreister und brutaler Straßenüberfälle einen besorgniserregenden Umfang angenommen, insbesondere in den Abendstunden. Es hat den Anschein, als sei Mr. Wilsons Vertrauen in die Gasbeleuchtung als Abschreckungsmittel gegen Gewaltverbrechen nicht gerechtfertigt, denn die Schurken werden immer frecher. Sie lauern der nichtsahnenden Bevölkerung mit größter Unverfrorenheit auf. Erst gestern wurde der Konstabler Peter Farrell in eine enge Gasse gelockt, wo eine Bande von Schlägern über ihn herfiel, die ihn verprügelte und ihm alles abnahm, was er bei sich hatte, sogar seine Uniform. Es ist auch erst vierzehn Tage her, daß der Abgeordnete Mr. Parkington auf einem offenen, hell erleuchteten Platz einem gemeinen Überfall zum Opfer gefallen ist. Er befand sich auf dem Wege vom Unterhaus zu seinem Club. Diesem epidemischen Auftreten von Gewaltverbrechen muß von den Behörden endlich mehr Beachtung geschenkt werden.‹

Der Artikel beschäftigte sich sodann mit dem Konstabler, dem es ›den Umständen entsprechend‹ gehe. Er habe ausgesagt, er sei von einer gutgekleideten Dame gerufen worden, die eine Auseinandersetzung mit dem Fahrer ihrer Droschke gehabt habe, ›einem üblen Halsabschneider mit einer weißen Narbe auf der Stirn‹. Als er, Farrell, eingegriffen habe, sei der Kutscher über ihn hergefallen und habe ihn unter lauten Flüchen und Verwünschungen mit einem Totschläger zusammengeprügelt. Als er wieder zu sich gekommen sei, habe er feststellen müssen, daß man ihn sogar seiner Uniform beraubt hatte.

Im Jahre 1854 machten sich viele der in den Städten wohnenden Engländer Sorgen über die zunehmende Straßenkriminalität. Die periodisch auftretenden ›Epidemien‹ an Gewaltakten auf den Straßen kulminierten schließlich, in den Jahren

1862 und 1863, in einer regelrechten Panik der Fußgänger, die sich abends und nachts kaum mehr auf die Straßen wagten, und in der Verabschiedung des ›Garrotting Act‹ durch das Parlament. Dieses Gesetz sah ungewöhnlich harte Strafen für Gesetzesbrecher vor, so zum Beispiel das Auspeitschen ›auf Raten‹ – damit der Häftling sich etwas erholen konnte, bis die Prügelstrafe fortgesetzt wurde – und den Tod durch Erhängen. Im Jahre 1863 wurden in England denn auch mehr Menschen durch den Strang hingerichtet als in irgendeinem Jahr seit 1838.

Brutale Straßenkriminalität war die unterste Stufe krimineller Tätigkeit überhaupt. Straßenräuber und Wegelagerer wurden von anderen Verbrechern oft verabscheut, denn diese schreckten meist vor Gewaltanwendung zurück. Die übliche Methode des Straßenraubs bestand darin, sich ein vorzugsweise betrunkenes Opfer zu suchen, das man durch einen Komplicen, besser noch eine Komplicin, in eine dunkle Ecke locken ließ, wo man dann mit einem Knüttel auf das Opfer einschlug, es ausraubte und schließlich in der Gosse liegen ließ. Wahrlich keine elegante Art, sich seinen Lebensunterhalt zu verdienen.

Die finsteren Details solcher Überfälle waren das tägliche Brot damaliger Reporter. Offensichtlich hat niemand angesichts der seltsamen Umstände des Überfalls auf Konstabler Farrell gestutzt, obwohl das Verbrechen bei näherem Hinsehen keinen rechten Sinn ergab.

Damals – wie auch heute noch – versuchte jeder Verbrecher einen Zusammenstoß mit der Polizei möglichst zu vermeiden. Wer einem ›Greifer‹ zu nahe trat, riskierte es, überall in der Stadt gejagt zu werden. Die Razzien hörten nicht auf, bis der Übeltäter gefaßt war. In solchen Fällen ließ die Polizei nicht mit sich spaßen.

Es gab auch keinen einleuchtenden Grund, einen Polizeibeamten zu überfallen. Er war eher als irgendein harmloser

Passant in der Lage, sich zu verteidigen, und hatte meist nur wenig Geld bei sich, manchmal gar keins.

Und was für einen Sinn sollte es haben, einem Polizeibeamten seine Uniform zu rauben? Es war zwar nichts ungewöhnliches, daß Leute ihrer Kleidung beraubt wurden, doch meist taten das alte Frauen, die Kinder in eine dunkle Gasse lockten und ihnen alles auszogen, um die Kleidung an einen Trödler zu verkaufen. Die Uniform eines Polizisten aber ließ sich unmöglich an einen Trödler verkaufen, zumal die Trödlerläden ständig überwacht wurden. Eine Polizeiuniform war wohl das einzige Kleidungsstück überhaupt, das in ganz London nicht den geringsten Wiederverkaufswert besaß.

Der Überfall auf den Konstabler Farrell mußte danach absolut sinnlos erscheinen, und man mußte sich wundern, daß sich niemand fragte, wieso es überhaupt dazu gekommen war.

22. Kapitel Ein Auftrag für einen Pferdedieb

Irgendwann Ende Dezember 1854 begegnete Pierce im Gasthaus ›Schwert und Krone‹, das sich in der Nähe der Regent Street befand, einem Mann namens Andrew Taggert. Taggert ging zu dieser Zeit auf die Sechzig zu und war in der Nachbarschaft wohlbekannt. Er hatte eine lange, abwechslungsreiche Laufbahn hinter sich, die es verdient, hier kurz geschildert zu werden. Er ist nämlich einer der wenigen Teilnehmer am großen Eisenbahnraub, deren Vergangenheit bekannt ist.

Taggert wurde um 1790 in der Nähe von Liverpool geboren und kam kurz vor der Jahrhundertwende mit seiner unverheirateten Mutter, einer Prostituierten, nach London. Im Alter von zehn Jahren betätigte er sich im ›Auferstehungsgewerbe‹, mit anderen Worten: als Leichenräuber. Die Leichenräuber gruben frisch beerdigte Leichen aus und verkauften sie an die Anatomie der Universitäten. Taggert hatte sich schon früh den Ruf erworben, besonders waghalsig zu sein. Es heißt, er habe einst einen Peger am hellichten Tag quer durch London gefahren. Der Leichnam habe wie ein Fahrgast aufgerichtet auf Taggerts Karren gesessen.

Das Anatomie-Gesetz von 1838 setzte dem Leichenhandel ein Ende, und Andrew Taggert wurde ›Verteiler‹, mit anderen Worten: er brachte gefälschtes Geld unter die Leute. Eine der Methoden ging so vor sich: Der Verteiler legte einem Ladeninhaber beim Kauf irgendeines Gegenstands eine echte Münze hin und kramte dann mit der Bemerkung: ›Vielleicht habe ich es doch passend‹, in seiner Geldbörse. Darauf nahm er die echte Geldmünze wieder an sich. Schließlich sagte er: »Tut mir leid, hab's doch nicht klein«, und bezahlte nun mit einer falschen Münze. Doch dieser langweiligen Kleinarbeit wurde Taggert bald überdrüssig. Er verlegte sich auf Trickbetrügereien und galt um 1845 als Meister dieses Fachs. Er muß sehr erfolgreich gearbeitet haben, jedenfalls bezog er in Camden Town eine respektable Wohnung. (Hier hatte auch Charles Dickens fünfzehn Jahre zuvor gelebt, als sein Vater im Gefängnis saß.) Taggert nahm sich auch eine Frau, eine gewisse Mary Maxwell, eine Witwe. Es ist eine jener Ironien des Schicksals, daß sich der Meister der Trickbetrüger damit selbst austrickste: Mary Maxwell war eine Falschmünzerin, die sich auf kleine Silbermünzen verlegt hatte. Sie hatte schon einige Gefängnisstrafen verbüßt und kannte sich daher im Gesetz aus. Ihr neuer Ehemann wußte da offensichtlich nicht so gut Bescheid, und sie hatte ihn nicht ohne Hintergedanken geheiratet.

Die gesetzliche Stellung der Frau war schon damals Gegenstand eifriger Reformbestrebungen. Die Frauen besaßen aber noch nicht das Stimmrecht, durften kein Eigentum verwalten und keine letztwilligen Verfügungen treffen. Das Eigentum einer Frau, die von ihrem Mann getrennt lebte, war dem Gesetz zufolge noch immer das Eigentum ihres Ehemanns. Obwohl das Gesetz die Frauen als nahezu unzurechnungsfähige Wesen behandelte und die Männer in fast allen Lebenslagen zu bevorzugen schien, gab es doch ein paar Besonderheiten, von deren Spitzfindigkeit sich Taggert sehr bald überzeugen durfte.

Im Jahre 1847 machte die Polizei bei Mary Maxwell Taggert eine Razzia und erwischte sie auf frischer Tat. Sie war gerade dabei, Sixpence-Stücke herzustellen. Sie nahm den Besuch der Polizei mit Gleichmut hin, verkündete freundlich, sie sei verheiratet, und erklärte den Polizeibeamten, wo sie ihren Ehemann finden könnten.

Das Gesetz machte damals den Ehemann für jedes strafbare Verhalten seiner Frau verantwortlich. Man ging davon aus, daß eine Ehefrau, die eine Straftat beging, dazu von ihrem Mann angestiftet worden war. Die Ehefrau sei — so meinte man — immer nur ein Werkzeug ihres Mannes, vielleicht sogar gegen ihren eigenen Willen.

Im Juli 1847 wurde Andrew Taggert verhaftet. Er wurde wegen Falschmünzerei zu acht Jahren Zuchthaus verurteilt, die er im Gefängnis von Bridewell verbüßen sollte. Mary Maxwell wurde entlassen, ohne daß man ihr auch nur eine Verwarnung erteilt hätte. Als über ihren Mann das Urteil gesprochen wurde, soll sie im Gerichtssaal ein ›lärmendes und krakeelendes Verhalten‹ an den Tag gelegt haben.

Taggert saß drei Jahre ab. Dann wurde er auf Bewährung entlassen. Nach seiner Entlassung hieß es, er habe keinen Dampf mehr in den Knochen — die nicht ungewöhnliche Folge eines Gefängnisaufenthalts. Jedenfalls hatte Taggert nun nicht mehr den Mumm und das Selbstvertrauen, um sich weiterhin als Trickbetrüger zu betätigen. Er wurde Pferdedieb. Um 1854 war er in den Lokalen, die von Freunden des Turfs frequentiert wurden, eine vertraute Erscheinung. Bei dem großen Rennskandal im Jahre 1853 — es hieß, ein vier Jahre altes Pferd sei beim Derby als Dreijähriger an den Start ge-

gangen – soll er seine Hand im Spiel gehabt haben. Natürlich wußte niemand etwas Genaues, aber von Taggert als einem bekannten Pferdedieb wurde einfach angenommen, er habe bei dem Diebstahl des berühmtesten Rennpferds der letzten Jahre – Silver Whistle, eines Dreijährigen aus Derbyshire – mehr als nur eine Hand im Spiel gehabt.
Pierce traf ihn im ›Schwert und Krone‹ und eröffnete das Gespräch mit einem höchst absonderlichen Antrag. Taggert goß seinen Gin in sich hinein und fragte: »Einen *was* soll ich schnappen?«
»Einen Leoparden«, erwiderte Pierce.
»Und wo soll ein Christenmensch wie ich einen Leoparden hernehmen?«
»Ich habe keine Ahnung«, sagte Pierce.
»Wo um alles in der Welt«, sagte Taggert, »soll ich denn einen Leoparden finden? Höchstens in einem dieser Bestiarien – die haben alle möglichen Viecher.«
»So ist es«, sagte Pierce ruhig.
»Muß er getauft sein?«
Das war ein besonders schwieriges Problem. Taggert war ein hervorragender ›Täufer‹, also ein Mann, der verhindern konnte, daß gestohlenes Gut als solches erkannt wurde. Das Aussehen eines Pferdes etwa konnte er so geschickt verändern, daß selbst der Eigentümer sein Pferd nicht wiedererkannt hätte. Das ›Taufen‹ eines Leoparden würde sich allerdings etwas schwieriger gestalten.
»Nein«, erwiderte Pierce. »Ich nehme ihn, wie er ist.«
»Wofür brauchen Sie ihn denn?«
Pierce bedachte Taggert mit einem strengen Blick und antwortete nicht.
»Man wird ja wohl noch fragen dürfen«, sagte Taggert. »Schließlich kommt es nicht alle Tage vor, daß man einen Leoparden difteln soll, und deshalb frage ich auch nur – war keine böse Absicht dabei.«

»Es soll ein Geschenk sein«, sagte Pierce. »Ein Geschenk für eine Dame.«
»Ah, eine Dame.«
»Auf dem Kontinent.«
»Ah, auf dem Kontinent.«
»In Paris.«
»Ah, verstehe.«
Taggert musterte Pierce von oben bis unten. Pierce war elegant gekleidet. »Sie könnten doch einfach einen kaufen«, sagte Taggert. »Würde Sie nicht mehr kosten, als wenn Sie ihn von mir kriegen.«
»Ich habe Ihnen einen geschäftlichen Vorschlag gemacht.«
»Das haben Sie in der Tat, handfest genug ist er ja, aber Sie haben noch kein Wort darüber gesagt, was für mich dabei rausspringt. Sie haben nur erwähnt, daß ich einen Leoparden difteln soll.«
»Ich werde Ihnen zwanzig Guineen zahlen.«
»Oh, Sie werden mir vierzig zahlen, und dann können Sie sich noch glücklich schätzen.«
»Ich gebe Ihnen fünfundzwanzig, und dann werden *Sie* sich glücklich schätzen«, entgegnete Pierce.
Taggert machte ein unglückliches Gesicht. Er drehte sein Glas in den Händen. »Also gut«, sagte er. »Wann soll's sein?«
»Darüber machen Sie sich mal noch keine Gedanken«, sagte Pierce. »Finden Sie erst einmal das Tier und überlegen Sie, wie Sie vorgehen wollen, und dann werden Sie noch rechtzeitig von mir hören.« Damit ließ er eine Goldguinee auf den Tresen fallen.
Taggert schnappte sie, biß darauf, nickte und legte die Hand an die Mütze. »Wünsche Ihnen einen guten Tag, Sir«, sagte er.
»Guten Tag«, sagte Pierce.

Ein Stadtbewohner des 20. Jahrhunderts, der zufällig Zeuge eines Verbrechens wird, zeigt entweder Furcht oder Gleichgültigkeit. Eine solche Haltung hätte einen Bürger des Viktorianischen Zeitalters in Erstaunen versetzt. Damals schrie jeder, der beraubt oder überfallen wurde, sofort laut um Hilfe, die er von seinen gesetzestreuen Mitbürgern, die sich in der Nähe befanden, sowohl erwartete wie auch erhielt. Wer irgend konnte, beteiligte sich mit Feuereifer an dem Versuch, einen flüchtigen Übeltäter zu ergreifen. Selbst hochgestellte Damen nahmen gelegentlich mit Begeisterung an einer solchen Hatz teil.

Für die Bereitwilligkeit, bei einem solchen Abenteuer mitzumachen, gab es mehrere Gründe. Erstens gab es erst seit verhältnismäßig kurzer Zeit eine organisierte Polizei. Die Metropolitan Police in London, die beste Polizei Englands, bestand erst seit 25 Jahren, und die Menschen hatten sich noch nicht an den Gedanken gewöhnt, daß ›ein Verbrechen etwas sei, worum die Polizei sich zu kümmern habe‹. Zweitens: Feuerwaffen waren selten – sie sind es noch heute in England –, und es war höchst unwahrscheinlich, daß ein Passant, der hinter einem Täter herjagte, von einer Kugel zu Boden gestreckt wurde. Und schließlich waren die meisten Gesetzesbrecher Kinder, oft sogar kleine Kinder, und die Erwachsenen zögerten keinen Augenblick, sich an ihre Fersen zu heften. Jeder Dieb war darauf bedacht, seinem Gewerbe möglichst unauffällig nachzugehen, denn sobald sein Tun Aufsehen erregte, lief er Gefahr, gefaßt zu werden. Aus diesem Grund arbeiteten Diebe oft in Banden, von denen sich einige Mitglieder als ›Windmacher‹ betätigten, um die Aufmerksamkeit Außenstehender abzulenken. Manchmal inszenierten Verbrecher auch eigens einen Tumult, um von ihrem ungesetzlichen Tun abzulenken. Ein solches Manöver nannte man ›komische Oper‹.

Eine gute ›komische Oper‹ erforderte sorgfältige Planung und einen genau festgelegten zeitlichen Ablauf. Am Morgen des 9. Januar 1855 sah Pierce sich in der gewölbeähnlichen Halle des London-Bridge-Bahnhofs um. Alle Mitspieler befanden sich an ihren Plätzen.

Pierce selbst wollte die schwierigste Rolle übernehmen. Er spielte den ›Sänger‹. Sein Text lautete: ›Haltet den Dieb!‹ Er trug ebenso wie Miss Miriam neben ihm Reisekleidung. Miss Miriam war die ›Diva‹.

Einige Schritte entfernt stand der ›Schurke‹, ein neun Jahre alter Junge in abgerissener Kleidung, der in dieser Menge von Erste-Klasse-Reisenden reichlich deplaziert wirkte. Pierce hatte den Jungen höchstpersönlich unter zwölf Kindern im Heiligen Land ausgewählt. Seine Schnelligkeit und nichts weiter war das Kriterium für seine Wahl gewesen.

Noch weiter entfernt stand der ›Polizist‹, Barlow. Er trug die Uniform eines Konstablers und hatte sich den Helm tief in die Stirn gedrückt, um seine weiße Narbe zu verbergen. Das Libretto sah vor, daß Barlow den Jungen entwischen ließ.

Schließlich, nicht weit vom Büro der Bahngesellschaft entfernt, stand der wichtigste Mann des Unternehmens, Agar, der sich als feiner Herr herausgeputzt hatte.

Als der Elf-Uhr-Zug der London & Greenwich abfahrtbereit war, kratzte sich Pierce mit der linken Hand den Nacken. Sofort kam der Junge angelaufen. Er rempelte Miss Miriam an und machte sich rechts an ihrem purpurfarbenen Samtkleid zu schaffen. Miss Miriam schrie auf: »John, man hat mich beraubt!«

Pierce erhob seine Stimme: »Haltet den Dieb!« rief er und rannte hinter dem flüchtenden Jungen her. »Haltet den Dieb!« Die aufgeschreckten Reisenden in der Nähe des Paars versuchten, den Jungen festzuhalten, aber dieser war flink und gewandt, riß sich immer wieder los und rannte auf den Bahnsteig am Ende der Halle zu.

Dort trat Barlow in seiner Polizeiuniform drohend vor. Agar – als Herr mit Bürgersinn – beteiligte sich ebenfalls an der Verfolgung. Der Junge sah sich in der Falle. Seine einzige Rettung lag in dem verzweifelten Versuch, über die Treppe zum Büro der Bahngesellschaft zu entkommen. Der Junge lief mit äußerster Schnelligkeit hinauf. Barlow, Agar und Pierce blieben ihm dicht auf den Fersen.

Man hatte dem Jungen genaue Instruktionen gegeben: er sollte die Treppe hinaufrennen, ins Büro hineinlaufen, an den Tischen der Angestellten vorbei bis zu einem hohen Fenster, das auf das Bahnhofsdach hinausging. Dort sollte er mit der Hand die Scheibe einschlagen, als unternähme er einen letzten Versuch, zu entkommen. Dann sollte Barlow ihn festnehmen. Der Junge hatte aber vor der Festnahme durch Barlow noch erbitterten Widerstand zu leisten. Das Anlegen der Handschellen durch Barlow war für den Jungen das Signal, daß seine Rolle beendet war.

Der Junge polterte durch die Tür ins Büro der South Eastern Railway. Die Angestellten fuhren erschreckt zusammen. Unmittelbar darauf stürzte Pierce herein. »Haltet ihn, er ist ein Dieb!« rief Pierce und rannte hinter dem Jungen her, wobei er einen der Angestellten zu Fall brachte. Der Junge lief auf das Fenster zu. Jetzt kam Barlow, der Polizeibeamte, hereingeeilt.

»Ich nehme diese Sache in die Hand«, sagte er in barschem Befehlston, bewegte sich aber so ungeschickt, daß er einen Schreibtisch umstieß. Papiere flatterten zu Boden.

»Fangt ihn! Fangt ihn!« rief Agar, der als letzter hereingestürmt kam.

Jetzt stand der Junge bereits auf einem Schreibtisch und reckte sich nach einem schmalen, hohen Fenster. Er schlug mit seiner kleinen Faust die Scheibe ein und verletzte sich dabei. Der Fahrdienstleiter sagte unentwegt: »Ach du liebe Güte! Ach du liebe Güte!«

»Ich vertrete das Gesetz, machen Sie Platz!« rief Barlow.
»Haltet ihn!« schrie Pierce, der seiner Stimme einen hysterischen Unterton verlieh. »Haltet ihn fest, er verschwindet durchs Fenster!«
Glasscherben klirrten, und Barlow und der Junge wälzten sich kämpfend auf dem Fußboden. Das Gerangel dauerte länger, als man den Gegebenheiten zufolge hätte erwarten können. Die Angestellten und der Fahrdienstleiter sahen in bestürzter Verwirrung zu.
Niemand bemerkte, daß Agar dem Schauplatz den Rücken gekehrt hatte und sich an der Eingangstür des Büros zu schaffen machte. Er probierte verschiedene seiner an einem Ring befestigten Dietriche aus, bis er denjenigen gefunden hatte, der zum Schloß paßte. Es fiel auch niemandem auf, als Agar sich nun dem kleinen Wandschränkchen zuwandte und blitzschnell einen Dietrich nach dem andern ausprobierte, bis er den passenden gefunden hatte.
Drei oder vier Minuten waren vergangen, als der junge Dieb, der sich immer wieder den Griffen des Konstablers entwand, von Pierce endlich mit fester Hand gepackt wurde. Der Konstabler gab dem kleinen Übeltäter eine kräftige Ohrfeige, worauf der Junge die gestohlene Geldbörse herausgab. Der Konstabler legte ihm Handschellen an und führte ihn ab.
Pierce klopfte sich mit der Hand den Staub vom Anzug und sah sich in dem verwüsteten Büro um. Er drückte dem Fahrdienstleiter und den Angestellten sein Bedauern aus.
Der andere Herr, der sich ebenfalls an der Verfolgungsjagd beteiligt hatte, sprach ihn an: »Ich fürchte, Sir, Sie haben Ihren Zug versäumt.«
»Mein Gott, das habe ich!« erwiderte Pierce. »Dieser verdammte kleine Schlingel.«
Damit verabschiedeten sich die beiden Herren. Der eine dankte dem andern für seine tatkräftige Hilfe beim Einfangen des Diebes. Der andere sagte, das sei nicht der Rede wert.

Das Aufräumen des Durcheinanders überließen sie den Angestellten der Bahngesellschaft.
Es war, so dachte Pierce später amüsiert, eine vortrefflich inszenierte ›komische Oper‹ gewesen.

24. Kapitel Eine Frage von Sekunden

Als Sauber-Willy am späten Nachmittag des 9. Januar 1855 Pierces Haus betrat, sah er sich im Wohnzimmer einem seltsamen Schauspiel konfrontiert.
Pierce, der eine Hausjacke aus rotem Samt trug, saß bequem in einem Lehnsessel und rauchte gemütlich eine Zigarre. In der Hand hielt er eine Stoppuhr.
Agar bot einen grellen Gegensatz zu diesem Bild des Friedens. Er stand in Hemdsärmeln mitten im Zimmer, sozusagen auf dem Sprung. Er behielt Pierce im Auge und keuchte leicht.
»Sind Sie bereit?« fragte Pierce.
Agar nickte.
»Los!« sagte Pierce und drückte auf den Knopf der Uhr.
Zu Sauber-Willys Verblüffung rannte Agar jetzt quer durch den Raum zum Kamin, wo er auf der Stelle trat und leise flüsternd die Lippen bewegte: ». . . sieben . . . acht . . . neun . . .«
»Das wär's!« sagte Pierce. »Die Tür!«
»Die Tür!« wiederholte Agar und öffnete pantomimisch eine unsichtbare Tür. Dann trat er drei Schritte nach rechts und langte mit der Hand in Schulterhöhe nach irgendeinem Punkt in der Luft.
»Wandschrank«, sagte Pierce.
»Wandschrank . . .«
Jetzt fischte Agar zwei Wachsplättchen aus der Tasche und tat so, als mache er einen Abdruck.
»Zeit?« fragte er.
»Einunddreißig«, sagte Pierce.
Agar tat so, als machte er einen zweiten Wachsabdruck mit

einem frischen Satz von Wachsplättchen. Dabei zählte er weiter: »Dreiunddreißig, vierunddreißig, fünfunddreißig ...«
Dann langte Agar wieder mit beiden Händen in die Luft, als ob er irgend etwas abschlösse.
»Wandschrank abgeschlossen!« sagte er und ging drei Schritte zurück. »Tür!«
»Vierundfünfzig«, sagte Pierce.
»Treppe!« sagte Agar und trat wiederum auf der Stelle. Dann machte er einige gewaltige Sätze und blieb neben Pierces Sessel stehen. »Geschafft!« rief er aus.
Pierce sah auf seine Uhr und schüttelte den Kopf. »Neunundsechzig.« Er paffte an seiner Zigarre.
»Und wenn schon«, sagte Agar verletzt. »Immer noch besser als beim letztenmal. Wie war da die Zeit?«
»Beim letztenmal haben Sie's in dreiundsiebzig Sekunden geschafft.«
»Na bitte, ist doch schon besser ...«
»... aber nicht gut genug. Vielleicht sollten Sie den Wandschrank geöffnet lassen. Hängen Sie auch die Schlüssel nicht wieder hin. Das kann Willy erledigen.«
»Was kann ich erledigen?« fragte Willy.
»Den Wandschrank öffnen und schließen«, erwiderte Pierce.
Agar ging auf seine Startposition zurück.
»Fertig?« fragte Pierce.
»Fertig«, sagte Agar.
Die seltsame Scharade wurde wiederholt. Agar rannte quer durch den Raum, trat auf der Stelle, gab vor, eine Tür zu öffnen, tat drei Schritte, machte zwei Wachsabdrücke, tat wieder drei Schritte, schloß eine Tür, trat auf der Stelle und rannte dann wieder quer durchs Zimmer.
»Zeit?«
Pierce lächelte. »Dreiundsechzig«, sagte er.
Agar grinste breit und schnappte nach Luft.
»Noch einmal«, sagte Pierce. »Um ganz sicherzugehen.«

Später am Nachmittag wurde Sauber-Willy eingeweiht.
»Heute abend ist es soweit«, sagte Pierce. »Wenn es dunkel ist, gehen Sie zur London-Bridge und von dort zum Bahnhof. Sie müssen dort aufs Dach. Ist das ein Problem für Sie?«
Sauber-Willy schüttelte den Kopf. »Und was dann?«
»Wenn Sie auf dem Dach sind, werden Sie eine zerbrochene Fensterscheibe sehen. Es ist das Fenster vom Büro des Fahrdienstleiters der SER, ein kleines Fenster, kaum einen Quadratfuß groß. Dort steigen Sie ein.«
»Und was dann?«
»Dann werden Sie einen grüngestrichenen Wandschrank erblicken.« Pierce betrachtete den kleinen Mann. »Sie werden sich auf einen Stuhl stellen müssen. Aber seien Sie sehr leise. Vor dem Büro sitzt nämlich ein Nachtwächter auf der Treppe.«
Sauber-Willy zog die Stirn kraus.
»Öffnen Sie den Wandschrank«, fuhr Pierce fort. »Und zwar mit dem Schlüssel da.« Er deutete mit einem Kopfnicken auf Agar, der Willy den ersten Drehrum aushändigte. »Schließen Sie den Wandschrank auf und warten Sie.«
»Worauf?«
»Um halb elf etwa wird es unten in der Halle etwas Lärm geben. Ein Betrunkener wird hereinkommen und den Nachtwächter in ein Schwätzchen verwickeln.«
»Und dann?«
»Dann schließen Sie die Eingangstür zum Büro auf, und zwar mit dem Schlüssel dort.« Agar händigte Sauber-Willy den zweiten Dietrich aus. »Und dann warten Sie wieder.«
»Auf was?«
»Um halb zwölf ungefähr wird der Nachtwächter zur Toilette gehen. Dann wird Agar die Eisentreppe heraufkommen und durch die Tür eintreten, die Sie vorher aufgeschlossen haben, und seine Wachsabdrücke machen. Dann geht Agar wieder, und Sie schließen die Eingangstür sofort wieder ab. Um diese Zeit etwa wird der Nachtwächter vom Klo zurück sein. Sie

schließen den Wandschrank ab, stellen den Stuhl wieder an seinen Platz und verlassen das Büro stikum durchs Fenster.«

»Ist das alles?« fragte Sauber-Willy nachdenklich.

»Das ist alles, was Sie zu tun haben.«

»Und dafür haben Sie mich aus Newgate rausgeholt?« fragte Sauber-Willy. »Das ist doch keine große Sache, sich in einem leeren Büro ein bißchen umzusehen.«

»Es ist zwar ein leeres Büro, aber es sitzt ein Nachtwächter vor der Tür, und in der Stille hört man jedes Geräusch. Sie müssen die ganze Zeit sehr, sehr leise sein.«

Sauber-Willy grinste. »Mit den Schlüsseln, von denen Sie da Wachsabdrücke machen, haben Sie 'ne größere Sache vor, 'ne dicke Massematte, was?«

»Kümmern Sie sich um Ihre eigene Aufgabe«, sagte Pierce, »und sonst nichts.«

»Kleinigkeit!« sagte Sauber-Willy.

»Und halten Sie die beiden Dinger da griffbereit«, sagte Agar und deutete auf die Dietriche. »Wenn ich reinkomme, müssen die Tür und der Schrank offen sein, sonst können wir uns gute Nacht sagen — dann werden wir nämlich geschnappt.«

»Habe keine Lust, geschnappt zu werden«, sagte da Sauber-Willy.

»Dann halten Sie die Augen offen und seien Sie auf der Hut.«

Sauber-Willy nickte. »Und was gibt's dann zum Abendessen?« fragte er.

25. Kapitel Einbruch mit Gesang

Am Abend des 9. Januar legte sich schwerer rußiger Nebel auf die Stadt. Es war eine richtige Londoner ›Waschküche‹. Sauber-Willy, der die Tooley Street hinunterging und die Fassade des London-Bridge-Bahnhofs aus den Augenwinkeln musterte, war sich nicht sicher, ob er sich über den Nebel freuen sollte. Hier auf der Straße würde ihn jetzt zwar kein

Mensch sehen, aber dafür war der Nebel so dicht, daß er nicht einmal das Obergeschoß des Bahnhofsgebäudes erkennen konnte. Sauber-Willy machte sich Sorgen, ob er auf Anhieb den richtigen Aufstieg finden würde. Womöglich mußte er auf halbem Weg entdecken, daß er nicht weiterkam.

Sauber-Willy wußte andererseits eine ganze Menge über die Konstruktion von Häusern, und nachdem er eine Stunde lang um den Bahnhof herumgeschlichen war, wußte er, wo er die Wand anzugehen hatte. Vom abgestellten Karren eines Gepäckträgers aus konnte er zu einem Abflußrohr hinüberspringen, hochklettern und dann den Sims der Fenster im Obergeschoß erreichen. Ein Mauervorsprung lief um das gesamte Obergeschoß herum. Er bewegte sich darauf seitwärts weiter, bis er einen Mauerwinkel erreichte. Dort kletterte er mit dem Rücken zur Mauer weiter hoch – wie bei seinem Ausbruch aus Newgate.

Punkt acht Uhr stand er auf dem breiten Dach des Bahnhofsgebäudes. Der größte Teil des Bahnhofs war mit Schiefer gedeckt; nur über den Gleisen bestand das Dach aus Glas, aber Sauber-Willy hütete sich, das Glasdach zu betreten. Er wog zwar nur 68 Pfund, wäre aber trotzdem sofort durch das Glasdach durchgebrochen.

Er tastete sich im Nebel behutsam vorwärts, bis er hinter einem Mauervorsprung das Fenster mit der zerbrochenen Scheibe fand, von dem Pierce gesprochen hatte. Er sah hinein. Es war der Dienstraum des Fahrdienstleiters.

Er griff durch das gezackte Loch im Fensterglas, öffnete den Riegel und schob vorsichtig das Fenster hoch. Es war ein rechteckiges Fenster von vielleicht neun mal sechzehn Zoll. Sauber-Willy schlängelte sich mühelos hindurch, trat auf eine Schreibtischplatte und hielt inne.

Man hatte ihm nicht gesagt, daß die Seitenwände des Büros zur Bahnhofshalle hin aus Glas waren.

Durch die Scheiben konnte er auf die verlassenen Gleise und

Bahnsteige hinuntersehen. Er sah auch den Nachtwächter, der in der Nähe der Tür auf einer Treppenstufe saß. Neben ihm lag eine Papiertüte.
Sauber-Willy stieg vorsichtig vom Schreibtisch hinunter. Er trat auf eine Glasscherbe und erstarrte. Falls der Nachtwächter das Geräusch gehört hatte, ließ er es sich nicht anmerken. Nach einem Augenblick durchquerte Willy das Büro, nahm einen Stuhl und stellte ihn vor den Wandschrank. Er stieg hinauf, zog den einen Dietrich, den Agar ihm gegeben hatte, aus der Tasche und öffnete das Schrankschloß. Dann setzte er sich hin und wartete. Aus der Ferne hörte er es von einem Kirchturm neun Uhr schlagen.

Agar, der sich in einem dunklen Winkel der Bahnhofshalle verborgen hielt, hörte das Schlagen der Kirchturmuhr auch. Er seufzte. Noch zweieinhalb Stunden, und dabei hockte er jetzt schon zwei Stunden zusammengekauert in dieser Ecke. Er wußte, wie steif seine Beine sein würden, und dachte besorgt an seinen Spurt zur Treppe.
Von seinem Versteck aus hatte er gesehen, wie Sauber-Willy in den Dienstraum einstieg. Und er hatte Willy auch gesehen, als er auf dem Stuhl stand und sich an dem Schloß des Wandschranks zu schaffen machte. Dann war Willy verschwunden. Agar seufzte wieder. Er fragte sich zum tausendstenmal, was Pierce mit diesen Schlüsseln eigentlich vorhatte. Es mußte sich um ein verdammt großes Ding handeln, wenn er so viel dafür in Szene setzte. Vor ein paar Jahren hatte Agar bei einem Einbruch in ein Lagerhaus in Brighton mitgemacht. Neun Schlüssel waren für den Einstieg notwendig gewesen; einer für ein Außentor, zwei für ein Innentor, drei für die Haupttür, zwei für eine Bürotür und einer für einen Lagerraum. Sie hatten damals 10 000 Pfund in Noten der Bank von England erbeutet, und der Kopf der Bande hatte mit der Planung und Vorbereitung des Unternehmens vier Monate zugebracht.

Und Pierce, ausgekocht wie kaum je ein Schränker, verbrachte jetzt schon acht Monate damit, vier Schlüssel an sich zu bringen. Das Unternehmen hatte ihn bestimmt schon ein hübsches Sümmchen gekostet, und das bedeutete, daß die Beute den Einsatz lohnen mußte.

Aber was war die Beute? Warum das Ganze? Diese Fragen beschäftigten Agar mehr als der Ablauf seines Vierundsechzig-Sekunden-Wettlaufs mit der Zeit. Er war Berufsverbrecher, er hatte einen kühlen Kopf, er hatte sich gut vorbereitet und war voller Zuversicht. Sein Herz schlug nicht schneller, als er zu dem Nachtwächter hinübersah. Der Polyp machte gerade wieder eine seiner Runden.

Der Polizist sagte zu dem Nachtwächter: »Wissen Sie, daß Hampton wieder in den Ring steigt?«

»Nein«, sagte der Nachtwächter. »Gegen wen?«

»Gegen Edgar Moxley.«

»Und wo soll der Kampf stattfinden?«

»In Leicester, wie ich höre«, erwiderte der Polizist.

»Und auf wen haben Sie gesetzt?«

»Auf Bill Hampton, natürlich.«

»Der ist gut«, sagte der Nachtwächter. »Harter Bursche, dieser Bill.«

»Und ob«, erwiderte der Polizist. »Ich hab' 'ne halbe Krone auf ihn gesetzt — da muß er schon verdammt hart sein!« Und damit ging er weiter.

Agar zog im Dunkeln verächtlich die Mundwinkel herunter. Er hatte beim letzten Boxkampf zwischen dem ›Teufel aus Lancaster‹, John Boynton, und dem Schlappschwanz Kid Ballew 10 Pfund gewettet. Diese Wette hatte Agar wohlgetan: zwei zu eins war die Quote gewesen. Da hatte er einmal hingelangt!

Er spannte die Muskeln seiner verkrampften Beine an, um den Blutkreislauf anzuregen, und lockerte sie dann wieder. Er hatte noch eine lange Wartezeit vor sich. Er dachte an seine

Dille. Immer wenn er bei der Arbeit war, dachte er an die Beff seiner Dille. Das war nur natürlich – wenn ein Mann unter Druck stand, wurde er geil. Doch dann kehrten seine Gedanken zu Pierce zurück und zu der Frage, die ihm jetzt schon fast ein Jahr lang im Kopf herumging: Hinter *was* waren sie eigentlich her?

Der betrunkene Ire mit dem roten Bart und dem Schlapphut torkelte durch die menschenleere Bahnhofshalle und sang *Molly Malone*. Sein schlurfender, plattfüßiger Gang verriet den echten Säufer, und als er weiterging, grölte er so selig vor sich hin, daß er den Nachtwächter auf der Treppe nicht bemerkte.

Das tat er aber durchaus, und er beäugte mißtrauisch die Papiertüte des Nachtwächters, bevor er sich umständlich und schwankend verbeugte.

»Einen wunderschönen guten Abend, Sir«, sagte der betrunkene Ire.

»'n Abend«, sagte der Wachmann.

»Was, wenn ich fragen darf«, sagte der Betrunkene und richtete sich auf, »treiben Sie da oben eigentlich?«

»Ich bewache diese Räume hier«, sagte der Nachtwächter.

Der Betrunkene rülpste. »Das kann jeder sagen, guter Mann. So hat sich schon mancher Gauner rausgeredet!«

»Na, also hören Sie mal!«

»Ich glaube«, sagte der Betrunkene und fuchtelte mit dem Zeigefinger in der Luft herum, »ich glaube, Sir, wir holen lieber mal die Polizei, dann wird sich ja herausstellen, was mit Ihnen los ist.«

»Jetzt hören Sie mal zu ...«, sagte der Nachtwächter.

»*Sie* hören jetzt mal zu, und zwar genau, wenn ich bitten darf«, sagte der Betrunkene und begann plötzlich zu brüllen: »Polizei, *Po-li-zei*!«

»Jetzt reicht's aber«, sagte der Wachmann und kam langsam

die Treppe herunter. »Reißen Sie sich zusammen, Sie besoffenes Schwein.«
»Besoffenes Schwein?« sagte der Betrunkene, hob die Augenbrauen und drohte mit der Faust. »Ich bin ein Dubliner, Sir.«
»Das sieht man!« schnauzte der Wachmann.
In diesem Augenblick kam – auf das Gebrüll des Betrunkenen hin – der Konstabler um die Ecke gelaufen.
»Ah, ein Verbrecher, Konstabler«, sagte der Betrunkene. »Verhaften Sie den Lumpen da«, sagte er rülpsend und zeigte auf den Nachtwächter, der jetzt am Fuß der Treppe stand. »Der hat hier was vor!« Wieder rülpste er.
Der Konstabler und der Wachmann tauschten Blicke aus und grinsten.
»Sie finden das wohl noch komisch, Sir?« sagte der Betrunkene zu dem Polizisten. »Ich kann daran nichts Komisches finden. Der Lump da hat was vor.«
»Kommen Sie mal mit«, sagte der Konstabler. »Oder ich sperre Sie wegen Erregung öffentlichen Ärgernisses ein.«
»Ärgernis?« sagte der Betrunkene und riß sich vom Arm des Konstablers los. »Sie und dieser Lump da stecken wohl unter einer Decke, Sir?«
»Das reicht jetzt«, sagte der Konstabler. »Kommen Sie mal schön mit.«
Der Betrunkene ließ sich von dem Polizisten fortzerren. Man hörte auch, wie er den Konstabler fragte: »Sie haben nicht zufällig ein kleines Schlückchen Gin bei sich, was?«
»Diese Iren!« sagte der Wachmann seufzend und ging kopfschüttelnd wieder die Eisentreppe hinauf, um sein Abendbrot zu verzehren.
In der Ferne schlug die Turmuhr elf.

Agar hatte alles mitangesehen und sich über den Auftritt von Pierce amüsiert, fragte sich nun aber besorgt, ob Sauber-Willy währenddessen auch wirklich die Eingangstür zum Bü-

ro geöffnet hatte. Bald würde er es wissen: In einer halben Stunde würde er loslaufen, als ginge es um sein Leben.
Er sah auf die Uhr, sah zu der Bürotür hinauf und wartete.

Was Pierce betraf, so war der schwierigste Teil seiner Darbietung das Finale auf der Tooley Street, wohin der Konstabler ihn mit festem Griff geführt hatte. Er mußte versuchen, so schnell wie möglich von dem Polizisten loszukommen.
Als sie in die neblige Nachtluft hinaustraten, atmete Pierce tief durch.
»Ah«, sagte er, »was für ein wunderschöner Abend, frisch und belebend.«
Der Polizist sah sich in dem trüben Nebel um. »Für meinen Geschmack ein bißchen kühl«, sagte er.
»So, mein lieber Freund«, sagte Pierce und zog seine Kleidung zurecht. Dann richtete er sich betont straff auf, als hätte die Nachtluft ihn plötzlich ernüchtert. »Ich bin Ihnen dankbar für Ihr Eingreifen in dieser Sache. Ich kann Ihnen versichern, daß ich jetzt gut allein weitergehen kann.«
»Sie werden nicht wieder randalieren?«
»Mein Herr«, sagte Pierce und richtete sich zu voller Größe auf, »wofür halten Sie mich?«
Der Polizist blickte zum Bahnhof hinüber. Es war seine Pflicht, seine Rundgänge fortzusetzen. Ein herumirrender Betrunkener, der sich in der Halle hatte sehen lassen, ging ihn nichts mehr an, sobald er ihn aus dem Bahnhof hinausgeschafft hatte. London war schließlich voll von Betrunkenen, besonders von betrunkenen Iren, die sich gern reden hörten.
»Dann passen Sie nur schön auf sich auf!« sagte der Konstabler und ließ ihn ziehen.
»Einen schönen guten Abend noch, Sir«, sagte Pierce mit einer Verbeugung. Dann ging er leicht schwankend durch den Nebel davon. Nach einer Weile stimmte er wieder *Molly Malone* an. Er ging nur bis zum Ende der Tooley Street. Dort,

im Nebel kaum zu erkennen, hielt eine Kutsche. Pierce sah zu dem Kutscher hinauf.
»Na, wie ist es gegangen?« fragte Barlow.
»Tadellos!« sagte Pierce. »Willy hat zwei oder drei Minuten Zeit gehabt. Das müßte gereicht haben.«
»Willy ist nicht sehr helle.«
»Er hatte doch nichts weiter zu tun, als zwei Schlösser zu öffnen«, sagte Pierce. »Dazu wird sein Verstand schon gereicht haben.« Er warf einen Blick auf seine Uhr. »Nun, wir werden's ja früh genug wissen.«
Damit entschwand er wieder im Nebel und ging zum Bahnhof zurück ...

Um elf Uhr dreißig hatte Pierce sich so postiert, daß er die Eisentreppe zum Büro und den Nachtwächter ständig im Auge behalten konnte. Der Polizist drehte seine Runden und winkte dem Wachmann zu, der zurückwinkte. Der Polizist ging weiter, der Nachtwächter gähnte, stand auf und streckte sich.
Pierce hielt den Atem an und legte sanft den Finger auf den Knopf seiner Stoppuhr.
Der Nachtwächter kam die Treppe herunter, gähnte wieder und machte sich schlurfend auf den Weg zur Toilette. Nach ein paar Schritten bog er um eine Ecke und war nicht mehr zu sehen.
Pierce drückte auf den Knopf und zählte leise. »Eins ... zwei ... drei ...«
Er sah Agar auftauchen, der mit voller Kraft lief, barfuß, um kein Geräusch zu machen, und dann die Treppe mit wenigen Sätzen nahm.
»Vier ... fünf ... sechs ...«
Agar erreichte die Tür, drehte den Türknopf. Die Tür ging auf, und Agar war im Büro. Die Tür wurde wieder geschlossen.
»Sieben ... acht ... neun ...«

»Zehn«, sagte Agar keuchend und sah sich im Büro um. Sauber-Willy, der sich im Schatten einer Zimmerecke verborgen hielt, zählte grinsend mit lauter Stimme an Agars Stelle weiter.
»Elf ... zwölf ... dreizehn ...«
Agar ging zu dem bereits geöffneten Wandschrank hinüber. Er zog das erste der Wachsplättchen aus seiner Tasche und blickte dann auf die Schlüssel im Schrank.
»Verdammt!« flüsterte er.
»Vierzehn ... fünfzehn ... sechzehn ...«
In dem Schrank hingen Dutzende von Schlüsseln, Schlüssel aller Art, große und kleine, manche mit Anhängern, andere ohne.
Agar stöhnte. Der kalte Schweiß brach ihm aus.
»Verdammt!«
»Siebzehn ... achtzehn ... neunzehn ...«
Er konnte den Zeitplan nicht einhalten, und er wußte es. Verzweifelt starrte er auf die Schlüssel. Er konnte nicht von allen Abdrücke machen. Welche waren die richtigen?
»Zwanzig ... einundzwanzig ... zweiundzwanzig ...«
Sauber-Willys Zählerei machte ihn ganz wild. Am liebsten hätte er den Bastard erwürgt. Er starrte in das Schränkchen. Er rief sich das Aussehen der beiden anderen Schlüssel ins Gedächtnis. Vielleicht sahen die beiden, die er hier suchte, ähnlich aus. Er ging nahe an den Schrank heran, kniff die Augen zusammen und blinzelte hinein. Es fiel nur spärliches Licht von draußen ins Büro.
»Dreiundzwanzig ... vierundzwanzig ... fünfundzwanzig ...«
»Hat alles keinen Sinn«, flüsterte er vor sich hin. Und dann fiel ihm etwas Seltsames auf. An jedem Haken hing nur ein Schlüssel. Aber da war ein Haken, an dem hingen zwei. Rasch nahm er sie herunter. Sie sahen aus wie die beiden, die er schon einmal in der Hand gehabt hatte.

»Sechsundzwanzig . . . siebenundzwanzig . . . achtundzwanzig . . .«
Er legte das erste Wachsplättchen in die flache Hand und preßte eine Seite des ersten Schlüssels hinein, hielt ihn fest und holte ihn dann mit dem Fingernagel wieder heraus. Der Nagel seines kleinen Fingers war sehr lang, ein Kennzeichen aller Schränker der damaligen Zeit.
»Neunundzwanzig . . . dreißig . . . einunddreißig . . .«
Agar nahm das zweite Plättchen, drehte den Schlüssel um und preßte ihn wieder ins Wachs, um einen Abdruck von der anderen Seite zu erhalten. Er preßte den Schlüssel fest hinein und hob ihn dann vorsichtig wieder heraus.
»Zweiunddreißig . . . dreiunddreißig . . . vierunddreißig . . .«
Jetzt zeigte sich, daß Agar ein Professioneller war. Die Zeit rannte ihm davon – schon jetzt war er fünf Sekunden im Verzug, wenn nicht mehr –, aber er wußte, daß er die Schlüssel auf keinen Fall durcheinanderbringen durfte. Einem Schränker unterlief es durchaus einmal, daß er von einem bestimmten Schlüssel zweimal von derselben Seite einen Abdruck nahm. Unter Zeitdruck und bei zwei Schlüsseln war die Gefahr noch größer.
Rasch, aber mit sicherer Hand hängte Agar den ersten Schlüssel wieder an den Haken.
»Fünfunddreißig . . . sechsunddreißig . . . siebenunddreißig . . .«, sagte Sauber-Willy und sah durch die Glaswand in die Bahnhofshalle hinunter. In weniger als dreißig Sekunden würde dort unten der Nachtwächter wieder auftauchen.
»Achtunddreißig . . . neununddreißig . . . vierzig . . .«
Schnell preßte Agar den zweiten Schlüssel ins dritte Wachsplättchen. Er hielt ihn nur einen winzigen Augenblick dort, dann zog er ihn heraus. Der Schlüssel hatte einen hübschen Abdruck hinterlassen.
»Einundvierzig . . . zweiundvierzig . . . dreiundvierzig . . .«
Agar steckte das Plättchen in die Tasche und zog das vierte

heraus. Er preßte die andere Seite des Schlüssels in das weiche Wachs.
»Vierundvierzig . . . fünfundvierzig . . . sechsundvierzig . . . siebenundvierzig . . .«
Plötzlich, als Agar dabei war, den Schlüssel aus dem Wachs herauszulösen, brach das Plättchen entzwei.
»Verdammt!«
»Achtundvierzig . . . neunundvierzig . . . fünfzig . . .«
Agar fischte in seiner Hosentasche nach einem neuen Wachsplättchen. Feine Schweißperlen traten ihm auf die Stirn.
»Einundfünfzig . . . zweiundfünfzig . . . dreiundfünfzig . . .«
Er zog ein frisches Plättchen aus der Tasche und machte einen neuen Abdruck von der zweiten Seite.
»Vierundfünfzig . . . fünfundfünfzig . . .«
Er löste den Schlüssel heraus, hängte ihn an den Haken und rannte zur Tür. Den letzten Abdruck hielt er noch in der Hand. Er verließ das Büro, ohne Willy noch einen Blick zu gönnen.
»Sechsundfünfzig«, sagte Willy und eilte zur Tür, um sie abzuschließen.

Pierce sah, daß Agar volle fünf Sekunden später aus dem Büro herauskam, als geplant. Sein Gesicht war rot vor Anstrengung.
»Siebenundfünfzig . . . achtundfünfzig . . .«
Agar sprang die Treppe hinunter, immer drei Stufen auf einmal.
»Neunundfünfzig . . . sechzig . . . einundsechzig . . .«
Agar spurtete mit mächtigen Sätzen zu seinem Versteck.
»Zweiundsechzig . . . dreiundsechzig . . .«
Agar war in Sicherheit.
Der Nachtwächter kam gähnend um die Ecke. Er nestelte noch an seinen Hosenknöpfen herum und ging auf die Treppe zu.
»Vierundsechzig«, flüsterte Pierce und drückte auf die Stoppuhr.

Der Wachmann nahm wieder seinen Posten auf der Treppe ein. Einen Augenblick darauf fing er an, leise vor sich hinzusummen, und es dauerte einige Zeit, bis Pierce aufging, welches Lied er summte: *Molly Malone.*

26. Kapitel Im Casino de Venise

›Niedrige Habsucht und ehrliches Gewinnstreben liegen oft dicht beieinander‹, schrieb Reverend Noel Blackwell warnend in seiner 1853 veröffentlichten Abhandlung *Über den sittlichen Fortschritt der Menschheit.* Niemandem war die Wahrheit dieser Worte geläufiger als Pierce, der seine nächste Verabredung im Casino de Venise in der Windmill Street hatte. Dies war ein großer, stets gut besuchter Tanzsaal, den Myriaden von Gaslampen in helles Licht tauchten. Junge Männer wirbelten fröhliche junge Mädchen in farbenfrohen Kleidern herum. In der Tat, das Lokal machte einen eleganten und prächtigen Eindruck und schien seinen üblen Ruf, ein Treffpunkt von Dirnen und ihrer Klientel zu sein, nicht zu verdienen.

Pierce ging schnurstracks zur Theke, wo ein stämmiger Mann in einer blauen Eisenbahneruniform über ein Glas gebeugt saß. Der Mann fühlte sich in dieser Umgebung sichtlich unwohl. »Sind Sie schon einmal hier gewesen?« fragte Pierce.

Der Mann drehte sich um. »Sind Sie Mr. Simms?«

»So ist es.«

Der stämmige Mann ließ seinen Blick durch den Saal schweifen, betrachtete die Frauen, den Glanz, die hellen Lampen. »Nein«, erwiderte er, »hier war ich noch nie.«

»Ganz schön lebhaft, was?«

Der Mann zuckte die Achseln. »Kann mir so was nicht leisten«, sagte er schließlich und wandte sich wieder seinem Glas zu.

»Ja, ein bißchen teuer«, sagte Pierce.

Der Mann hob sein Glas. »Ja, das kann man wohl sagen. Zwei Shilling für einen Gin!«
»Ich bestelle Ihnen noch einen«, sagte Pierce und gab dem Mann hinter der Theke mit seiner grau behandschuhten Hand ein Zeichen. »Wo wohnen Sie, Mr. Burgess?«
»Ich habe ein Zimmer in der Moresby Road«, erwiderte der grobschlächtige Mann.
»Da haben Sie nicht die beste Luft, dort!«
Burgess zog die Schultern hoch. »Nicht zu ändern.«
»Sind Sie verheiratet?«
»Ja.«
Der Mann hinter der Theke kam, und Pierce bestellte zwei Glas Gin. »Was hat Ihre Frau für Arbeit?«
»Sie näht.« Burgess zeigte einen Anflug von Ungeduld. »Aber worum geht es denn eigentlich?«
»Ich möchte mich nur ein bißchen mit Ihnen unterhalten«, sagte Pierce, »um herauszufinden, ob Sie mehr Geld verdienen möchten als bisher.«
»Nur ein Dummkopf würde da nein sagen«, sagte Burgess kurz.
»Sie arbeiten bei der Bahn?« fragte Pierce.
Burgess, der noch ungeduldiger wurde, nickte und tippte auf die silbernen Buchstaben SER an seinem Kragen: die Initialen der South Eastern Railway.
Pierce stellte diese Fragen keineswegs, um Informationen zu erhalten; er wußte bereits eine ganze Menge über Richard Burgess, einen Wachmann der SER, der die Züge der Bahngesellschaft begleitete. Er wußte, wo Burgess wohnte, er wußte, welcher Arbeit seine Frau nachging, er wußte, daß die beiden zwei Kinder im Alter von zwei und vier Jahren hatten, und es war ihm auch bekannt, daß das vierjährige Kind kränkelte und daß ab und zu ein Arzt kommen mußte, was Burgess und seine Frau sich eigentlich nicht leisten konnten. Pierce wußte, daß ihr Zimmer in der Moresby Road eine

schmutzige Kammer war, in der der Putz von den Wänden bröckelte und in die statt frischer Luft die schwefelhaltigen Dämpfe eines nahe gelegenen Gaswerks hineinwehten.
Pierce wußte auch, daß Burgess der am schlechtesten bezahlten Kategorie von Bahnangestellten angehörte. Ein Lokführer wurde mit 35 Shilling pro Woche entlohnt, ein Zugführer erhielt 25, ein Schaffner 20 oder 21, aber ein Wachmann erhielt nur 15 Shilling in der Woche und durfte sich glücklich schätzen, wenn es nicht noch weniger war.
Burgess' Frau verdiente 10 Shilling pro Woche. Das bedeutete also, daß die Familie von insgesamt rund 65 Pfund im Jahr leben mußte. Allerdings mußte Burgess unter anderem sogar seine Uniform selbst bezahlen, so daß er in Wirklichkeit kaum mehr als 55 Pfund im Jahr zur Verfügung hatte, um sich und seine Familie durchzubringen.
Damals lebten viele Menschen von einem ähnlich niedrigen Lohn, aber die meisten hatten noch irgendwelche Nebeneinkünfte: zusätzliche Arbeit, Trinkgelder oder ein Kind in der Fabrik waren die üblichen Nebenerwerbsquellen. Burgess mußte ohne solche Einnahmen auskommen. Kein Wunder, daß er sich in einem Lokal, wo man 2 Shilling für ein Glas Gin verlangte, nicht wohl fühlte.
»Was wollen Sie also?« fragte Burgess und starrte in sein Glas.
»Ich frage mich, ob Sie gute Augen haben.«
»Gute Augen?«
»Ja.«
»Meine Augen sind nicht schlecht.«
»Ich frage mich«, sagte Pierce, »was man tun könnte, damit sie etwas weniger gut sehen.«
Burgess seufzte und schwieg. Dann sagte er mit müder Stimme: »Ich habe schon mal in Newgate gesessen. Vor ein paar Jahren. Ich habe keine Lust, die Tretmühle wiederzusehen.«
»Absolut verständlich«, sagte Pierce. »Und ich habe keine

Lust, daß jemand meine Pläne durchkreuzt. Da haben wir also beide unsere Ängste.«
Burgess stürzte einen Gin hinunter. »Und wenn ich ein Auge zukneife . . .?«
»Zweihundert Pfund«, erwiderte Pierce.
Burgess verschluckte sich und hustete los. Er schlug sich mit seiner riesigen Faust auf die Brust. »Zweihundert Pfund!« wiederholte er.
»Ganz richtig«, sagte Pierce. »Hier sind erst mal zehn.« Er zog seine Brieftasche hervor, entnahm ihr zwei Fünf-Pfund-Noten und hielt dabei die Brieftasche so, daß Burgess nicht entgehen konnte, wie prall sie gefüllt war. Pierce legte das Geld auf die Theke.
»Schöner Anblick. Fast so schön wie 'ne scharfe Mesuse«, sagte Burgess, rührte das Geld aber nicht an. »Worum geht's?«
»Das lassen Sie nur meine Sorge sein.«
»Ich muß doch immerhin wissen, *was* ich nicht sehen soll.«
»Na, jedenfalls werden Sie die Tretmühle nicht wiedersehen, das verspreche ich Ihnen.«
Burgess blieb halsstarrig. »Sie müssen schon deutlicher werden!«
Pierce seufzte. Er griff nach dem Geld. »Tut mir leid«, sagte er, »ich fürchte, ich muß mein Glück woanders versuchen.«
Burgess packte seine Hand. »Nicht so hastig«, sagte er. »Ich frage ja nur.«
»Ich kann es Ihnen nicht sagen.«
»Sie glauben, ich würde bei den Greifern singen?«
»So etwas«, sagte Pierce, »soll schon vorgekommen sein.«
»Aber nicht bei mir.«
Pierce zuckte die Achseln.
Einen Augenblick herrschte Schweigen. Schließlich streckte Burgess die andere Hand aus und nahm die beiden Fünf-Pfund-Noten an sich. »Also, sagen Sie schon, was ich tun soll.«

»Sehr einfach«, sagte Pierce. »Ein Mann wird Sie fragen, ob Ihre Frau Ihnen die Uniformen näht. Und dann sehen Sie ... einfach weg.«
»Das ist alles?«
»Das ist alles.«
»Für zweihundert Pfund?«
»Für zweihundert Pfund.«
Burgess zog die Stirn kraus und fing dann an zu lachen.
»Was gibt's da zu lachen?« fragte Pierce.
»Das schaffen Sie nie«, sagte Burgess. »Das ist nicht zu machen, was Sie da vorhaben. Diese Safes sind nicht zu knacken, ob ich hingucke oder nicht. Vor ein paar Monaten hat sich so ein junger Bursche in den Packwagen reingeschlichen und wollte an die Safes ran. Nur zu, habe ich ihm gesagt, und er hat 'ne halbe Stunde daran rumgemurkst. Dann habe ich ihn aus dem fahrenden Zug rausgeschmissen. Der ist ganz schön auf seine Rübe gefallen.«
»Das kann man wohl sagen«, sagte Pierce. »Ich habe es selbst gesehen.«
Burgess verschlug es das Lachen.
Pierce nahm zwei Goldguineen aus der Tasche und legte sie auf die Theke. »Da drüben in der Ecke sitzt ein hübsches rotes Kätzchen. Ich glaube, die wartet schon auf Sie«, sagte er, drehte sich um und ging hinaus.

27. Kapitel Ein ›Aalhäuter‹ wundert sich

Nationalökonomen beobachteten um 1850, daß zunehmend mehr Menschen sich vom ›Handel‹ ernährten, der Versorgung des aufblühenden Mittelstands mit Waren und Dienstleistungen. England war damals die reichste Nation der Erde, die reichste, die die Welt je gekannt hatte. Die steigende Nachfrage nach Verbrauchsgütern aller Art hatte eine Spezialisierung zur Folge. So gab es im viktorianischen England die ersten Möbeltischler, die sich ausschließlich auf die Fertigung von Einzelteilen spezialisierten, und die ersten Möbelgeschäfte, die nur bestimmte Einrichtungsgegenstände verkauften.

Aber auch in der Unterwelt spezialisierte man sich. Das zeigte sich an der Figur des sogenannten ›Aalhäuters‹. Ein Aalhäuter war in den meisten Fällen ein ehemaliger Metallarbeiter, der entweder auf die schiefe Bahn geraten oder zu alt geworden war, um das scharfe Arbeitstempo in der Fabrik durchzuhalten. Wie dem auch sei, ein Aalhäuter war jemand, der sich darauf spezialisiert hatte, ›Metallgegenstände‹ für die Verbrecherwelt herzustellen.

Meist waren das Totschläger, die sogenannten Aalhäute. Die ersten Totschläger waren mit Sand gefüllte wurstförmige Leinenbeutel, die Ganoven, Straßenräuber und Diebe im Ärmel versteckt hielten, bis die Zeit gekommen war, sie einem Opfer über den Schädel zu ziehen. Später wurden die Beutel mit Bleischrot gefüllt.

Ein Aalhäuter stellte aber noch andere Artikel des kriminellen Bedarfs her. Ein ›Neddy‹ war eine Art Keule, mitunter eine simple Eisenstange, manchmal auch eine Eisenstange, die sich an einem Ende zu einer Kugel verdickte. Der ›Sack‹ war eine Eisenkugel von rund zwei Pfund Gewicht in einem festen Strumpf. Ein ›Ziemer‹ war eine Art Peitsche mit einer Eisenkugel am Ende der Schnur: der Angreifer schlug dem Opfer damit wiederholt von vorn ins Gesicht. Nach einigen wenigen Schlägen mit diesen Waffen wehrte sich das Opfer nicht mehr und konnte in Ruhe ausgeraubt werden.

Mit der zunehmenden Verbreitung von Feuerwaffen verlegten sich die Aalhäuter auch auf die Herstellung von Kugeln. Einige wenige geschickte Angehörige der Branche widmeten sich außerdem noch der Anfertigung von Nachschlüsseln oder Drehrums, aber diese Arbeit stellte hohe Anforderungen. Die meisten Lieferanten begnügten sich mit einfacherer Arbeit.

Anfang Januar 1855 erhielt ein Aalhäuter in Manchester, ein gewisser Harkins, Besuch von einem rotbärtigen Herrn, der eine bestimmte Menge Bleikugeln zu kaufen wünschte.
»Kein Problem«, sagte Harkins. »Ich stelle jede Art Bleischrot her. Wieviel wünschen Sie denn?«
»Fünftausend«, sagte der Herr.
»Bitte um Vergebung?«
»Ich sagte, ich brauche fünftausend Bleikugeln.«
Harkins blinzelte. »Fünftausend – das ist keine Kleinigkeit. Warten Sie mal, das sind ... hm, sechs Kugeln pro Unze. Das wären also ...« Er starrte zur Decke und nagte an der Unterlippe. »Und sechzehn ... also, das macht ... Gott schütze mich, das sind insgesamt ja mehr als fünfzig Pfund Schrot.«
»Ich nehme es an«, sagte der Herr mit dem roten Bart.
»Sie wollen fünfzig Pfund Bleikugeln?«
»Fünftausend Stück, ja.«
»Nun, fünfzig Pfund Blei, das wird aber einige Zeit erfordern, und das Gießen, also, das geht auch nicht im Handumdrehen. Es wird ein Weilchen dauern. Fünftausend Bleikugeln, also wirklich, so schnell geht das nicht.«
»Ich brauche sie in einem Monat«, sagte der Besucher.
»In einem Monat ... in einem Monat ... Lassen Sie mich mal sehen ... Gießen, hundert pro Arbeitsgang ... Ja, doch, das ginge ...« Harkins nickte. »Also gut, Sie können Ihre fünftausend in einem Monat haben. Holen Sie sie selbst ab?«
»Ich komme selbst vorbei«, sagte der Kunde und beugte sich dann wie ein Verschwörer vor. »Sie sind für Schottland bestimmt, verstehen Sie?«
»Schottland?«
»Ja, für Schottland.«
»Ah, so ist das, ich verstehe, natürlich«, sagte Harkins, dem deutlich anzusehen war, daß er kein Wort glaubte.
Der Herr mit dem roten Bart leistete eine Anzahlung und verabschiedete sich. Er ließ den Aalhäuter in einem Zustand

tiefer Verblüffung zurück. Harkins wäre noch verblüffter gewesen, hätte er gewußt, daß sein Kunde noch vier andere Lieferanten aufgesucht hatte, nämlich in Newcastle, Birmingham, Liverpool und London, und bei jedem von ihnen eine Bestellung über die gleiche Menge aufgegeben hatte. Er hatte also insgesamt zweihundertfünfzig Pfund Bleikugeln geordert. Was konnte jemand mit dieser Menge anfangen?

28. Kapitel Der letzte Schliff

Um die Mitte des 19. Jahrhunderts erschienen in London sechs Morgenzeitungen, drei Abendzeitungen und zwanzig bedeutende Wochenblätter. Die Presse war jetzt so mächtig geworden, daß sie die öffentliche Meinung entscheidend zu beeinflussen begann und auch den Gang politischer Ereignisse. Welche überraschenden Auswirkungen dieser Einfluß haben konnte, wurde im Januar 1855 schlagartig deutlich.
Der erste Kriegsberichterstatter der Geschichte, William Howard Russell, befand sich mit den Truppen der Krimexpedition in Rußland. Seine Berichte an die *Times* hatten in der Heimat Stürme der Entrüstung ausgelöst. Der katastrophale Sturmangriff der Light Brigade, der Totenritt von Balaklawa, der verheerende russische Winter, in dem die britischen Truppen, da es ihnen an Nahrungsmitteln wie an Medikamenten fehlte, hohe Verluste hinnehmen mußten — über all das wurde einer von wachsendem Zorn erfüllten Öffentlichkeit durch die Presse berichtet.
Im Januar jedoch wurde der Oberkommandierende der britischen Truppen, Lord Raglan, schwer krank, und Lord Cardigan — ›hochmütig, reich, selbstsüchtig und dumm‹, der Mann, der seine Light Brigade wagemutig in die Katastrophe geführt hatte, um dann auf seine Jacht zurückzukehren, Champagner zu trinken und sich auszuschlafen —, dieser Lord Cardigan also war jetzt nach England zurückgekehrt. Die

gesamte Presse feierte ihn als großen Helden. Das war eine Rolle, die er nur allzugern spielte. In der Uniform, die er bei Balaklawa getragen hatte, wurde er in jeder Stadt von Menschenmassen umschwärmt. Seinem Pferd wurden die Schweifhaare einzeln aufgezupft. Londoner Textilhändler kopierten die Wolljacke, die er auf der Krim getragen hatte — den sogenannten ›Cardigan‹ —, und setzten mehrere tausend Stück ab.
Der Mann, der von seinen Soldaten als ›der gefährliche Esel‹ bezeichnet wurde, reiste durchs Land, um voller Stolz Reden zu halten und zu erzählen, wie er den Angriff geführt hatte. Im Laufe der Zeit wurde er bei seinen Reden immer häufiger von seiner eigenen Begeisterung überwältigt, so daß er Erholungspausen einlegen mußte. Die Presse hörte nie auf, sein Loblied zu singen. Spätere Historiker haben ihn kräftig gebeutelt, aber damals war von einer Kritik nicht einmal in Ansätzen etwas zu spüren.
Wenn aber schon die Presse sich als launenhaft erwies, so war der Geschmack der Massen es noch mehr. Trotz all der alarmierenden Meldungen aus Rußland zeigten sich die Londoner am meisten von den im Januar veröffentlichten Berichten über einen menschenfressenden Leoparden fasziniert, der die Provinz Naini Tal im Norden Indiens in der Nähe der burmesischen Grenze in Schrecken hielt. ›Der Menschenfresser von Panar‹ hatte angeblich über vierhundert Eingeborene getötet. Die Berichte darüber zeichneten sich durch beachtlichen, ja gespenstischen Detailreichtum aus. So schrieb etwa ein Korrespondent: ›Die bösartige Bestie von Panar tötet aus Blutdurst und nicht aus Hunger. Sie frißt kaum etwas von den Leichnamen ihrer Opfer. Allerdings hat sie vor zwei Wochen den Oberkörper eines Kleinkinds verschlungen, das sie zuvor aus seiner Wiege raubte. Tatsächlich sind meist Kinder unter zehn Jahren dieser Bestie zum Opfer gefallen, Kinder, die das Unglück hatten, sich nach Einbruch der Dunkelheit allzuweit von

der Mitte ihres Dorfes zu entfernen. Erwachsene Opfer werden meist schwer verstümmelt und sterben später an ihren eiternden Wunden. Mr. Redby, ein Großwildjäger aus der Gegend, sagt, diese Infektionen würden durch die verwesenden Fleischreste zwischen den Krallen der Bestie verursacht. Der Killer von Panar ist ein außergewöhnlich starkes Tier. Einmal wurde beobachtet, wie die Bestie mit einer erwachsenen Frau im Maul das Weite suchte. Das Opfer soll sich heftig gewehrt und herzzerreißend geschrien haben.‹

Diese und ähnliche Geschichten wurden zu Themen entzückter Tischgespräche, vor allem bei Leuten mit einem Hang zu pikanter Konversation. Die Frauen erröteten, kicherten und exaltierten sich, während die Männer — vor allem solche, die der East India Company in Asien gedient hatten — kenntnisreich über die Gewohnheiten einer solchen Bestie und ihren Charakter sprachen. Eine der East India Company gehörende Nachbildung eines Tigers, der gerade einen Engländer verspeist, wurde von faszinierten Besuchern umlagert. (Man kann das Stück noch heute im Victoria and Albert Museum bewundern.)

Als am 17. Februar 1855 ein ausgewachsener Leopard in einem Käfig am London-Bridge-Bahnhof ankam, erregte er verständlicherweise beträchtliches Aufsehen — weit mehr Aufsehen als die kurz zuvor angelieferten eisenbeschlagenen Kisten mit Gold, die von bewaffneten Wachen in den Packwagen der South Eastern Railway geladen wurden.

Hier konnte man eine fauchende und knurrende Bestie in voller Lebensgröße sehen, die brüllend die Eisenstangen ihres Käfigs attackierte, während sie in den Packwagen des Zuges London—Folkestone verladen wurde. Der Wärter des Tiers begleitete den Transport, einmal, um auf das Wohl des Leoparden zu achten, zum andern, um den Wachmann der Bahn zu beschützen, falls sich etwas Unvorhergesehenes ereignen sollte.

Vor Abfahrt des Zuges erklärte der Wärter der Menge neugieriger Zuschauer und Kinder, die Bestie fresse rohes Fleisch, es sei ein vierjähriges Weibchen und für den Kontinent bestimmt, als Geschenk für eine Dame von hoher Geburt.
Kurz nach acht dampfte der Zug aus dem Bahnhof. Der Wachmann im Packwagen schloß die Schiebetür. Während der Leopard im Käfig ruhelos auf und ab tapste, herrschte zunächst kurzes Schweigen. Von Zeit zu Zeit ließ das Tier ein Knurren hören. Schließlich fragte der Wachmann: »Womit füttern Sie ihn?«
Der Tierpfleger wandte sich dem Wachmann zu. »Näht Ihre Frau Ihnen die Uniformen?« fragte er.
Burgess lachte. »Sie sind das also?«
Der Wärter gab keine Antwort. Statt dessen öffnete er einen kleinen, ledernen Ranzen und nahm einen Topf mit Schmierfett, einige Schlüssel und eine Kollektion von Feilen verschiedener Art und Größe heraus.
Er ging sofort zu den beiden Chubb-Safes, fettete die vier Schlösser ein und begann, die Schlüssel auszuprobieren. Burgess sah diesem Vorgang mit nur mäßigem Interesse zu: er wußte, daß Rohkopien von Schlüsseln, Kopien, die nach Wachsabdrücken hergestellt worden waren, einen sauber gearbeiteten Safe ohne vorheriges Feilen und Polieren nicht zu öffnen vermochten. Andererseits war Burgess auch beeindruckt: er hätte nie gedacht, daß das Unternehmen so einfallsreich und unverfroren durchgeführt werden würde.
»Wo haben Sie die Wachsabdrücke gemacht?« fragte er.
»Hier und da«, erwiderte Agar, der sich beim Probieren und Feilen nicht stören ließ.
»Sie bewahren diese Schlüssel doch getrennt auf.«
»Ach, wirklich«, sagte Agar.
»Wie sind Sie an die Schlüssel gekommen?«
»Das geht Sie nichts an«, sagte Agar. Burgess sah ihm eine Weile zu und betrachtete dann den Leoparden.

»Was wiegt er?«
»Fragen Sie ihn doch mal«, gab Agar gereizt zurück.
»Wollen Sie sich das Gold denn heute schnappen?« fragte Burgess, als es Agar gelungen war, eine der Safetüren zu öffnen. Einen Augenblick lang starrte Agar die Kassetten im Innern des Safes an.
»Ich fragte, wollen Sie das Gold heute mitnehmen?«
Agar schloß die Safetür. »Nein«, sagte er. »Und jetzt halten Sie die Klappe.«
Burgess verstummte.
In der folgenden Stunde, während der Morgenzug von London auf Folkestone zudampfte, bearbeitete Agar seine Schlüssel weiter. Schließlich hatte er beide Safetüren geöffnet und wieder geschlossen. Nach getaner Arbeit wischte er das Fett von den Schlössern, die er dann mit Alkohol reinigte und säuberlich abtrocknete. Schließlich nahm er seine vier Schlüssel, steckte sie behutsam in die Tasche und setzte sich hin, um die Ankunft des Zuges im Bahnhof von Folkestone abzuwarten.
Pierce erwartete ihn am Bahnhof und half beim Ausladen des Leoparden.
»Wie ist es gegangen?« fragte er.
»Die Schlüssel haben den letzten Schliff«, erwiderte Agar und grinste. »Es ist das Gold, nicht wahr? Das Gold für die Krim, wie?«
»Ja«, sagte Pierce.
»Wann?«
»Nächsten Monat«, erwiderte Pierce.
Der Leopard fauchte.

III. Verzögerungen und Schwierigkeiten *März bis Mai 1855*

Pierce und seine Komplicen hatten es ursprünglich auf das nächste Krimgold abgesehen. Der Plan war äußerst einfach. Pierce und Agar sollten in London den Zug besteigen, nachdem jeder von ihnen verschiedene schwere Ledertaschen im Packwagen aufgegeben hatte. In den Taschen würden sich die Leinenbeutel mit dem Bleischrot befinden.

Agar sollte wieder im Packwagen mitfahren. Er sollte, während Burgess wegsah, die Safes öffnen, das Gold herausholen und statt dessen die Bleikugeln hineinlegen. Die Ledertaschen mit Gold sollten an einem vorher festgelegten Punkt der Strecke aus dem fahrenden Zug geworfen und von Barlow in Empfang genommen werden. Barlow sollte dann nach Folkestone weiterfahren, um dort Pierce und Agar zu treffen.

Unterdessen würden die — noch immer überzeugend schweren — Safes mit dem vermeintlichen Gold auf den Dampfer nach Ostende verladen werden. Stunden später würden die französischen Behörden dort dann den Diebstahl entdecken. Bis dahin waren die Kisten auf dem Transport aber bereits durch so viele Hände gegangen, daß kaum ein besonderer Anlaß bestand, ausgerechnet Burgess zu verdächtigen; überdies hatten sich die Beziehungen Englands zu Frankreich infolge des Krimkriegs sehr abgekühlt; man konnte davon ausgehen, daß die Franzosen die Engländer des Diebstahls verdächtigen würden und umgekehrt. Pierce konnte darauf rechnen, daß es erhebliche Verwirrungen gab, was die Arbeit der Polizei nicht gerade erleichterte. Der Plan schien absolut narrensicher, und er sollte beim nächsten Geldtransport, der für den 14. März 1855 vorgesehen war, ausgeführt werden.

Am 2. März starb überraschend Zar Nikolaus I. von Rußland, ›dieser Teufel in Menschengestalt‹. Die Nachricht von seinem Tod rief in Wirtschafts- und Finanzkreisen erhebliche Verwirrung hervor. Die Nachricht wurde mehrere Tage lang angezweifelt, und als Nikolaus' Tod schließlich bestätigt wurde, reagierten die Aktienbörsen von Paris und London mit kräftigen Kurssteigerungen. Infolge der allgemeinen Ungewißheit aber wurde der Goldtransport auf den 27. März verschoben. Zu diesem Zeitpunkt aber lag Agar, der nach dem 14. März in eine Art Depression verfallen war, schwerkrank darnieder. Der Zustand seiner Lungen hatte sich verschlimmert, und so verstrich diese Gelegenheit, sich des Goldes zu bemächtigen.

Die Firma Huddleston & Bradford brachte jeden Monat einen Goldtransport auf den Weg; jetzt standen nur noch 11 000 englische gegenüber 78 000 französischen Soldaten auf der Krim. Der größte Teil des Goldes wurde jetzt direkt von Paris ausgezahlt, was Pierce und seine Komplicen zwang, sich bis April zu gedulden.

Der nächste Transport wurde für den 19. April festgesetzt. Pierce erhielt seine Informationen über den Zeitpunkt der Transporte von einem jungen Ding namens Susan Lang, einer Favoritin von Henry Fowler. Mr. Fowler versuchte dem schlichten Kind mit Anekdoten zu imponieren, die seine Bedeutung in der Welt des Handels herausstreichen sollten. Das arme Mädchen – das kaum ein Wort von dem verstanden haben dürfte, was er erzählte – schien begeistert an seinen Lippen zu hängen und endlos zuhören zu können.

Susan Lang war keineswegs so dumm, wie er glaubte, aber irgendwie muß sie doch etwas durcheinandergebracht haben: Das Gold wurde bereits am 18. April verschickt, und als Pierce und Agar sich zeitig am Morgen des 19. April beim London-Bridge-Bahnhof einfanden, um den Zug zu besteigen, klärte Burgess sie über ihren Irrtum auf. Um sich nichts anmerken zu lassen, machten Pierce und Agar die Bahnfahrt mit, aber Agar sagte später vor Gericht aus, Pierce sei auf dieser Reise ›von recht finsterer Laune‹ gewesen.

Der nächste Transport sollte am 22. Mai abgehen. Um weiteren Pannen vorzubeugen, riskierte Pierce es, einen direkten Kontakt zwischen Agar und Burgess herzustellen. Burgess konnte Agar jederzeit über einen Mittelsmann erreichen, den Inhaber eines Wettbüros namens Billy Banks; und Burgess hatte Anweisung, sich sofort mit Banks in Verbindung zu setzen, falls sich an den Transportgepflogenheiten irgend etwas ändere. Agar hatte Order, jeden Tag bei Banks nachzufragen.
Am 10. Mai kehrte Agar mit einer geradezu gespenstischen Nachricht zu Pierce zurück – die beiden Safes seien aus dem Packwagen der South Eastern Railway entfernt und der Herstellerfirma, Chubb, ›zum Überholen‹ zugestellt worden.
»Zum Überholen?« fragte Pierce. »Was soll das heißen, ›zum Überholen‹?«
Agar zuckte die Achseln. »So wurde es mir gesagt.«
»Das sind die besten Safes der Welt«, sagte Pierce. »Die brauchen doch nicht überholt zu werden.« Er runzelte die Stirn. »Was stimmt denn nicht mit den Dingern?«
Agar zog die Schultern hoch.
»Sie haben die Schlösser verkratzt, Sie Dummkopf«, sagte Pierce. »Ich schwöre Ihnen, wenn jemand Ihre Kratzer gekneistet hat, dann ...«
»Ich hab' die Dinger vorher hübsch eingefettet«, sagte Agar. »Ich weiß doch, daß sie routinemäßig nach Kratzern suchen. Nein, nein, die hatten nicht die winzigste Schramme.«
Agars ruhige Haltung überzeugte Pierce, daß der Mann die Wahrheit sagte. Er seufzte. »Warum bloß?«
»Keine Ahnung«, sagte Agar. »Kennen Sie einen Mann, der sich bei Chubb ein bißchen umsehen könnte?«
»Nein«, erwiderte Pierce. »Und ich möchte auch gar nicht erst versuchen, einen dazu zu überreden. Bei Chubb lassen sie sich nicht übertölpeln.« Das Unternehmen des Safeherstellers suchte seine Mitarbeiter mit ungewöhnlicher Sorgfalt aus. Nur nach gründlichen Nachforschungen wurde jemand ein-

gestellt und nur mit Widerstreben jemand entlassen, und sämtliche Angestellten wurden immer wieder ermahnt, sich davor zu hüten, sich von Unterweltsgestalten bestechen zu lassen.
»Ein kleiner Trick vielleicht?« schlug Agar vor.
Pierce schüttelte den Kopf. »Ich denke nicht daran«, sagte er. »Die sind einfach zu vorsichtig; ich würde es nie schaffen, aus denen was rauszukriegen . . .«
Er starrte nachdenklich ins Leere.
»Was ist?« fragte Agar.
»Also, wenn ich darüber nachdenke«, sagte Pierce, »würden sie eine Dame nicht so leicht verdächtigen.«

30. Kapitel Ein Besuch bei Mr. Chubb

Die Firma Chubb war für ihre Safes so berühmt wie später Rolls-Royce für den Automobilbau und Otis für Aufzüge. Der Chef dieser ehrwürdigen Firma, Mr. Laurence Chubb jr., konnte oder wollte sich später nicht daran erinnern, im Mai 1855 von einer hübschen jungen Dame besucht worden zu sein. Auf einen Angestellten der Firma aber hatte die Schönheit der Dame einen so unauslöschlichen Eindruck gemacht, daß er sie genau beschreiben konnte.
Sie kam in einer eleganten Kutsche an, mit livrierten Dienern hinten auf dem Trittbrett, und betrat selbstbewußt und ohne männliche Begleitung die Firmenräume. Sie war mit äußerster Sorgfalt und Eleganz gekleidet und sprach in befehlsgewohntem Ton; sie verlangte Mr. Chubb zu sprechen, und zwar sofort.
Als Mr. Chubb wenige Augenblicke später erschien, erklärte die Dame, ihr Name sei Lady Charlotte Simms; sie und ihr kränkelnder Mann besäßen ein Landgut in den Midlands, und einige Diebstähle in der Nachbarschaft hätten sie davon überzeugt, daß sie dringend einen Safe brauchten.

»Dann gibt es auf Gottes weiter Welt keine Firma, die Ihnen besser dienen könnte als wir«, sagte Mr. Chubb.
»Das hat man mir schon gesagt«, sagte Lady Charlotte in einem Ton, als wäre sie keineswegs restlos davon überzeugt.
»Madam, wir stellen die besten Safes der Welt her, in allen Größen und für jeden Zweck, und sie übertreffen selbst die besten deutschen Safes aus Hamburg.«
»Ich verstehe.«
»Womit kann ich Ihnen dienen, Madam? Haben Sie eine bestimmte Vorstellung?«
Hier schien Lady Charlotte trotz ihres gebieterischen Auftretens unsicher zu werden. »Ach, wissen Sie, ich suche einen, wie soll ich sagen, irgendwie großen Safe«, sagte sie mit einer vagen Handbewegung.
»Madam«, sagte Mr. Chubb streng, »wir stellen einwandige und doppelwandige Safes her; Stahlsafes und Eisensafes; Safes mit Schlössern und Safes mit Drehriegeln; tragbare Safes und für den Einbau bestimmte; Safes mit einem Fassungsvermögen von sechs Kubikzoll und Safes mit einem Fassungsvermögen von zwölf Kubikellen; Safes mit einem Schloß, Safes mit zwei Schlössern – ja, wir bauen auch drei Schlösser ein, wenn ein Kunde es verlangt.«
Diese Aufzählung schien Lady Charlotte noch mehr aus dem Gleichgewicht zu bringen. Sie machte einen beinahe hilflosen Eindruck – durchaus das normale Verhalten einer Frau, die mit technischen Angelegenheiten konfrontiert wird. »Nun«, sagte sie, »ich, ach, ich weiß nicht so recht . . .«
»Madam, wenn Sie vielleicht unseren Katalog ansehen möchten? Er ist illustriert und gibt genaue Auskunft über unsere verschiedenen Modelle.«
»Das wäre mir lieb.«
»Hier entlang, bitte.« Mr. Chubb führte sie in sein Büro und bat sie, an seinem Schreibtisch Platz zu nehmen. Er zog den Katalog aus einer Schublade und schlug die erste Seite auf.

Die Dame sah kaum hin.
»Die sehen aber ziemlich klein aus.«
»Dies sind nur Abbildungen, Madam. Wie Sie hier sehen können, finden sich neben den Bildern die Angaben über die richtigen Maße. Hier, zum Beispiel . . .«
»Mr. Chubb«, fiel sie ihm in ernstem Ton ins Wort, »ich muß Sie bitten, mir zu helfen. Die Sache ist die, daß mein Mann kürzlich erkrankt ist; sonst hätte er mir diesen Weg nicht zugemutet. Um die Wahrheit zu sagen, verstehe ich nichts von diesen Dingen. Ich hätte auch meinen Bruder bitten können, mir in dieser Angelegenheit zur Seite zu stehen, aber auch er ist verhindert. Er befindet sich in diesem Augenblick auf einer Geschäftsreise im Ausland. Ich komme mir ziemlich hilflos vor, und mit Bildern kann ich gar nichts anfangen. Könnten Sie mir nicht einige Ihrer Safes zeigen?«
»Madam, ich bitte um Vergebung«, sagte Mr. Chubb und eilte um den Schreibtisch herum, um ihr beim Aufstehen behilflich zu sein. »Aber selbstverständlich, natürlich. Einen Ausstellungsraum haben wir aus naheliegenden Gründen nicht, aber wenn Sie mir in die Werkräume folgen wollen – und ich bitte schon jetzt recht herzlich um Entschuldigung, falls Staub, Lärm und das Durcheinander Ihnen zu schaffen machen sollten –, kann ich Ihnen die verschiedenen Safes vorführen, die wir herstellen.«
Er führte Lady Charlotte nach hinten in den großen Werkraum, der ans Büro angrenzte. Hier waren ein Dutzend Männer mit Hämmern, Schweißen und Löten beschäftigt. Der Lärm war so groß, daß Mr. Chubb fast schreien mußte, um sich Lady Charlotte verständlich zu machen, und die arme Lady zuckte bei jedem neuen Hammerschlag zusammen.
»Nun, diese Ausführung hier«, sagte er, »hat ein Fassungsvermögen von einem Kubikfuß; der Safe besteht aus doppelwandigem, sechzehn Zoll starkem gehärtetem Stahl und hat eine Isolierschicht aus getrocknetem Ziegelstaub aus Corn-

wall. Es ist ein exzellenter mittelgroßer Safe, für viele Zwekke geeignet.«
»Er ist zu klein.«
»Sehr wohl, Madam, zu klein.« Er ging an einer Reihe von Safes entlang. »Hier sehen Sie unsere neueste Kreation. Es ist ein einwandiger aus achtzölligem Stahl mit Innenscharnieren und einem Fassungsvermögen von . . .« Er wandte sich an einen Arbeiter: »Wie groß ist das Fassungsvermögen?«
»Der hier? Der hat zweieinhalb«, erwiderte der Arbeiter.
»Zweieinhalb Kubikfuß«, sagte Mr. Chubb.
»Immer noch zu klein.«
»Sehr wohl, Madam. Wenn Sie mir bitte folgen wollen«, und damit führte er sie noch weiter nach hinten. Lady Charlotte ließ in einer Wolke aus Ziegelstaub ein zartes Hüsteln hören.
»Dieses Modell hier . . .«, begann Mr. Chubb.
»Dort«, sagte Lady Charlotte und zeigte auf die andere Seite des Raums. »Das ist die Größe, die wir brauchen.«
»Sie meinen die beiden Safes dort drüben?«
»Ja, die.«
Sie durchquerten den Raum. »Diese Safes«, sagte Mr. Chubb, »sind die schönsten Beispiele dafür, was wir zu leisten vermögen. Sie gehören der Huddleston & Bradford-Bank und werden zum Transport des für die Krim bestimmten Goldes verwandt. Wie Sie verstehen werden, ist Sicherheit da das oberste Gebot. Diese Modelle werden jedoch im allgemeinen an Unternehmen und Behörden verkauft und nicht an Privatpersonen. Ich habe natürlich angenommen . . .«
»Das ist genau der Safe, den ich brauche«, sagte sie und nahm dann mißtrauisch beide in Augenschein. »Sie scheinen mir aber nicht mehr ganz neu zu sein.«
»O nein, Madam, sie sind fast zwei Jahre im Gebrauch.«
Das schien Lady Charlotte sehr zu beunruhigen.
»Zwei Jahre. Warum sind sie dann hier? Haben sie irgendeinen Defekt?«

»Nein, nein, durchaus nicht. Ein Safe von Chubb hat keinen Defekt. Sie sind uns nur geschickt worden, damit wir die Sockelbolzen erneuern. Zwei haben sich leicht verschoben. Wissen Sie, die Safes werden mit der Eisenbahn transportiert, und das Rütteln und Stoßen wirkt auf die Bolzen ein, mit denen sie auf dem Boden des Packwagens verankert sind.« Er zuckte die Achseln. »Aber das braucht Sie nicht zu beunruhigen. Die Safes selbst sind völlig in Ordnung, wir ändern nichts an ihnen. Wir ersetzen nur die Sockelbolzen.«
»Wie ich sehe, haben diese zwei doppelte Schlösser.«
»Ja, Madam, die Bank hat ausdrücklich den Einbau von Doppelschlössern verlangt. Ich glaube, ich erwähnte schon, daß wir auch drei Schlösser einbauen, wenn ein Kunde dies wünscht.«
Lady Charlotte besah sich die Schlösser aus der Nähe. »Drei scheint mir übertrieben. Es muß ja schrecklich langweilig sein, drei Schlüssel umzudrehen, nur um einen Safe zu öffnen. Die Schlösser sind einbruchssicher?«
»Oh, voll und ganz. So sicher sogar, daß in den letzten zwei Jahren kein Verbrecher auch nur den Versuch gemacht hat, diese Schlösser aufzubrechen. Es wäre ohnehin ein hoffnungsloses Unterfangen. Diese Safes bestehen aus doppelwandigem gehärtetem Stahl, acht Zoll stark. Die bricht kein Mensch auf.«
Lady Charlotte blickte einen Moment nachdenklich auf die Safes und nickte schließlich. »Sehr schön«, sagte sie. »Ich nehme also einen wie die da. Bitte lassen Sie ihn gleich in meine Kutsche laden.«
»Verzeihung, Madam?«
»Ich sagte, ich nehme also einen Safe wie die da. Das ist genau das, was ich brauche.«
»Madam«, sagte Mr. Chubb geduldig, »wir bauen diese Safes nur auf Bestellung.«
»Sie meinen, Sie haben keinen zu verkaufen?«
»Keinen, der schon fertig wäre, nein, Madam, bedaure auf-

richtig. Jeder Safe wird gesondert nach den Spezifikationen des Kunden hergestellt.«
Lady Charlotte schien recht irritiert zu sein. »Nun, kann ich denn morgen früh einen haben?«
Mr. Chubb schluckte. »Morgen früh – nun, also, Madam, an sich brauchen wir sechs Wochen, um einen solchen Safe zu bauen. Aber gelegentlich haben wir es wohl auch schon in vier Wochen geschafft.«
»Vier Wochen? Sie meinen einen *Monat*?«
»Ja, Madam.«
»Ich will aber *heute* einen Safe kaufen.«
»Ja, Madam, ich habe Sie durchaus verstanden. Wie ich aber schon zu erklären versuchte, muß jeder Safe gesondert angefertigt werden, und die kürzeste Zeit . . .«
»Mr. Chubb, Sie halten mich vermutlich für eine vollendete Närrin. Aber Sie irren sich, darf ich Ihnen versichern. Ich bin hierhergekommen, einen Safe zu kaufen, und jetzt muß ich entdecken, daß Sie keinen zu verkaufen haben . . .«
»Madam, bitte . . .«
». . . sondern mir erst in einem Monat einen liefern können. In einem Monat sind aber sämtliche Briganten unserer Gegend mit ihrer Beute längst über alle Berge, und dann wird Ihr Safe weder für mich noch für meinen Mann von irgendwelchem Interesse sein. Ich werde mich woanders umsehen müssen. Ich wünsche Ihnen einen guten Tag, Sir, und vielen Dank, daß Sie mir Ihre Zeit geopfert haben.«
Damit verließ Lady Charlotte erhobenen Hauptes die Geschäftsräume der Firma Chubb. Und Mr. Laurence Chubb jr. murmelte leise: »Frauen.«
Auf diese Weise erfuhren Pierce und Agar, daß die Überholung der Safes die Schlösser nicht betraf. Das war das einzige, was sie interessierte, und so trafen sie nun in aller Ruhe ihre letzten Vorbereitungen für den Raub, den sie am 22. Mai 1855 auszuführen gedachten.

Eine Woche später wurden ihre Pläne aber wiederum empfindlich gestört. Am 17. Mai 1855 wurde Pierce ein Brief zugestellt. In anmutiger und kultivierter Handschrift stand hier zu lesen:

Sehr geehrter Herr,
ich wäre Ihnen sehr verbunden, wenn Sie es einrichten könnten, heute nachmittag um vier Uhr zu einem Gespräch über einige Angelegenheiten von beiderseitigem Interesse zum Palace, Sydenham, zu kommen.
Mit vorzüglicher Hochachtung
verbleibe ich William Williams, Esq.

Pierce betrachtete konsterniert den Brief. Er zeigte ihn Agar; aber Agar konnte nicht lesen, Pierce las ihm den Brief vor. Agar starrte auf die Handschrift.
»Dafür hat Sauber-Willy sich einen Fehmer genommen«, sagte er.
»Offensichtlich«, sagte Pierce. »Aber warum?«
»Vielleicht möchte er noch etwas Geld herauskitzeln.«
»Wenn's nur das wäre, wäre ich froh«, sagte Pierce.
»Werden Sie hingehen?«
»Auf jeden Fall. Wollen Sie für mich baldowern?«
Agar nickte.
»Wollen Sie, daß Barlow mitgeht? Ein guter Knüppel kann einem viel Ärger ersparen.«
»Nein«, sagte Pierce. »Das würde sie erst recht auf unsere Fährte hetzen.«
»Also schön«, sagte Agar. »Nur baldowern. Wird im Palace gar nicht leicht sein.«
»Und Willy weiß das bestimmt auch«, versetzte Pierce düster.
Hier scheint ein Wort über den Kristallpalast angebracht, je-

nes magische Bauwerk, das später als Symbol der Viktorianischen Ära angesehen wurde. Dieser gewaltige gläserne Bau mit drei Stockwerken auf einer Grundfläche von neunzehn Acres wurde 1851 im Hyde Park errichtet, um die Große Weltausstellung aufzunehmen. Die Besucher waren beeindruckt, und selbst auf Bildern macht der Crystal Palace auch heute noch auf den modernen Betrachter einen überwältigenden Eindruck. Das Glitzern von mehr als einer Million Quadratfuß Glas in der Nachmittagssonne muß für jeden ein Erlebnis gewesen sein. Es überrascht nicht, daß der Palast schon bald zum Sinnbild der zukunftsorientierten, technologischen Ästhetik der neuen viktorianischen Industriegesellschaft wurde.

Dieser fabelhafte Bau verdankte seine Entstehung jedoch einem Zufall. Mit der Ausarbeitung der Pläne für die Weltausstellung wurde 1850 begonnen. Prinz Albert nahm sich der Vorbereitungen persönlich an. Schon bald kam es zu Kontroversen über die geplante Ausstellungshalle sowie über deren Standort.

Das Bauwerk mußte aus naheliegenden Gründen groß sein. Aber was für ein Bau sollte es werden, und wohin damit? Für einen 1850 ausgeschriebenen Wettbewerb wurden mehr als zweihundert Entwürfe eingereicht, von denen aber keiner den ersten Preis erhielt. Daraufhin fertigte das Ausstellungskomitee einen eigenen Entwurf an; geplant war eine scheußliche Monstrosität aus Ziegelsteinen; das Bauwerk sollte viermal so lang werden wie Westminster Abbey und von einer Kugel gekrönt sein, die größer werden sollte als die des Petersdoms. Als Standort wurde der Hyde Park bestimmt.

Die Öffentlichkeit widersetzte sich diesen Plänen. Das Abholzen von Parkbäumen, die Nachteile für die Reiter im Hyde Park, die Zerstörung einer Parklandschaft und so weiter schreckten die Bürger Londons. Das Parlament zögerte, den Hyde Park als Bauplatz freizugeben.

Unterdessen hatte das Ausstellungskomitee ausgerechnet, daß seine Pläne neunzehn Millionen Klinkersteine erforderten. Im Sommer 1850 stellte sich heraus, daß die Zeit nicht mehr ausreichen würde, diese Ziegelsteine herzustellen und die große Halle noch rechtzeitig zur Eröffnung zu vollenden. Es verbreitete sich sogar das Gerücht, die Ausstellung müsse abgesagt oder zumindest verschoben werden.
Bei dieser Lage der Dinge meldete sich der Gärtner des Herzogs von Devonshire, Joseph Paxton, mit der Idee, als Ausstellungsgebäude ein großes Gewächshaus zu errichten. Sein erster Entwurf, den er dem Komitee auf einem Blatt Löschpapier skizzierte, wurde wegen seiner verschiedenen Vorzüge schließlich angenommen. Erstens würden die Bäume des Hyde Park verschont bleiben; zweitens ließe sich das wichtigste Baumaterial, Glas, in kurzer Zeit herstellen; und drittens konnte man die Halle nach der Ausstellung auseinandernehmen und an anderer Stelle wieder aufbauen. Das Komitee gab einem Bauunternehmer den Zuschlag, der den riesigen Bau für 798 000 Pfund errichten wollte. Nach nur sieben Monaten Bauzeit war die Halle fertig und bald weltweit berühmt.
So kam es zur Rettung der Ehre einer Nation und eines Empire durch einen Gärtner; und so kam es, daß ein Gärtner schließlich in den Ritterstand erhoben wurde.
Der Kristallpalast stellte seine Erbauer nur vor ein unvorhergesehenes Problem. Der Bau beherbergte Bäume, und die Bäume beherbergten Spatzen, und Spatzen sind nicht stubenrein. Das war wirklich ein ernstes Problem, denn man konnte bei all dem Glas ja nicht auf die Spatzen schießen, und sie weigerten sich, in die aufgestellten Vogelfallen zu gehen. Schließlich wurde sogar die Königin um Rat gefragt, und sie sagte: »Holen Sie den Herzog von Wellington.« Der Herzog wurde ins Bild gesetzt. »Versuchen Sie es doch mal mit Sperbern, Madam«, schlug er vor und trug wieder einmal den Sieg davon.

In der weiträumigen Halle wurden ständige Ausstellungen abgehalten; die eindrucksvollsten Ausstellungsstücke waren originalgetreue Nachbildungen der riesigen Standbilder Ramses' II. bei Abu Simbel. Pierce würdigte diese Attraktion aber keines Blicks und schenkte auch dem Seerosenteich und den anderen Gewässern keine Beachtung.
Eine Blaskapelle spielte gerade auf. Pierce sah Sauber-Willy in einer der Sitzreihen zur Linken. Er sah auch Agar, der sich als Armeeoffizier im Ruhestand kostümiert hatte und in einer Ecke vor sich hinzuschnarchen schien. Die Kapelle spielte ziemlich laut.
Pierce glitt auf den Sitz neben Willy.
»Was ist los?« fragte Pierce mit leiser Stimme. Er betrachtete die Kapelle und dachte beiläufig, wie abscheulich diese Musik doch sei.
»Ich brauch' 'ne kleine Aufbesserung«, sagte Willy.
»Sie sind bezahlt worden.«
»Ich brauch' aber mehr«, sagte Willy.
Pierce warf ihm einen Blick zu. Willy schwitzte und war offensichtlich nervös, sah sich aber nicht aufgeregt um, wie nervöse Menschen das normalerweise tun.
»Wollen Sie mich reinlegen, Willy?«
»Nein.«
»Hat man Sie umgedreht, Willy?«
»Nein, ich schwöre, nein.«
»Willy«, sagte Pierce, »wenn Sie mich verpfiffen haben, können Sie sich die Lilien von unten besehen.«
»Ich schwöre«, sagte Willy. »Ich bin koscher—brauch' nur ein oder zwei Scheine, und damit hat es sich.«
In einem Anfall patriotischen Mitgefühls für die Verbündeten Englands intonierte die Kapelle jetzt die *Marseillaise.* Ein paar Zuhörer besaßen die Taktlosigkeit, die französische Nationalhymne auszubuhen.
Pierce sagte: »Sie schwitzen, Willy.«

»Bitte, Sir, ein Scheinchen oder zwei, und dann ist die Sache für immer erledigt.«
Pierce langte in seine Brieftasche und zog zwei Fünf-Pfund-Noten heraus. »Versuchen Sie nicht, mich reinzulegen«, sagte er, »sonst würde ich tun, was getan werden muß.«
»Vielen Dank, Sir, ich danke Ihnen«, sagte Willy und steckte das Geld schnell ein. »Vielen Dank, Sir.«
Pierce ging. Als er den Palast verließ und in den Park hinaustrat, wandte er sich mit raschen Schritten der Harleigh Road zu. Dort hielt er kurz inne, um seinen Zylinder zurechtzurücken. Barlow, dessen Kutsche am Ende der Straße hielt, hatte das vereinbarte Signal gesehen.
Dann schlenderte Pierce die Harleigh Road hinunter, allem Anschein nach sehr gelassen, wie ein Herr, der etwas Luft schnappen möchte. Seine Gedanken, welcher Art auch immer, wurden durch das Jaulen einer Zugpfeife und das Fauchen einer in der Nähe vorüberfahrenden Lokomotive unterbrochen. Pierce blickte über die Bäume und Hausdächer hinweg und sah schwarzen Rauch zum Himmel aufsteigen. Unwillkürlich blickte er auf die Uhr: Es war der Nachmittagszug der South Eastern Railway auf dem Rückweg von Folkestone, der auf den London-Bridge-Bahnhof zudampfte.

32. Kapitel Eine unerwartete Begegnung

Mr. Pierce winkte am Ende der Harleigh Road in der Nähe der St. Martin's Church eine Droschke heran und fuhr in die Regent Street. Dort stieg er aus. Er schlenderte die Regent Street entlang. Er blickte nicht ein einziges Mal über seine Schulter zurück, blieb aber oft stehen, um sich die Schaufenster anzusehen und das, was sich in ihnen spiegelte.
Was er sah, gefiel ihm überhaupt nicht, aber das, was dann geschah, traf ihn völlig unvorbereitet. Eine wohlbekannte Stimme rief: »Edward, mein lieber Edward!«

Pierce stöhnte innerlich auf und drehte sich um. Vor ihm stand Elizabeth Trent. Sie machte einen Einkaufsbummel. Ein livrierter Botenjunge begleitete sie und trug hübsch eingewickelte Pakete. Elizabeth Trent errötete tief. »Ich ... ich muß schon sagen, wirklich, das ist eine riesengroße Überraschung.«

»Ich freue mich unendlich, Sie wiederzusehen«, sagte Pierce. Er verneigte sich und küßte ihr die Hand.

»Ich ... ja, ich ...« Sie entzog ihm die Hand, rieb sie an der anderen. »Edward«, sagte sie und holte tief Luft. »Edward, ich habe so gar nichts mehr von Ihnen gehört.«

»Ich muß sehr um Entschuldigung bitten«, sagte Pierce aalglatt. »Ich mußte sehr plötzlich in einer geschäftlichen Angelegenheit verreisen, ins Ausland, und ich fürchtete fast, daß mein Brief aus Paris nicht genügt hat, Ihre verletzten Gefühle zu besänftigen.«

»Paris?« sagte sie und hob die Augenbrauen.

»Ja. Haben Sie meinen Brief aus Paris denn nicht erhalten?«

»Nun, nein.«

»Verdammt!« sagte Pierce und entschuldigte sich sogleich für den Ausdruck. »Typisch für die Franzosen«, sagte er; »sie sind absolut unfähig. Wenn ich das nur geahnt hätte, aber ich bin gar nicht auf den Gedanken gekommen ... Und als Sie mir dann keine Antwort nach Paris schickten, nahm ich an, Sie seien mir böse ...«

»Ich? Böse? Edward, ich versichere Ihnen«, begann sie und brach ab. »Aber wann sind Sie denn zurückgekehrt?«

»Vor drei Tagen erst«, erwiderte Pierce.

»Wie seltsam«, sagte Elizabeth Trent und sah ihn mit einem unweiblich schlauen Blick an, »vor vierzehn Tagen war Mr. Fowler zum Dinner bei uns und sagte, er habe Sie vor kurzem gesehen.«

»Ich möchte einem Geschäftspartner Ihres Herrn Vaters nicht widersprechen, aber Henry hat die bedauerliche Angewohnheit, alle Daten durcheinanderzubringen. Ich habe ihn seit fast drei Monaten nicht mehr zu Gesicht bekommen.« Rasch fügte Pierce hinzu: »Und wie geht es Ihrem Vater?«

»Meinem Vater? Oh, dem geht's gut, danke.« Sie blickte plötzlich gekränkt und verwirrt drein. »Edward, ich muß ... Mein Vater hat sich, um die Wahrheit zu sagen, wenig schmeichelhaft über Ihren Charakter geäußert.«

»Ach, wirklich?«

»Ja. Er hat Sie einen Schuft genannt.« Und sie seufzte. »Und Schlimmeres.«

»Das verstehe ich angesichts der leidigen Umstände durchaus, aber ...«

»Aber jetzt«, sagte Elizabeth Trent mit plötzlicher Entschlossenheit, »wo Sie wieder in England sind, sehen wir uns bestimmt wieder öfter bei uns zu Hause.«

Jetzt war es an Pierce, vernichtet auszusehen. »Meine liebe Elizabeth«, stammelte er. »Ich weiß nicht, wie ich es Ihnen sagen soll ...« Damit brach er ab und schüttelte den Kopf. Seine Augen schienen sich mit Tränen zu füllen. »Als ich in Paris nichts von Ihnen hörte, mußte ich natürlich davon ausgehen, daß Sie nichts mehr von mir wissen wollen, und ... Nun, die Zeit verging ...« Er schien sich einen Ruck zu geben. »Ich bedaure sehr, Ihnen sagen zu müssen, daß ich versprochen bin.«

Elizabeth Trent starrte ihn mit offenem Mund an.

»Ja«, sagte Pierce. »Es ist wahr. Ich habe mein Wort gegeben.«

»Aber wem denn?«

»Einer französischen Dame.«

»Einer *französischen* Dame?«

»Ja, es ist die Wahrheit, die reine Wahrheit. Ich war verzweifelt und unglücklich, müssen Sie wissen.«

»Ich weiß schon, Sir«, fauchte sie, machte auf dem Absatz kehrt und entschwand.

Pierce blieb auf dem Bürgersteig stehen und gab sich Mühe, so geknickt wie möglich auszusehen, bis sie in ihre Kutsche gestiegen und davongerollt war. Dann schlenderte er weiter die Regent Street hinauf.

Einem Beobachter der Szene wäre aufgefallen, daß in Pierces Haltung nichts mehr auf Zerknirschung hindeutete, als er das Ende der Regent Street erreichte. Er nahm eine Droschke zur Windmill Street, wo er ein als Dirnenhauptquartier bekanntes Etablissement betrat, das allerdings in dem Ruf stand, zu den besseren Häusern dieser Art zu gehören.

In der mit Samt üppig dekorierten Eingangshalle empfing ihn Miss Miriam mit den Worten: »Er ist oben. Dritte Tür rechts.«

Pierce ging hinauf und betrat ein Zimmer, in dem er Agar vorfand, der in einem Sessel lümmelte und Pfefferminz kaute. »Recht spät«, sagte Agar. »Ärger gehabt?«

»Ich habe eine Bekannte getroffen.«

Agar nickte.

»Was haben Sie gesehen?« fragte Pierce.

»Ich habe zwei gekneißt«, sagte Agar. »Beide sind Ihnen hübsch auf den Fersen geblieben. Einer war ein verkleideter Greifer, der andere hatte sich als Stutzer aufgetakelt. Sind Ihnen die ganze Harleigh runter gefolgt und haben auch 'ne Droschke genommen wie Sie.«

Pierce nickte. »Die beiden habe ich in der Regent Street gesehen.«

»Lungern jetzt bestimmt unten rum«, sagte Agar. »Wie geht's Willy?«

»Willy scheint die Fronten gewechselt zu haben«, sagte Pierce.

»Hat bestimmt geredet.«

Pierce zuckte die Achseln.

»Und was soll jetzt mit Willy geschehen?«

»Er kriegt das, was jeder, der lampt, verdient.«

»Umpusten«, sagte Agar.

»Ich weiß nicht«, sagte Pierce, »aber jedenfalls wird er keine Gelegenheit mehr haben, zu schwatzen.«
»Und was ist mit den Greifern?«
»Im Augenblick nichts«, erwiderte Pierce. »Ich muß ein bißchen nachdenken.« Damit lehnte er sich zurück, steckte sich eine Zigarre an und paffte schweigend vor sich hin.
Es waren nur noch fünf Tage bis zu dem geplanten Raub, und die Polizei war hinter ihm her. Falls Willy gesungen hatte, dann wußte die Polizei jetzt, daß Pierces Bande in den London-Bridge-Bahnhof eingebrochen war.
»Ich muß mir was Neues ausdenken«, sagte er und starrte an die Decke. »Wir müssen der Polente einen Knochen hinwerfen, damit sie was zu beißen hat.« Er sah dem aufsteigenden Zigarrenrauch nach und runzelte die Stirn.

33. Kapitel Scotland Yard kriegt Wind

Alle Institutionen einer Gesellschaft stehen miteinander in Wechselbeziehungen, selbst dann, wenn sie einander völlig entgegengesetzte Ziele zu verfolgen scheinen. Gladstone notierte einmal: ›Dieses von Zufällen bestimmte, verwirrende Leben bringt es mit sich, daß Personen, Organisationen, ja sogar Staaten einander bekämpfen und verdammen, die durch enge Bande, von denen sie nichts ahnen, miteinander verknüpft sind.‹
Das vielleicht berühmteste Beispiel für diese These – und die Zeitgenossen waren sich dessen wohl bewußt – war die bittere Rivalität zwischen Temperenzgesellschaften und den Pubs. Beider Bestrebungen liefen schließlich auf das gleiche hinaus, und beide Institutionen bedienten sich schließlich der Lockmittel des Rivalen: Die Pubs legten sich Orgeln zu, in ihnen wurde gesungen, sie hielten alkoholfreie Getränke feil, während auf den Temperenzlertreffen Unterhaltungskünstler auftraten und eine neue, bis dahin ungewohnte Freizügigkeit

um sich griff. Als die Temperenzler dann sogar Pubs aufzukaufen begannen, um sie ›trockenzulegen‹, war die Verwischung der Grenzen zwischen diesen beiden verfeindeten Kräften ganz augenfällig.
Die Zeitgenossen beobachteten aber auch eine weitere Rivalität, die aus einer neuen gesellschaftlichen Einrichtung entstand – aus der organisierten Polizei. Fast von Anfang an begann diese neue soziale Kraft mit ihrem geschworenen Feind, der Verbrecherklasse, Beziehungen anzuknüpfen. Über diese Beziehungen wurde im 19. Jahrhundert ausgiebig debattiert; selbst heute ist das Thema noch nicht ausdiskutiert. Die Ähnlichkeit der von Polizei wie Verbrecherwelt angewandten Methoden sowie die Tatsache, daß viele Polizeibeamte ehemalige Kriminelle waren – und umgekehrt –, konnten der Aufmerksamkeit kluger Köpfe nicht entgehen. Sir James Wheatstone notierte scharfsinnig, es gebe bei einer Institution, die dem Gesetz zum Sieg verhelfen solle, ein logisches Problem, ›denn wenn es der Polizei tatsächlich gelingen sollte, die Kriminalität zu eliminieren, wird sie damit zugleich sich selbst eliminieren, denn in diesem Augenblick ist sie überflüssig geworden. Und keine organisierte Macht wird sich freiwillig selbst eliminieren‹. Die von Sir Robert Peel 1829 in London gegründete Metropolitan Police hatte ihr Hauptquartier in einem unter dem Namen Scotland Yard bekannten Viertel. Scotland Yard war ursprünglich ein rein geographischer Begriff gewesen, ein Teil von Whitehall, in dem zahlreiche Regierungsgebäude lagen. Diese Gebäude schlossen auch den Amtssitz des Generalbauinspektors der Krone ein. Hier residierten die berühmten Baumeister Inigo Jones und später Sir Christopher Wren. John Milton lebte zu der Zeit, in der er für Oliver Cromwell arbeitete, von 1649 bis 1651, ebenfalls in Scotland Yard, und dieser Umstand mag dazu geführt haben, daß die Polizisten in London zweihundert Jahre später auch als ›Miltonians‹ bezeichnet wurden.

Als Sir Robert Peel den Sitz der neugegründeten Metropolitan Police nach Whitehall verlegte, lautete die korrekte Anschrift Whitehall Place 4. Die dortige Polizeiwache war aber auch durch einen Eingang vom eigentlichen Scotland Yard aus zu erreichen. Die Presse nannte die Polizei immer ›Scotland Yard‹, bis dieser Begriff sich allmählich einbürgerte und schließlich zu einem Synonym für die Polizei überhaupt wurde.
In den frühen Jahren wuchs Scotland Yard sehr rasch; 1829 gab es insgesamt 1000 Polizeibeamte, ein Jahrzehnt später waren es bereits 3350, und 1850 waren es mehr als 6000. Bis 1870 stieg die Zahl auf 10 000 an. Scotland Yard hatte ungeheure Aufgaben zu bewältigen: In einem Gebiet von annähernd siebenhundert Quadratmeilen mit mehr als zweieinhalb Millionen Bewohnern sollten Verbrechen aller Art bekämpft werden.
Scotland Yard äußerte sich von Anfang an sehr zurückhaltend und verschlossen darüber, wie es seiner Aufgabe nachging; in offiziellen Verlautbarungen war immer nur von irgendeinem glücklichen Zufall die Rede – einem anonymen Informanten, einer eifersüchtigen Geliebten, einer zufälligen Festnahme. Diese Politik wurde so konsequent betrieben, daß es der Öffentlichkeit schwerfiel, ihr Glauben zu schenken. In Wahrheit aber bediente sich Scotland Yard einer Heerschar von Informanten und Beamten in Zivil. Diese Agenten wurden zum Gegenstand einer hitzigen Auseinandersetzung. Die Gründe dafür sind uns heute vertraut: Man befürchtete in der Öffentlichkeit, ein Agent der Polizei könne leicht ein Verbrechen provozieren und dann die Teilnehmer auf der Stelle verhaften. Die Tätigkeit sogenannter *agents provocateurs* war ein heißes politisches Thema jener Tage, und Scotland Yard hatte alle Mühe, sich von Anschuldigungen freizuhalten.
Im Jahre 1855 wurde Scotland Yard von Richard Mayne geleitet, einem ›vernünftigen Juristen‹, der an dem gestiegenen

Ansehen der Metropolitan Police einen nicht unerheblichen Anteil hatte. Ihm direkt unterstellt war Mr. Edward Harranby, und diesem oblag es, die delikate Zusammenarbeit mit Informanten und Spitzeln zu überwachen. Mr. Harranby hielt keine festen Dienstzeiten ein; Kontakten mit der Presse ging er aus dem Weg. In seinem Büro gaben sich die seltsamsten Figuren die Türklinke in die Hand, oft noch nachts.
Am späten Nachmittag des 17. Mai hatte Harranby eine Unterredung mit seinem Gehilfen, Mr. Jonathan Sharp. In seinen 1879 veröffentlichten Lebenserinnerungen, *Ein Leben für die Polizei,* hat er diese Unterredung rekonstruiert. Sie wird hier mit einigen Vorbehalten wiedergegeben, denn in diesem Band versucht Harranby auch zu erklären, warum es ihm nicht gelungen sei, Pierces Pläne rechtzeitig zu vereiteln.

Sharp sagte zu Harranby: »Dieser Schlangenjunge hat geplaudert, und daraufhin haben wir unseren Mann ein bißchen unter die Lupe genommen.«
»Was für ein Bursche ist es?« fragte Harranby.
»Äußerlich ein Herr. Vermutlich ist er aber ein Schränker oder Taschendieb von der besseren Sorte. Sauber-Willy sagt, er komme aus Manchester, lebe aber hier in London. Habe ein schönes Haus.«
»Weiß Sauber-Willy, wo?«
»Er sagt, er sei einmal dagewesen, kann sich aber nicht an die genaue Lage erinnern. Irgendwo in Mayfair.«
»Wir können in Mayfair nicht von Tür zu Tür gehen und anklopfen«, sagte Harranby. »Können wir seinem Erinnerungsvermögen vielleicht ein bißchen auf die Sprünge helfen?«
Sharp seufzte. »Möglich.«
»Bringen Sie ihn herein. Ich werde mich mit ihm unterhalten. Wissen wir, was die Burschen vorhaben?«
Sharp schüttelte den Kopf. »Willy sagt, er hat keine Ahnung. Er will wohl noch ein paar Karten im Ärmel behalten. Hat

Angst, sie könnten ihm was antun. Er sagt, dieser Bursche plant einen Raub.«
Harranby wurde gereizt. »Damit kann ich wenig anfangen. Was, genau, hat der Mann vor? Das ist die Frage, und sie verlangt nach einer befriedigenden Antwort. Wer ist dem Herrn jetzt auf den Fersen?«
»Cramer und Benton, Sir.«
»Gute Leute. Sie sollen ihn nicht aus den Augen lassen. So, und jetzt her mit dem kleinen Willy, und zwar schnell.«
»Ich werde es selbst veranlassen, Sir«, sagte der Gehilfe.

Harranby schrieb später in seinen Memoiren: ›Im Leben eines jeden an verantwortlicher Stelle tätigen Mannes gibt es Augenblicke, in denen die für den deduktiven Prozeß notwendigen Elemente zum Greifen nah scheinen, sich dann aber doch dem gedanklichen Zugriff entziehen. Dies sind die Augenblicke der tiefsten Frustration, und das gilt auch für den Eisenbahnraub von 1855.‹

34. Kapitel Sauber-Willy tritt ab

Sauber-Willy stand im ›Hundszahn‹ an der Theke und trank. Er war sehr nervös. Er verließ das Lokal gegen sechs und begab sich ohne Umwege zum Heiligen Land. Er schlängelte sich durch die nach des Tages Arbeit heimwärts strebende Menge und verschwand dann in einer Nebengasse; er übersprang einen Zaun, schlüpfte durch ein Kellerfenster in ein Haus, lief durch den Keller, kroch durch einen engen Gang in ein angrenzendes Gebäude, ging die Treppe hinauf, trat auf eine Gasse hinaus, ging einen halben Häuserblock weiter und verschwand in einem anderen Haus, einer übelriechenden Absteige.
Hier ging er die Treppe ins Obergeschoß hinauf, kletterte aufs Dach, sprang auf ein angrenzendes Dach, hangelte sich

am Abflußrohr bis zum zweiten Stock einer Herberge hoch, schlüpfte durch ein Fenster und ging dann die Treppen bis zum Keller hinunter.
Von dort kroch er durch einen Tunnel, der ihn auf die andere Seite der Straße brachte. Er öffnete eine Luke und stand wieder im Freien, auf einem engen Hinterhof mit ehemaligen Stallungen. Durch einen Seiteneingang betrat er das ›Goldene Schwert‹, das er nach vorsichtigen Blicken in alle Richtungen durch den Vordereingang verließ.
Er ging bis zum Ende der Straße und betrat dann den Eingang zu einer anderen Herberge. Sofort wußte er, daß hier etwas nicht stimmte; sonst war das Treppenhaus voll lärmender und tobender Kinder, aber jetzt war alles menschenleer und still. Er hielt in der Tür inne und wollte sich gerade umdrehen und fliehen, als ein Strick durch die Luft schwirrte und ihm um den Hals fiel. Ein heftiger Ruck, und er fühlte sich in eine dunkle Ecke gezerrt.
Sauber-Willy sah Barlow, sah die weiße Narbe auf der Stirn, während dieser die Schlinge zuzog. Willy hustete, keuchte und kämpfte, um freizukommen, aber Barlow war so bärenstark, daß er den kleinen Schlangenjungen mühelos in die Luft hob. Willy strampelte verzweifelt und zerrte mit den Händen am Strick. Dieser Kampf währte fast eine Minute. Dann war Sauber-Willy blau im Gesicht, die Zunge hing ihm aus dem Mund, und die Augen quollen ihm aus dem Kopf. Er sackte in sich zusammen.
Barlow ließ ihn zu Boden gleiten, löste den Strick von Willys Hals, zog ihm die beiden Fünf-Pfund-Noten aus der Tasche und trat geräuschlos auf die Straße. Sauber-Willys Leichnam lag in einer Ecke. Viele Minuten vergingen, bis das erste der Kinder sich hervorwagte und sich vorsichtig der Leiche näherte. Dann waren auch die anderen Kinder da. Sie stahlen dem toten Willy die Schuhe und alles, was er am Leib hatte, und stoben dann in alle Richtungen auseinander.

In einem Zimmer im zweiten Stock des Dirnenquartiers saß Pierce mit Agar zusammen. Pierce drückte seine Zigarre aus und richtete sich im Sessel auf. »Wir haben großes Glück«, sagte er.

»Glück? Glück, daß uns die Greifer fünf Tage vor dem Fischzug auf den Fersen sind?«

»Ja, wir haben Glück«, sagte Pierce. »Was ist, wenn Willy gesungen hat? Er wird ihnen gesagt haben, daß wir in den London-Bridge-Bahnhof eingestiegen sind.«

»Ich glaube kaum, daß er ihnen soviel verraten hat. Er wird nur Andeutungen gemacht haben, um noch mehr für sich herauszuholen.« Es war üblich, daß Informanten der Polizei ihre Informationen schrittweise preisgaben, um für jeden Hinweis neu zu kassieren.

»Schon möglich«, sagte Pierce, »aber wir müssen einkalkulieren, daß er's getan hat. Nun, darin liegt unser Glück.«

»Und wieso, wenn ich fragen darf?«

»Weil London Bridge der einzige Bahnhof in London ist, der von zwei Bahngesellschaften benutzt wird. Von der South Eastern und der London & Greenwich.«

»Ja, das stimmt«, sagte Agar mit verständnislosem Blick.

»Wir müssen sie auf eine falsche Fährte lenken«, sagte Pierce.

»Sie wollen die Greifer verladen?«

»Wir müssen ihnen etwas zuspielen, was sie beschäftigt hält«, sagte Pierce. »In fünf Tagen wollen wir im Zug Muri machen, und ich möchte nicht, daß die Herren uns dabei zusehen.«

»Wohin wollen Sie die denn verladen?«

»Ich habe an Greenwich gedacht«, sagte Pierce. »Es wäre hübsch, sie in Greenwich zu wissen.«

»Dann brauchen Sie also einen, der ihnen den Knochen hinwirft.«

»Ja«, sagte Pierce.
Agar überlegte einen Augenblick. »Ich kenne da eine Dille, Lucinda, in Seven Dials. Man sagt, sie kennt ein paar Verdeckte. Treibt's immer mit ihnen, wenn sie sie geschnappt haben. Was oft vorkommt, da sie's gerne mit ihr treiben.«
»Nein«, sagte Pierce. »Einer Frau würden sie nicht glauben; sie würden den Braten riechen.«
»Nun, da wäre noch Black Dick, der Pferdefreund. Kennen Sie ihn? Ein Jude. Man sieht ihn abends gelegentlich in der ›Königskrone‹.«
»Ich kenne ihn.« Pierce nickte. »Black Dick ist ein Säufer, mag seinen Gin zu gern. Ich brauche einen guten Mann, einen, der zur Familie gehört.«
»Einen von der Familie? Dann ist Asthma-Bill der Richtige für Sie.«
»Asthma-Bill? Der alte Ire?«
Agar nickte. »Ja, er ist ein alter Kunde. Er hat in Newgate gesessen, aber nicht die ganze Zeit abgerissen.«
»Oh, tatsächlich?« Pierce horchte plötzlich auf. Eine vorzeitige Entlassung bedeutete oft, daß der Häftling sich mit der Polizei arrangiert und eingewilligt hatte, Spitzeldienste zu leisten.
»Ist er sehr früh entlassen worden?«
»Kann man wohl sagen«, erwiderte Agar. »Hat seine Lizenz auch reichlich schnell gekriegt. Sehr merkwürdig, denn er ist schließlich ein Ire.« Pfandleiher erhielten ihre Lizenz von der Polizei, die Iren gegenüber die gleichen Vorurteile hatte wie die meisten Engländer.
»So, ist also Pfandleiher geworden?« fragte Pierce.
»Ja ...«, erwiderte Agar. »Er soll aber gelegentlich auch mit Krachern handeln. Und singen soll er auch.«
Pierce dachte gehörig darüber nach und nickte schließlich. »Wo ist Bill jetzt?«
»Er hat seinen Laden in Battersea, im Ridgeby Way.«

»Ich gehe gleich zu ihm«, sagte Pierce und stand auf. »Will lieber gleich die Schleppe auslegen.«
»Machen Sie es ihnen nur nicht zu leicht«, warnte Agar.
Pierce lächelte. »Sie werden sich mächtig anstrengen müssen.« Er ging zur Tür.
»Moment noch«, sagte Agar, dem plötzlich ein Gedanke gekommen war. »Mir fällt da etwas ein: Was für ein Ding kann man denn um Himmels willen ausgerechnet in Greenwich drehen?«
»Das«, erwiderte Pierce, »ist genau die Frage, mit der die Greifer sich beschäftigen sollen.«
»Aber *gibt* es dort was zu holen?«
»Natürlich.«
»Was Lohnendes?«
»Natürlich.«
»Aber was denn bloß?«
Pierce schüttelte den Kopf. Er grinste über Agars verblüfften Gesichtsausdruck und verließ das Zimmer.
Als Pierce auf die Straße trat, war schon die Dämmerung angebrochen. Er sah die beiden Polizisten sofort, die sich an verschiedenen Ecken postiert hatten. Pierce tat, als sähe er sich nervös um, und ging dann zum Ende des Häuserblocks, wo er eine Droschke anhielt.
Er fuhr einige Häuserblocks weiter und sprang dann an einer belebten Stelle der Regent Street hinaus, überquerte die Straße, nahm eine andere Droschke und fuhr zurück in die Richtung, aus der er gekommen war. Im Ernstfall hätte Pierce ein so fadenscheiniges Manöver gar nicht erst versucht. Es war ein alter Trick, der nur selten funktionierte, und als er einen Blick durch das kleine Rückfenster der Droschke warf, sah er, daß er seine Verfolger nicht abgeschüttelt hatte.
Er ließ sich zum ›Wappen‹ fahren, einem berüchtigten Pub. Er betrat das Lokal, verließ es durch einen von der Straße aus einsehbaren Seiteneingang und ging zur New Oxford Street

hinüber, wo er sich wieder eine Droschke nahm. Inzwischen hatte er einen der Verfolger verloren, aber der zweite blieb ihm auf den Fersen. Jetzt ließ Pierce sich ohne weitere Umwege über die Themse nach Battersea fahren, direkt zu Asthma-Bill.

Aus heutiger Sicht wollen die respektable und elegante Erscheinung eines Edward Pierce und eine schäbige Pfandleihe in Battersea nicht so recht zusammen passen. Damals dachte man anders, denn ein Pfandleiher diente nicht allein den niedrigen Ständen. Wem immer er zu Diensten war: Er operierte als Bank für Unvorhergesehenes und arbeitete schneller und billiger als die herkömmlichen Kreditinstitute. Es kam vor, daß jemand sich einen teuren Gegenstand kaufte, einen Pelz etwa, und ihn dann für eine Woche versetzte, um die Miete zu bezahlen; dann löste er ihn wenige Tage später ein, um ihn am Sonntag tragen zu können. Am Montag wurde er dann wieder für einen geringeren Betrag verpfändet, und so weiter.

Diese Institution diente also einem guten Zweck, und um die Jahrhundertmitte verdoppelte sich die Zahl der Leihhäuser innerhalb weniger Jahre. Angehörige des Mittelstandes wurden weniger durch die günstigen Bedingungen für die Darlehen als durch ihre Anonymität angezogen. So mancher respektable Haushalt wollte es nicht bekannt werden lassen, daß ein Teil des Tafelsilbers vorübergehend in Bargeld umgemünzt worden war. Man darf nicht vergessen, daß damals viele Menschen finanzielle Prosperität und vernünftiges Haushalten mit moralischem Verhalten gleichsetzten. Und daher galt es als anrüchig, ein Darlehen aufzunehmen.

Die Leihhäuser selbst waren keineswegs jene zwielichtigen Einrichtungen, für die man sie hielt. Verbrecher, die gestohlenes Gut loswerden wollten, wandten sich vornehmlich an Hehler, die nicht von der Polizei lizenziert waren und bei denen man eine ständige Überwachung nicht befürchten mußte.

Pierce trat folglich mit völligem Gleichmut durch die Tür unter den drei Kugeln.
Asthma-Bill, ein rotgesichtiger Ire, der ständig kurz vor einem Schlaganfall zu stehen schien, saß in einer hinteren Ecke des Raums. Er sprang schnell auf, als er an Pierces Kleidung und Auftreten erkannte, daß er es mit einem Herrn zu tun hatte.
»'n Abend, Sir«, sagte Bill.
»Guten Abend«, sagte Pierce.
»Womit kann ich Ihnen dienen, Sir?«
Pierce sah sich im Laden um. »Sind wir allein?«
»Das sind wir, so wahr ich Bill heiße, Sir.« Asthma-Bill hatte plötzlich einen wachsamen Ausdruck in den Augen.
»Ich wünsche einen bestimmten Kauf zu tätigen«, sagte Pierce. Er bediente sich des breiten Akzents der Liverpooler Hafengegend.
»Einen bestimmten Kauf ...«
»Einige Dinge, die Sie vielleicht vorrätig haben«, sagte Pierce.
»Sie sehen mein Geschäft, Sir«, sagte Asthma-Bill mit einer ausholenden Geste. »Sie haben alles vor sich.«
»Das ist alles?«
»Ja, Sir, alles, was Sie hier sehen können.«
Pierce zuckte die Achseln. »Ich muß eine falsche Auskunft erhalten haben. Guten Abend.« Damit ging er zur Tür. Er hatte sie fast erreicht, als Asthma-Bill hustete. »Was hat man Ihnen denn gesagt, Sir?«
Pierce drehte sich um. »Ich brauche bestimmte seltene Gegenstände.«
»Seltene Gegenstände«, wiederholte Asthma-Bill. »Was denn für seltene Gegenstände, Sir?«
»Gegenstände aus Metall«, sagte Pierce und sah dem Pfandleiher voll in die Augen. Pierce fand dieses Drumherumreden abscheulich, aber es war notwendig, um Bill von der Aufrichtigkeit seiner Absichten zu überzeugen.

»Metall, sagen Sie?«
Pierce machte eine wegwerfende Handbewegung. »Ich brauche etwas zu meinem Schutz, wissen Sie.«
»Schutz?«
»Ich habe Wertsachen, Besitz, kostbare Gegenstände ... Und darum muß ich mich schützen. Verstehen Sie, was ich sagen will?«
»Durchaus, durchaus«, sagte Bill. »Es ist möglich, daß ich habe, was Sie suchen.«
»Wissen Sie«, sagte Pierce, der sich noch einmal nach allen Seiten umsah, wie um sich zu überzeugen, daß er tatsächlich mit dem Pfandleiher allein war, »wissen Sie, ich brauche fünf.«
»Fünf Kracher?« Asthma-Bill riß erstaunt die Augen auf.
Jetzt, wo sein Geheimnis gelüftet war, wurde Pierce anscheinend sehr nervös. »Richtig«, sagte er und sah bald hierhin, bald dorthin, »ich brauche fünf.«
»Fünf? Das sind eine ganze Menge«, sagte Bill und runzelte die Stirn.
Pierce bewegte sich rasch zur Tür. »Also schön, wenn Sie keine da haben ...«
»Warten Sie, nicht so eilig«, sagte Bill. »Ich sage ja nicht, daß ich das nicht kann. Habe nie gesagt, ich kann das nicht. Habe nur gesagt, fünf sind eine ganze Menge, und das sind es doch auch, oder?«
»Man hat mir gesagt, Sie hätten sie vorrätig«, sagte Pierce und wirkte immer noch sehr nervös.
»Möglich.«
»Also gut, dann möchte ich sie jetzt gleich kaufen.«
Asthma-Bill seufzte. »Sie sind nicht hier, Sir – Sie können mir das glauben –, denn wer wird schon fünf Kracher in einem Leihhaus aufbewahren, Sir. Also wirklich.«
»Wie schnell können Sie sie beschaffen?«
Je aufgeregter Pierce sich gebärdete, desto ruhiger wurde

Asthma-Bill. Pierce konnte beinahe sehen, wie es hinter seiner Stirn arbeitete, wie er darüber nachdachte, was es mit den fünf Pistolen wohl auf sich haben mochte. Da plante einer einen ganz großen Coup, daran bestand kein Zweifel. Wenn er, Bill, die Details herausbekam, würde er als Spitzel etwas Kleingeld herauskitzeln können.

»Einige Tage werde ich schon brauchen, Sir, und das ist die reine Wahrheit«, sagte Bill.

»Jetzt gleich kann ich sie nicht haben?«

»Nein, Sir, Sie müssen mir schon etwas Zeit geben, aber dann beschaffe ich sie Ihnen, mein Wort drauf.«

»Wieviel Zeit brauchen Sie?«

Es folgte ein langes Schweigen. Bill murmelte vor sich hin und zählte sogar die Tage an den Fingern ab. »Zwei Wochen, würde ich sagen. Zur Sicherheit.«

»Zwei Wochen!«

»Also gut, acht Tage.«

»Unmöglich«, sagte Pierce mehr zu sich selbst. »In acht Tagen muß ich in Greenw . . .« Er biß sich auf die Lippen. »Nein«, sagte er. »Acht Tage sind zuviel.«

»Sieben?« fragte Bill.

»Sieben«, wiederholte Pierce und starrte an die Decke. »Sieben, sieben . . . Sieben Tage . . . Sieben Tage, das ist Donnerstag nächster Woche?«

»Ja, Sir.«

»Um welche Zeit am nächsten Donnerstag?«

»Kommt es denn auf die Stunde an?« fragte Bill so beiläufig, daß man die Absicht dahinter merkte.

Pierce starrte ihn nur an.

»Will Sie nicht ausholen, Sir«, sagte Bill rasch.

»Dann tun Sie's auch nicht. Also wann am Donnerstag?«

»Zwölf Uhr mittags.«

Pierce schüttelte den Kopf. »Wir werden uns nie einig. Es ist unmöglich, und ich . . .«

»Langsam, Sir, langsam. Zu welcher Zeit am Donnerstag müssen Sie sie denn spätestens haben?«
»Nicht später als zehn Uhr vormittags.«
Asthma-Bill überlegte. »Um zehn Uhr hier?«
»Ja.«
»Und auf keinen Fall später?«
»Nicht eine Minute später.«
»Kommen Sie selbst vorbei, um sie abzuholen?«
Pierce sah ihn wiederum streng an. »Das sollte Sie nicht kümmern. Können Sie die Dinger liefern oder nicht?«
»Ich kann«, erwiderte Bill. »So schnell geht es nicht ohne einen kleinen Aufpreis.«
»Das spielt keine Rolle«, sagte Pierce und händigte ihm zehn Goldguineen aus. »Nehmen Sie das als Anzahlung.«
Asthma-Bill betrachtete die Münzen und wog sie in der Hand. »Das dürfte etwa die Hälfte sein.«
»Einverstanden.«
»Und der Rest wird in gleicher Weise beglichen?«
»In Gold, ja.«
Bill nickte. »Brauchen Sie auch Munition?«
»Was für Dinger sind es denn?«
»Webley, Kaliber .48, Randzünder, mit Holster, möchte ich annehmen.«
»Dann brauche ich auch Kugeln.«
»Macht noch drei Guineen für Munition«, sagte Asthma-Bill sanft.
»Einverstanden«, sagte Pierce. Er ging zur Tür, hielt inne. »Da ist noch etwas«, sagte er. »Sollten die Kracher nicht dasein, wenn ich am Donnerstag komme, haben Sie nichts zu lachen.«
»Sie können sich auf mich verlassen, Sir.«
»Sonst haben Sie auch nichts zu lachen«, sagte Pierce und ging.
Es war noch nicht ganz dunkel. Gaslaternen warfen ein spär-

liches Licht. Pierce sah den lauernden Greifer nicht, wußte aber, daß er sich irgendwo in der Dunkelheit verbarg. Pierce nahm eine Droschke und fuhr zum Leicester Square, wo sich die Menschen vor den Theatern drängten. Er betrat eine Eingangshalle, stellte sich an, erstand eine Karte für *Die Irrtümer einer Nacht* von Oliver Goldsmith und mischte sich unter die Menschen im Foyer. Eine Stunde später war er zu Hause, nachdem er dreimal die Droschke gewechselt und viermal in Pubs gegangen war, um diese gleich wieder zu verlassen. Er war davon überzeugt, seinen Verfolger abgeschüttelt zu haben.

36. Kapitel Scotland Yard und die Gesetze der Logik

Der Morgen des 18. Mai war ungewöhnlich warm und sonnig, aber das freundliche Wetter konnte Mr. Harranby nicht aufheitern. Die Dinge standen schlecht. Auf die Nachricht von Sauber-Willys Tod in einer Absteige in Seven Dials hin hatte Harranby sich seinem Gehilfen, Mr. Sharp, gegenüber zu einigen groben Worten hinreißen lassen. Als er dann auch noch erfuhr, daß seine Männer den Herrn, den sie beschatten sollten, im Gedränge des Theaterfoyers aus den Augen verloren hatten – einen Mann, den sie nur als Mr. Simms kannten und von dem sie nichts weiter wußten, als daß er ein Haus in Mayfair besaß –, hatte er einen Wutanfall bekommen und sich lautstark über die Unfähigkeit von Untergebenen, Mr. Sharp eingeschlossen, beklagt.
Inzwischen hatte Mr. Harranby aber seine Beherrschung wiedergewonnen. Der einzige Mensch, von dem Scotland Yard nun noch über diesen Mr. Simms etwas erfahren konnte, saß schweißgebadet und mit apoplektisch gerötetem Gesicht vor ihm und rang die Hände.
»Hören Sie, Bill«, sagte Harranby und sah Asthma-Bill streng an, »dies ist eine sehr ernste Angelegenheit.«

»Ich weiß, Sir, wirklich, ich weiß«, sagte Bill.
»Fünf Kracher, das sagt mir, daß da irgendwas im Busch ist, und ich habe die Absicht herauszufinden, was.«
»Der hat die Zähne aber kaum auseinandergekriegt, kann ich Ihnen sagen.«
»Das kann ich mir denken«, sagte Harranby. Er angelte eine Goldguinee aus der Tasche und ließ sie auf die Schreibtischplatte fallen. »Versuchen Sie sich zu erinnern«, sagte er.
»Es war schon ziemlich spät am Tage, Sir, bei allem Respekt, und ich fühlte mich nicht ganz wohl«, sagte Bill, der das Goldstück auffällig anstarrte.
Harranby hatte nicht die Absicht, dem Burschen noch eines zu geben. »Die Tretmühle hat nach meinen Erfahrungen schon so manches Gedächtnis aufgefrischt«, sagte er.
»Aber ich habe doch gar nichts getan«, protestierte Bill. »Ich bin ehrlich wie 'n neugeborenes Kind, Sir. Ich verheimliche Ihnen nichts. Sie haben wirklich keinen Grund, mich einzulochen.«
»Dann strengen Sie mal ein bißchen Ihr Köpfchen an«, sagte Harranby, »und zwar schnell, wenn ich bitten darf.«
Bill knetete die Hände auf den Knien. »Also, er kommt so um sechs Uhr abends in den Laden. Fein angezogen, gute Manieren, spricht aber wie 'n Docker aus Liverpool. Und goscht auch Zinken dazwischen.«
Harranby warf Sharp, der in einer Ecke saß, einen Hilfe heischenden Blick zu. Gelegentlich brauchte selbst Harranby einen Dolmetscher.
»Er spricht auch Gaunersprache«, erläuterte Sharp.
»Ja, ja, so war's«, beteuerte Bill mit einem Kopfnicken. »Der gehört zur Familie, das ist sicher. Will mich dazu bringen, fünf Kracher zu besorgen, und ich sage, fünf, das ist 'ne ganze Menge, und er sagt, er braucht sie gestern, und nervös ist er auch und hat's eilig und legt gleich 'ne Menge Zaster auf den Tisch.«

»Und was haben Sie ihm gesagt?« fragte Harranby, ohne Bill aus den Augen zu lassen. Einem gewieften Spitzel vom Schlage Asthma-Bills war durchaus zuzutrauen, daß er eine Seite gegen die andere ausspielte, und außerdem log Bill wie gedruckt.
»Also, ich sage ihm, fünf sind ganz schön viel, aber ich würd's schon schaffen, wenn er mir etwas Zeit läßt. Und da fragt er, wie lange ich brauche, und ich sage, zwei Wochen. Da wird er schon 'n bißchen manierlicher und sagt, er braucht die Dinger früher. Ich sage, acht Tage. Er sagt, acht Tage sind zuviel, und dann rutscht ihm raus, daß er in acht Tagen nach Greenwich muß, und da wird er plötzlich stumm wie 'n Fisch.«
»Greenwich«, sagte Harranby und runzelte die Stirn.
»Ja, Sir, Greenwich. Es rutschte ihm so raus, aber dann beißt er sich auf die Zunge und sagt, acht Tage sind zuviel. Ich sage also, wie schnell denn? Und er sagt, sieben Tage. Ich sage also, na schön, in sieben Tagen kann ich's liefern. Und er sagt, zu welcher Zeit? Ich sage zwölf Uhr mittags. Und er sagt, das ist zu spät. Er sagt, auf keinen Fall später als zehn Uhr.«
»Sieben Tage«, sagte Harranby, »das heißt also, nächsten Freitag?«
»Nein, Sir. Nächsten Donnerstag. Sieben Tage, von gestern an gerechnet.«
»Weiter.«
»Ich dilldalfe erst 'n bißchen und sage dann, schön, er kann die Dinger am Donnerstag um zehn haben. Und er sagt, na gut, einverstanden, aber er ist kein Dade, dieser Bursche, und er sagt, er verpaßt mir 'ne Gemore, wenn ich nicht betuach bin.«
Harranby sah wieder fragend zu Sharp hin. Sharp sagte: »Er meint, der Mann ist kein Dummkopf und hat gesagt, wenn die Waffen nicht rechtzeitig daseien, könne Bill sich auf was gefaßt machen.«
»Und was haben Sie gesagt, Bill?« stieß Harranby nach.

»Ich sage, ich kann's schaffen, und verspreche es ihm. Und da legt er mir zehn Goldene hin, und ich sehe gleich, die sind koscher, und dann geht er und sagt, nächsten Donnerstag kommt er wieder.«
»Und weiter?« fragte Harranby.
»Das ist alles«, erwiderte Bill.
Es folgte ein langes Schweigen. Schließlich sagte Harranby: »Und was schließen Sie aus alldem, Bill?«
»Der hat ein großes Ding vor, da können Sie Gift drauf nehmen. Das ist kein Chammer, dieser Herr, der ist ausgekocht, der versteht sein Handwerk.«
Harranby zupfte sich am Ohrläppchen, eine nervöse Angewohnheit. »Was ist denn schon Großes in Greenwich zu holen?«
»Ich will verdammt sein, wenn ich das weiß«, sagte Asthma-Bill.
»Haben Sie irgendwas läuten hören?« fragte Harranby.
»Ich halte die Lauscher am Boden, Sir, aber von einem Ding in Greenwich habe ich nichts gehört, ich schwöre.«
Harranby machte eine Pause. »Sie können sich noch eine Guinee verdienen, wenn Sie es sagen können.«
Ein Ausdruck tiefer Verzweiflung huschte über Asthma-Bills Gesicht. »Ich wünschte, ich könnte Ihnen helfen, Sir, aber ich habe wirklich nichts gehört. Es stimmt, Sir, so wahr mir Gott helfe, Sir.«
»Ich will's Ihnen glauben«, sagte Harranby. Er wartete noch einen Augenblick und ließ den Pfandleiher dann gehen. Asthma-Bill schnappte sich die Guinee und ging.
Als Harranby mit Sharp allein war, fragte er wieder: »Was ist denn bloß in Greenwich zu holen?«
»Ich will verdammt sein, wenn ich das weiß«, erwiderte Sharp.
»Wollen Sie sich etwa auch eine Goldguinee verdienen?«
Sharp sagte nichts. Harranbys Anfälle schlechter Laune waren nichts Neues für ihn. Man mußte sich damit abfinden.

Sharp saß in der Ecke und beobachtete, wie sein Vorgesetzter sich eine Zigarette anzündete und nachdenklich daran zog. Zigaretten waren in Sharps Augen törichte kleine Dinger, an denen nichts dran war. Ein Londoner Händler hatte sie vor einem Jahr eingeführt. Sie wurden vor allem von Soldaten verlangt, die von der Krim zurückkehrten. Sharp selbst rauchte gute Zigarren.

»Also gut«, sagte Harranby. »Fangen wir ganz von vorn an. Wir wissen, daß dieser Simms seit Monaten an irgendeiner Sache dran ist, und wir können davon ausgehen, daß er nicht auf den Kopf gefallen ist.«

Sharp nickte.

»Gestern wurde Sauber-Willy umgebracht. Heißt das etwa, daß die Burschen wissen, daß wir ihnen auf der Spur sind?«

»Vielleicht.«

»Vielleicht, vielleicht«, sagte Harranby gereizt. »Vielleicht ist nicht genug. Wir müssen *sicher* sein, und Sicherheit können wir uns nur mit den Grundsätzen der deduktiven Logik verschaffen. Für blindes Drauflosraten ist in unserem Denken kein Platz. Halten wir uns an die harten Tatsachen und folgen wir ihnen, wohin sie uns auch führen mögen. Also schön, was wissen wir sonst noch?«

Das war eine rhetorische Frage, und Sharp sagte nichts.

»Wir wissen«, sagte Harranby, »daß dieser Simms nach monatelanger Vorbereitung urplötzlich dringend fünf Kracher braucht. Und das in letzter Minute. Er hat monatelang Zeit gehabt, sie sich eine nach der andern unauffällig zu beschaffen, aber nein, er verschiebt diesen Kauf auf den letzten Augenblick. Warum?«

»Sie meinen, er will uns verladen?«

»Wir müssen den Gedanken ins Auge fassen, so unangenehm das auch ist«, sagte Harranby. »Ist es eigentlich bekannt, daß Bill ein Spitzel ist?«

»Vielleicht.«

»Zum Teufel mit Ihrem ewigen ›Vielleicht‹. Weiß man's oder weiß man's nicht?«
»Der eine oder andere wird's vermuten.«
»Aha!« sagte Harranby. »Und trotzdem sucht sich unser schlauer Mr. Simms ausgerechnet diesen Mann aus, um sich fünf Kracher zu besorgen. Ich sage Ihnen, das riecht nach Verlade.« Er starrte mißgelaunt auf die Glut seiner Zigarette. »Dieser Mr. Simms führt uns an der Nase herum, aber wir müssen ihm auf diesem Weg ja nicht folgen.«
»Ich bin sicher, Sie haben recht«, sagte Sharp, der hoffte, die Laune seines Chefs würde sich bessern.
»Selbstverständlich habe ich recht!« sagte Harranby. »Die wollen uns in den Wald schicken.«
Eine lange Pause. Harranby trommelte mit den Fingern auf die Tischplatte. »Irgendwas schmeckt mir hier nicht recht. Wir wollen zu schlau sein. Wir schätzen diesen Simms zu hoch ein. Wir müssen erst mal davon ausgehen, daß er in Greenwich tatsächlich etwas vorhat. Aber was in drei Teufels Namen kann er denn bloß in Greenwich wollen?«
Sharp schüttelte den Kopf. Greenwich war eine Hafenstadt, aber sie war nicht so rasch gewachsen wie die größeren Seehäfen Englands. Sie war hauptsächlich wegen der Sternwarte der Marineakademie bekannt, die für die Seeschiffahrt die ›Greenwicher mittlere Zeit‹ festsetzte.
Harranby zog ein paar Schubladen seines Schreibtischs auf und fing an zu wühlen.
»Wo ist das verdammte Ding?«
»Was denn, Sir?«
»Der Fahrplan, der Fahrplan«, sagte Harranby. »Ah, da haben wir ihn schon.« Er zog ein schmales bedrucktes Faltblatt heraus. »London & Greenwich Railway . . . Donnerstag . . . Ah, Donnerstag verläßt ein Zug den London-Bridge-Bahnhof um elf Uhr fünfzehn. Nun, was folgt daraus?«
Sharps Augen leuchteten plötzlich auf. »Unser Mann will

seine Pistolen bis um zehn, damit er noch Zeit hat, zum Bahnhof zu kommen und den Zug zu erreichen.«

»Genau«, sagte Harranby. »Nach allen Gesetzen der Logik fährt er also tatsächlich am Donnerstag nach Greenwich. Und wir wissen auch, daß es später für ihn keinen Zweck mehr hat.«

Sharp sagte: »Was ist mit den Pistolen? Will fünf auf einmal kaufen!«

»Passen Sie mal auf«, sagte Harranby, der allmählich warm wurde, »wie Sie sehen, können wir durch logische Schlußfolgerungen herausfinden, daß er wirklich die Waffen braucht. Und daß er den Kauf auf die letzte Minute verschoben hat – was bei oberflächlicher Betrachtung höchst verdächtig ist –, muß irgendeinen logischen Grund haben. Es lassen sich mehrere solche Gründe denken. Es ist denkbar, daß seine anderen Pläne zur Beschaffung der Pistolen durchkreuzt worden sind. Oder vielleicht hält er den Ankauf von Waffen für so gefährlich – was ja unstreitig der Fall ist, zumal ja jeder weiß, daß wir für Hinweise auf illegale Waffenkäufe gut zahlen –, daß er ihn deshalb bis zum letzten Augenblick aufschiebt. Es mag noch andere Gründe geben, von denen wir nichts ahnen. Der genaue Grund ist auch nicht so wichtig. Wichtig ist nur, daß er diese Waffen für irgendein Verbrechen in Greenwich braucht.«

»Bravo!« Sharp heuchelte Begeisterung.

Harranby warf ihm einen unfreundlichen Blick zu. »Seien Sie kein Dummkopf«, sagte er. »Die Hauptfrage ist immer noch ungeklärt. *Was gibt's in Greenwich denn bloß zu stehlen?«*

Sharp schwieg. Er starrte auf seine Schuhspitzen und hörte, wie Harranby ein Zündholz anstrich, um sich eine neue Zigarette anzustecken.

»Noch ist nichts verloren«, sagte Harranby. »Die Grundsätze deduktiver Logik können uns noch immer weiterhelfen. So wird das Verbrechen zum Beispiel mit hoher Wahrscheinlichkeit ein Raub sein. Wenn es schon seit Monaten geplant ist, müssen die Verbrecher schon von festen Gegebenheiten ausgehen, die sich Monate im voraus absehen lassen. Da ist nichts improvisiert, da ist alles geplant.«

Sharp starrte noch immer auf seine Schuhspitzen.

»Nein, nein«, fuhr Harranby fort. »Hier ist nichts dem Zufall überlassen. Wir können weiter folgern, daß diese langwierige Planungsarbeit auf eine Beute von beträchtlicher Größenordnung abzielt. Wir haben es mit einem schweren Verbrechen zu tun, bei dem viel auf dem Spiel steht. Ferner wissen wir, daß unser Freund etwas mit dem Meer oder einem Hafen zu tun hat. Folglich können wir unsere Anstrengungen auf die Frage beschränken, was es in Greenwich gibt, das unseren ...«

Sharp hüstelte.

Harranby sah ihn mißbilligend an. »Haben Sie etwas zu sagen?«

»Ich habe nur gedacht, Sir«, sagte Sharp, »daß, wenn es tatsächlich Greenwich ist, das Verbrechen nicht in unsere Zuständigkeit fällt. Vielleicht sollten wir der Polizei in Greenwich telegrafieren und sie warnen.«

»Vielleicht, vielleicht. Wann werden Sie endlich lernen, ohne dieses Wort auszukommen? Wenn wir ein Kabel nach Greenwich schicken, muß etwas drinstehen. Und was sollen wir denen sagen? He? Was sollen wir ihnen mitteilen mit unserem Kabel?«

»Ich habe nur gedacht ...«

»Grundgütiger Himmel«, sagte Harranby und stand hinter seinem Schreibtisch auf. »Natürlich! Das Kabel!«

»Das Kabel?«

»Ja, natürlich, das Kabel. Das Kabel befindet sich in Greenwich, jetzt, in diesem Augenblick.«

»Meinen Sie etwa das transatlantische Kabel?« fragte Sharp.

»Genau das«, erwiderte Harranby und rieb sich die Hände.

»Oh, es paßt perfekt! Perfekt!«

Sharp konnte sich noch immer keinen Vers darauf machen. Er wußte natürlich, daß das für den Atlantik vorgesehene Telegrafenkabel in Greenwich hergestellt wurde. Seit über einem Jahr wurde an dem Projekt gearbeitet, das eine der größten Herausforderungen an die Technik der damaligen Zeit darstellte. Im Ärmelkanal befanden sich bereits unterseeische Kabel, die England mit dem Kontinent verbanden. Sie waren aber nichts im Vergleich zu den 2500 Meilen Kabel, die hergestellt wurden, um England mit New York zu verbinden.

»Aber welchen Sinn sollte es haben«, sagte Sharp, »ein Kabel zu stehlen?«

»Ach, doch nicht das *Kabel*«, fiel Harranby ihm ins Wort. »Die *Lohngelder* der Firma, natürlich! Wie heißt sie? Glass, Elliot & Company oder so ähnlich. Bei einem so enormen Projekt müssen auch enorme Lohngelder gezahlt werden. Und genau darauf hat unser Mann es abgesehen. Und wenn er unbedingt, am Donnerstag fahren will, dann deshalb, weil er am Freitag dort sein will ...«

»Zahltag!« rief Sharp.

»Haargenau«, sagte Harranby. »Es ist vollkommen logisch. Sie sehen, logische Deduktion führt immer zu einer sicheren Schlußfolgerung.«

»Meinen Glückwunsch«, sagte Sharp vorsichtig.

»Nicht der Rede wert«, sagte Harranby. Er war noch immer sehr aufgeregt und klatschte in die Hände. »Oh, das ist aber ein Draufgänger, unser Freund Simms! Die Lohngelder der Kabelfirma zu stehlen — welch ein kühnes Verbrechen! Und wir werden ihn auf frischer Tat ertappen. Folgen Sie mir, Sharp. Wir müssen nach Greenwich reisen und uns an Ort und Stelle mit den Tatsachen vertraut machen.«

»Und dann?« sagte Pierce.
Miriam zog die Schultern hoch. »Sie sind in den Zug gestiegen.«
»Wie viele denn?«
»Vier insgesamt.«
»Und sie haben den Zug nach Greenwich genommen?«
Miriam nickte. »In großer Eile. Ihr Anführer war ein vierschrötiger Mann mit einem Backenbart. Sein Helfer war glattrasiert. Und dann waren noch zwei Blaue dabei.«
Pierce lächelte. »Harranby«, sagte er. »Er muß sehr stolz auf sich sein. Er ist ja so klug.« Er wandte sich an Agar. »Und bei Ihnen?«
»Fettaugen-Lewis, der kleine Gauner, fragt im ›Wappen‹ immer nach einem Bruch in Greenwich. Er sagt, er möchte mitmachen.«
»Es ist also schon rum?« fragte Pierce.
Agar nickte.
»Lassen Sie's nicht kalt werden«, sagte Pierce.
»Und was soll ich sagen, wer mitmacht?«
»Na, Hackensprung-Jack, zum Beispiel.«
»Und was, wenn die Greifer ihn finden?«
»Das möchte ich stark bezweifeln«, sagte Pierce.
»Jack ist untergetaucht, nicht wahr?«
»Ich habe so etwas läuten hören.«
»Dann werde ich seinen Namen nennen.«
»Geben Sie Fettaugen-Lewis kräftig Futter«, sagte Pierce.
»Er muß glauben, er hat sonstwas in der Hand.«
Agar grinste. »Ich werde ihn schon gehörig einseifen, das verspreche ich Ihnen.«
Agar verließ das Haus, und Pierce blieb mit Miriam allein.
»Herzlichen Glückwunsch«, sagte sie und sah ihn lächelnd an.
»Jetzt kann nichts mehr schiefgehen.«

Pierce lehnte sich in seinem Sessel zurück. »Irgend etwas kann immer schiefgehen«, sagte er, lächelte aber dabei.
»Innerhalb von vier Tagen?« fragte sie.
»Sogar innerhalb einer Stunde.«
Erstaunlich prophetische Worte, wie Pierce später bei seiner Aussage vor Gericht zugab.
Noch ungeheure Schwierigkeiten sollten vor ihnen auftauchen, und zwar von einer Seite, von der sie sie nicht erwarteten.

38. Kapitel Die Kiste Madeira

Henry Mayhew, der große Kritiker, Reformator und Chronist der viktorianischen Gesellschaft, hat einmal einen Katalog der verschiedenen Verbrechertypen in England zusammengestellt. Der Katalog umfaßt fünf Hauptkategorien, zwanzig Unterabteilungen und über einhundert verschiedene Eintragungen. Der heutige Leser stellt verblüfft fest, daß jeder Hinweis auf ›Verbrecher im weißen Kragen‹ fehlt.
Natürlich gab es auch damals schon diesen Tätertyp. Einige flagrante Beispiele von Unterschlagung, Urkundenfälschung, Buchführungsschwindel, Manipulationen mit Wertpapieren und ähnlichen Delikten sind uns aus der Zeit um die Mitte des 19. Jahrhunderts bekannt geworden. 1850 etwa wurde ein Versicherungsangestellter namens Walter Watts gefaßt, nachdem er mehr als 70 000 Pfund Sterling unterschlagen hatte. Aber es gab noch schwerwiegendere Verbrechen: Leopold Redpath, ein Angestellter der Great Northern Railway Company, brachte durch Urkundenfälschungen 150 000 Pfund an sich, und Beaumont Smith setzte gefälschte Schatzanweisungen im Wert von 350 000 Pfund ab; um nur zwei Beispiele anzuführen.
Damals wie heute ging es bei Wirtschaftsverbrechen um die größten Beträge. Die Gefahr, gefaßt zu werden, war ver-

gleichsweise gering, und wenn ein Teilnehmer überhaupt erwischt wurde, kam er mit einer vergleichsweise milden Strafe davon. Henry Mayhews Katalog ignoriert diesen Tätertyp jedoch vollständig. Denn Mayhew war sich mit der Mehrheit seiner Zeitgenossen darüber einig, daß Kriminalität ein Produkt der ›gefährlichen Bevölkerungsschichten‹ sei und kriminelles Verhalten im allgemeinen der Armut, der Ungerechtigkeit, der Unterdrückung und dem Mangel an Erziehung entspringe. Man hätte meinen können, es sei nur eine Frage der Definition: jemand, der nicht der kriminellen Klasse entstammte, konnte also auch keine Verbrechen verüben. Angehörige der besseren Stände ›verstießen nur gegen das Gesetz‹. Zu dieser spezifisch viktorianischen Einstellung gegenüber Verbrechen, die von Angehörigen der besseren Stände begangen wurden, haben verschiedene klassenbedingte Faktoren beigetragen.

Erstens: In der noch neuen kapitalistischen Gesellschaft, in der Tausende neuer Unternehmen aus dem Boden schossen, waren die Grundsätze ehrlicher Buchführung noch nicht fest verwurzelt. Die Methoden der Buchführung waren damals noch variabler als heute. Damals konnte jemand durchaus den Unterschied zwischen betrügerischen Machenschaften und ›gewieftem Geschäftsgebaren‹ verwischen und sich dennoch eines einigermaßen reinen Gewissens erfreuen.

Zweitens: Der heutige Wachhund in allen kapitalistischen Ländern des Westens, die Regierung, war damals nicht im entferntesten so wachsam wie heute. Private Einkommen unter 150 Pfund im Jahr wurden überhaupt nicht besteuert, und die überwiegende Mehrheit aller Bürger hatte ein Einkommen, das unterhalb dieser Grenze lag. Wer überhaupt besteuert wurde, kam – an heutigen Maßstäben gemessen – glimpflich davon. Obwohl die Bürger schon damals über die Kosten von Regierung und Verwaltung klagten, sah sich noch niemand veranlaßt, verzweifelte Verrenkungen anzustellen, wie manche es heute tun, um möglichst wenig Steuern zu zahlen. (1870 machten die Steuern in England neun Prozent des Bruttosozialprodukts aus; 1961 war die Steuerlastquote auf 38 Prozent gestiegen.)

Überdies akzeptierten die Menschen der Viktorianischen Ära, welcher Gesellschaftsschicht sie auch angehörten, im Umgang mit ihren Mitmenschen eine Gefühllosigkeit und Roheit, die uns heute empörend und unverständlich erscheinen. Um nur ein Beispiel anzuführen: Als Sir John Hall, der Generalarzt der auf der Krim kämpfenden Truppen, beschloß, sich der unbequemen Florence Nightingale zu entledigen, wählte er die Methode des Aushungerns und ordnete an, ihr die Verpflegung zu streichen. Solche hinterhältigen Maßnahmen wurden als alltäglich hingenommen. Miss Nightingale, ›der Engel der Schlachtfelder‹, hatte schon damit gerechnet und sich mit eigenen Lebensmittelvorräten eingedeckt. Selbst ein Lytton Strachey, keineswegs verdächtig, seine Zeitgenossen zu hätscheln, tat diese unglaubliche Gemeinheit als ›Trick‹ ab.

Wenn dies nur ein Trick gewesen sein soll, wird mühelos verständlich, warum Angehörige des Mittelstands viele Manifestationen gesetzwidrigen Verhaltens nur zögernd mit dem Etikett ›Verbrechen‹ versahen. Und je höher ein einzelner auf der Stufenleiter der Gesellschaft stand, um so größer wurde die Zurückhaltung.

Ein Fall, der dies verdeutlicht, betrifft Sir John Alderston und seine Kiste Madeira.

Captain John Alderston wurde nach der Schlacht von Waterloo, im Jahre 1815, in den Adelsstand erhoben und zählte in den folgenden Jahren zu den besonders wohlhabenden Bürgern Londons. Er war schon bei der Gründung der South Eastern Railway einer der Mitgesellschafter. Daneben hielt er erhebliche Anteile an Kohlengruben in Newcastle. Den überlieferten Berichten zufolge war er ein wohlbeleibter, bär-

beißiger Mann, der sein Leben lang ein militärisches Gehabe zur Schau trug und knappe Befehle herauszubellen pflegte, eine Angewohnheit, die mit den Jahren bei zunehmender Leibesfülle immer lächerlicher gewirkt haben dürfte.
Alderstons einziges Laster, das ebenfalls aus seiner Militärzeit stammte, war seine Leidenschaft fürs Kartenspiel. Besonders exzentrisch war dabei, daß er sich standhaft weigerte, um Geld zu spielen. Er zog den Einsatz persönlicher Wertgegenstände vor. Auf diese Weise konnte er offenbar das Kartenspiel als standesgemäßen Zeitvertreib betrachten statt als Laster. Die Geschichte seiner Kiste Madeira, die bei dem großen Eisenbahnraub von 1855 eine so entscheidende Rolle spielt, kam erst im Jahre 1914 ans Licht, rund vierzig Jahre nach Alderstons Ableben. Seine Familie hatte nämlich eine autorisierte Biographie in Auftrag gegeben. Geschrieben hatte sie ein Autor namens William Shawn. Die entscheidende Passage lautet wie folgt:
›Sir John besaß zu allen Zeiten ein hochentwickeltes Gewissen, das ihm nur einmal persönliche Pein bereitete. Ein Familienmitglied erinnert sich, daß er eines Abends tief betrübt vom Kartenspiel nach Hause gekommen sei. Nach der Ursache für seine Niedergeschlagenheit befragt, gab er zur Antwort: ‚Ich kann es nicht über mich bringen.‘
Auf weiteres Befragen kam heraus, daß Sir John mit einigen Geschäftspartnern Karten gespielt hatte, mit Männern, die ebenfalls an der Eisenbahngesellschaft beteiligt waren. Im Verlauf des Spiels hatte Sir John eine Kiste Madeira verloren, einen zwölfjährigen Wein, von dem er sich nur höchst ungern trennte. Er hatte aber versprochen, ihn dem Gewinner mit dem Zug nach Folkestone zuzustellen, einem Mann, der in jener Stadt an der Küste wohnte und dort die Geschäfte der Gesellschaft leitete, an der Endstation der Linie also.
Sir John war drei Tage lang höchst erregt und nicht zu beruhigen. Er verdammte den Herrn, der gewonnen hatte, und

verdächtigte ihn offen, beim Kartenspiel gemogelt zu haben. Mit jedem neuen Tag äußerte Sir John sich überzeugter, der Mann habe betrogen, obwohl sich für diese Vermutung nicht der leiseste Anhaltspunkt fand.
Schließlich wies Sir John seinen Kammerdiener an, die Kiste Wein zum Zug zu bringen. Das Kolli wurde nach umständlichem Hin und Her und nach Ausfüllen verschiedener Formulare verladen. Der Wein war gegen Verlust oder Beschädigung während der Fahrt versichert.
Bei der Ankunft des Zuges in Folkestone fand man die Kiste leer. Man ging davon aus, die kostbaren Weine seien geraubt worden, was unter den Angestellten der Eisenbahngesellschaft erhebliche Unruhe auslöste. Der Wachmann des Packwagens wurde entlassen, und man änderte auch die Prozedur beim Beladen und Entladen der Packwagen. Sir John beglich seine Wettschuld mit der Versicherungssumme.
Viele Jahre später bekannte er seiner Familie, er habe eine leere Kiste zum Zug bringen lassen, weil er es nicht habe über sich bringen können, sich von seinem kostbaren Madeira zu trennen. Doch hätten ihn schwere Schuldgefühle gequält, besonders wegen des entlassenen Wachmanns, dem er von da an über viele Jahre hin anonym eine Rente gezahlt habe. Die gezahlte Summe überstieg am Ende bei weitem den Wert des Weines.
Dem um den Madeira Betrogenen gegenüber plagten Sir John jedoch bis zuletzt keinerlei Gewissensbisse. Im Gegenteil, noch in den letzten Tagen seines irdischen Lebens soll er im Fieberwahn oft gesagt haben: ‚Dieser elende Banks ist kein Ehrenmann, und ich will verdammt sein, wenn er meinen Madeira kriegt, hört ihr?'
Mr. Banks war damals bereits seit einigen Jahren tot. Viele von Sir Johns engsten Geschäftsfreunden sollen ihn im Verdacht gehabt haben, bei dem mysteriösen Verschwinden des Weins eine Hand im Spiel gehabt zu haben, aber niemand

wagte es, ihn offen zu beschuldigen. Statt dessen traf die Bahngesellschaft neue Sicherheitsvorkehrungen (zum Teil auf Betreiben der Versicherungsgesellschaft). Und als wenig später auf der gleichen Strecke eine Ladung Gold aus einem fahrenden Zug geraubt wurde, geriet die Geschichte mit Sir Johns Kiste Wein bald in Vergessenheit. Nur er selbst wurde bis an seinen Tod von Gewissensbissen geplagt. Er war eben ein Mann von Charakter.‹

39. Kapitel Schwierigkeiten in letzter Minute

Am Abend des 21. Mai, nur wenige Stunden vor dem Raub, dinierte Pierce mit seiner Geliebten, Miriam, in seinem Haus in Mayfair.

Kurz vor neun Uhr dreißig an jenem Abend wurde ihr Mahl durch die plötzliche Ankunft Agars gestört, der sehr sorgenvoll aussah. Er kam ins Eßzimmer gestürmt, ohne sich für sein plötzliches Eindringen zu entschuldigen.

»Was gibt es?« fragte Pierce mit ruhiger Stimme.

»Burgess«, sagte Agar atemlos. »Burgess – er ist unten.«

Pierce runzelte die Stirn. »Sie haben ihn *hierher*gebracht?«

»Es ging nicht anders«, erwiderte Agar. »Warten Sie nur, bis Sie ihn selbst gehört haben.«

Pierce erhob sich und ging nach unten, in den Rauchsalon. Dort stand Burgess und drehte seine blaue Uniformmütze in den Händen. Er war offensichtlich genauso nervös wie Agar.

»Was gibt's?« fragte Pierce.

»Es ist die Bahn«, sagte Burgess. »Sie haben alles geändert, und das gerade heute – alles geändert.«

»Was haben sie geändert?« wollte Pierce wissen.

Die Worte sprudelten aus Burgess heraus: »Ich hab's erst heute morgen gemerkt, wissen Sie, komme wie immer Punkt sieben zum Dienst, und da sehe ich, wie da einer in meinem Packwagen herumhämmert. Und da ist auch ein Schlosser, und ein paar Herren stehen dabei und passen auf. Schließlich habe ich herausgefunden, daß sie alles mögliche geändert haben, und das ausgerechnet heute! Alles haben sie geändert, und ich hab' nichts davon gewußt ...«

»Was, genau, haben sie denn geändert?« fragte Pierce.

Burgess holte tief Luft. »Alles«, sagte er. »Wie wir's sonst immer gemacht haben – alles haben sie plötzlich geändert.«

Pierce zog ungeduldig die Stirn in Falten. »Sagen Sie mir, was sich geändert hat«, sagte er.

Burgess quetschte seine Mütze in den Händen, bis die Knöchel weiß wurden. »Erstens haben sie einen neuen Wachmann eingestellt. Er hat heute angefangen. Ein junger Kerl.«

»Und der fährt mit Ihnen, im Packwagen?«

»Nein, Sir«, sagte Burgess. »Der arbeitet nur auf dem Bahnhof, auf dem Bahnsteig. Und da bleibt er auch.«

Pierce warf Agar einen Blick zu. Es spielte keine Rolle, wenn auf dem Bahnsteig noch ein paar Männer mehr rumstanden. Und wenn es ein Dutzend gewesen wären, Pierce kümmerte das nicht.

»Und? Was ändert das?«

»Nun, da ist die neue Vorschrift, verstehen Sie?«

»Welche neue Vorschrift?«

»Im Gepäckwagen darf außer mir kein Mensch mehr mitfahren«, sagte Burgess. »Nur ich als Wachmann. Das ist die neue Vorschrift. Und der Neue soll darauf aufpassen, daß sie eingehalten wird.«

»Verstehe«, sagte Pierce. Das war in der Tat eine Änderung.

»Das ist noch nicht alles«, sagte Agar finster.

»Tatsächlich?«

Burgess nickte. »Sie haben an der Schiebetür außen ein Schloß angebracht. Außen, verstehen Sie? Jetzt schließen sie auf dem London-Bridge-Bahnhof ab und machen erst in Folkestone wieder auf.«

»Verdammt«, sagte Pierce. Er begann im Zimmer auf und ab

zu gehen. »Und was ist mit den anderen Bahnhöfen? Der Zug hält doch in Redhill und in ...«
»Sie haben die Vorschriften geändert«, sagte Burgess. »Der Packwagen wird erst in Folkestone wieder aufgemacht.«
Pierce ging weiter ruhelos auf und ab. »Warum haben sie die Vorschriften geändert?«
»Es ist wegen des Schnellzugs am Nachmittag«, erklärte Burgess. »Es fahren zwei Schnellzüge, einer morgens und einer am Nachmittag. Der Nachmittagszug scheint letzte Woche beraubt worden zu sein. Irgendwie soll einem feinen Herrn eine wertvolle Sendung gestohlen worden sein — 'ne Kiste mit kostbarem altem Wein, habe ich läuten hören. Jedenfalls stellt er jetzt irgendwie Forderungen an die Gesellschaft. Der andere Wachmann ist rausgeworfen worden, und es hat schrecklichen Krach gegeben. Der Fahrdienstleiter hat mich heute morgen persönlich vorgenommen und mich furchtbar runtergeputzt. Er hat mir alles mögliche angedroht, wenn ich nicht aufpasse und so. Der wurde beinahe handgreiflich, wirklich. Und dieser Neue auf dem Bahnsteig ist ein Neffe vom Fahrdienstleiter. Und der schließt auch den Packwagen im London-Bridge-Bahnhof ab, kurz bevor der Zug abfährt.«
»Wein?« sagte Pierce. »Himmel, 'ne Kiste Wein! Können wir Agar in einer Kiste in den Packwagen schmuggeln?«
Burgess schüttelte den Kopf. »Nicht, wenn es so weitergeht wie heute. Heute hat dieser Neffe — McPherson heißt er, ist wie alle Schotten übereifrig und will seine Stelle nicht gleich verlieren —, also heute hat dieser McPherson jede Kiste und jedes Paket, das groß genug war, daß sich einer drin verstecken kann, aufmachen lassen. Hat mächtigen Wirbel gemacht, kann ich Ihnen sagen. Der ist ganz schön pedantisch. Neue Besen kehren gut, wissen Sie.«
»Da haben wir wohl keine Chance, daß der mal wegguckt und Agar reinwitschen kann?«
»Weggucken? Der guckt nie weg! Der sucht alles ab wie 'ne

ausgehungerte Ratte. Und wenn alles verladen ist, klettert er rein, stochert in jeder Ecke rum, ob sich auch ja niemand versteckt hat. Dann klettert er wieder raus und schließt ab.«
Pierce zog seine Uhr aus der Westentasche. Es war jetzt zehn Uhr abends. Bis zur Abfahrt des Zuges nach Folkestone am nächsten Morgen blieben ihnen noch zehn Stunden. Auch wenn Pierce ein Dutzend Einfälle gehabt hätte, wie man Agar an dem wachsamen Schotten vorbeischmuggeln konnte, so wußte er doch, daß es keinen Trick gab, den man so schnell in Szene setzen konnte.
Agar sah ihn trübsinnig an. Er mußte das gleiche gedacht haben. »Sollen wir die Sache um einen Monat verschieben?« fragte er.
»Nein«, sagte Pierce. Sofort wandte er sich dem nächsten Problem zu. »Was ist mit dem Schloß, das sie an der Schiebetür angebracht haben. Kann man es irgendwie von innen öffnen?«
Burgess schüttelte den Kopf. »Es ist ein Vorhängeschloß – wird außen an einem Riegel angebracht.«
Pierce wanderte noch immer auf und ab. »Könnte man es denn an einem der Bahnhöfe öffnen – in Redhill etwa – und dann an einem der nächsten wieder schließen, vielleicht in Tonbridge?«
»Wäre riskant«, sagte Burgess. »Ist ein schweres Schloß, groß wie Ihre Faust. Es könnte auffallen.«
Pierce setzte sein ruheloses Umhergehen fort. Lange Zeit waren seine Schritte auf dem Teppich und das Ticken der Uhr auf dem Kaminsims die einzigen Geräusche im Raum. Agar und Burgess beobachteten ihn. Schließlich sagte Pierce: »Wie wird der Packwagen denn belüftet, wenn die Schiebetür abgeschlossen ist?«
Burgess sagte mit einem leicht verwirrten Gesichtsausdruck: »Oh, Luft gibt's genug. Dieser Packwagen ist ziemlich grob zusammengezimmert, und wenn der Zug schnell fährt, pfeift

der Wind durch alle Ritzen und Spalten, pfeift so, daß einem die Ohren weh tun.«
»Ich meine etwas anderes«, sagte Pierce. »Gibt es irgendeine Vorrichtung, mit der der Wagen belüftet wird?«
»An sich hat so 'n Wagen Lüftungsklappen im Dach ...«
»Wie sehen die aus?« fragte Pierce.
»Na, wie Lüftungsklappen. Aber bei meinem Wagen haben sie keine Scharniere. Ich hab' mir schon oft gewünscht, es wären richtige, ich meine solche mit Scharnieren und allem Drum und Dran, vor allem dann, wenn's regnet — wenn's regnet, steht bei mir das blanke Wasser im Wagen, ich kann Ihnen sagen ...«
»Ich möchte genauer wissen, wie sie aussehen«, unterbrach ihn Pierce. »Schnell, die Zeit ist knapp.«
»Na, an sich wie 'ne Luftklappe, die man mit einer Stange von innen auf- und zumachen kann. An sich hat jeder Waggon zwei davon, so daß man die eine in Fahrtrichtung und die andere gegen die Fahrtrichtung öffnen kann. Bei manchen Wagen sind die Klappen aber auch so angebracht, daß sie beide nur in eine Richtung zu öffnen sind, aber das macht immer Ärger beim Rangieren, denn da müssen sie die Wagen immer so anhängen, daß die Klappen nach hinten geöffnet sind, und ...«
»Und der Packwagen hat zwei Lüftungsklappen?«
»Ja, genau«, sagte Burgess, »nur daß es eben keine richtigen sind, weil man sie nicht zumachen kann, eben weil sie keine Scharniere haben. Und wenn's regnet, werde ich immer klatschnaß ...«
»Geht es durch die Klappen direkt ins Wageninnere?«
»Ja«, sagte Burgess. »Aber die sind nicht breiter als 'ne Hand. Wenn Sie also glauben ...«
»Tu' ich gar nicht«, unterbrach ihn Pierce. »Also Sie sagen, an Ihrem Wagen sind zwei solche Klappen angebracht. Wo genau?«

»Auf dem Dach, wie ich schon sagte, in der Mitte, und ...«
»Wo im Verhältnis zur Wagenlänge?« fragte Pierce. Sein ständiges Umhergehen und sein gereiztes Verhalten brachten den aufgeregten Burgess, der durchaus helfen wollte, vollkommen durcheinander.
»Wo ... im Verhältnis ...«, stammelte er.
Agar sagte: »Ich weiß nicht, was Sie gerade denken, aber mein Knie tut mir weh – hier, mein linkes Knie –, und das ist immer ein schlechtes Zeichen. Ich kann nur sagen, lassen wir die ganze Sache sausen, das erspart uns den ganzen Ärger.«
»Halten Sie den Mund«, sagte Pierce plötzlich aufbrausend. Agar wich unwillkürlich einen Schritt zurück. Pierce wandte sich Burgess zu: »Ich frage Sie noch einmal«, sagte er. »Wenn Sie neben dem Wagen stehen und ihn von der Seite her ansehen, sieht er aus wie eine Art Kasten, ein großer Kasten. Und oben auf diesem Kasten befinden sich die Klappen. Nun, wo befinden sie sich?«
»Da, wo sie eigentlich nicht sein sollten, so wahr mir Gott helfe«, sagte Burgess. »Eigentlich gehören sie an die Wagenenden, eine an jedes Ende, damit die Luft vom einen Ende des Wagens zum andern durchziehen kann. So muß es sein, wenn's richtig gemacht ist ...«
»Und wo sitzen die Klappen auf Ihrem Packwagen?« fragte Pierce, der wieder auf die Uhr blickte. »Mich interessiert nur der Packwagen.«
»Das ist es ja gerade«, sagte Burgess. »Sie sitzen fast in der Wagenmitte, nicht mehr als drei Schritt voneinander entfernt. Und Scharniere haben sie auch nicht. Und wenn's dann regnet, plätschert das Wasser einfach runter, zur Wagenmitte, und dann gibt's da 'ne riesige Pfütze, genau in der Mitte ...«
»Sie sagen, die Klappen sind drei Schritt auseinander?«
»Drei oder vier, weiß nicht genau«, sagte Burgess. »Hab' nie genau nachgemessen, hat mich nicht interessiert. Aber eines ist sicher, ich hasse die verdammten Dinger, und das ist ...«

»Schon gut«, sagte Pierce. »Sie haben mir erzählt, was ich wissen wollte.«
»Da bin ich froh«, sagte Burgess verwirrt und erleichtert. »Ich schwöre, kein Mann kommt da durch, nicht mal 'n Kind, das geht nicht, und wenn die mich erst mal eingeschlossen haben ...«
Pierce schnitt ihm mit einer Handbewegung das Wort ab und wandte sich Agar zu. »Dieses Vorhängeschloß draußen — wäre es schwer, das aufzumachen?«
»Ich hab's noch nicht gesehen«, erwiderte Agar. »Aber ein Vorhängeschloß kann nicht so schwierig sein. Die sind zwar sehr stabil, haben aber 'n großes Loch für 'n Schlüssel. Bei dieser Größe. Bei manchen kann man sogar den kleinen Finger als Dietrich benutzen und sie im Nu aufkitzeln.«
»Ich auch?« fragte Pierce.
Agar starrte ihn an. »Schon möglich, schwer ist es nicht, nur — bei Ihnen wird's vielleicht 'ne Minute oder zwei dauern.« Er machte ein besorgtes Gesicht. »Aber Sie haben doch gehört, was er gesagt hat. Sie wollen das Ding doch nicht beim Halten in den Bahnhöfen aufbrechen, das können Sie doch nicht wagen, also warum ...«
Pierce wandte sich wieder an Burgess. »Wie viele Zweite-Klasse-Wagen hat der Morgenzug?«
»Ich weiß nicht genau. Sechs, oft aber auch weniger. Wenn's aufs Wochenende zugeht, eher sieben. Manchmal, so um die Mitte der Woche, setzen sie fünf ein, aber in letzter Zeit sind es sechs. Und in der Ersten Klasse ...«
»Die Erste Klasse interessiert mich nicht«, sagte Pierce.
Burgess verstummte. Er war hoffnungslos durcheinander. Pierce sah Agar an. Agar hatte begriffen. Er schüttelte den Kopf. »Heilige Muttergottes«, sagte Agar. »Sie haben den Verstand verloren, Sie sind ja völlig meschugge, so wahr ich hier stehe. Was glauben Sie eigentlich, wer Sie sind? Mr. Coolidge persönlich?« Coolidge war ein bekannter Bergsteiger.

»Ich weiß, wer ich bin«, entgegnete Pierce knapp. Er wandte sich wieder Burgess zu, dessen Verwirrung sich während der letzten Minuten immer mehr gesteigert hatte und der jetzt fast erstarrt dasaß. Sein Gesicht war bleich und ausdruckslos.
»Heißen Sie denn Coolidge?« fragte Burgess. »Sie sagten doch Simms . . .«
»Ich heiße Simms«, sagte Pierce. »Unser Freund macht nur einen kleinen Scherz. Gehen Sie jetzt nach Hause und schlafen Sie, und morgen früh stehen Sie wie gewöhnlich auf und gehen zum Dienst. Machen Sie weiter wie immer, ganz gleich, was geschieht. Machen Sie sich über nichts Gedanken.«
Burgess warf erst Agar und dann Pierce einen Blick zu. »Sie wollen also morgen . . .«
»Ja«, erwiderte Pierce. »Und jetzt gehen Sie nach Hause und schlafen Sie sich aus.«

Als die beiden Männer allein waren, brach es aus Agar hervor: »Der Teufel soll mich holen, wenn ich hier mit Ihnen mitten in der Nacht noch länger leeres Stroh dresche. Das ist doch kein Kinderspiel, was wir da morgen vorhaben. Sehen Sie das denn nicht ein?« Agar hob die Hände. »Schluß damit, sage ich. Ich sage, lieber nächsten Monat.«
Pierce blieb einen Augenblick stumm. »Ich habe ein Jahr gewartet«, sagte er schließlich. »Und morgen werden wir es machen.«
»Sie jabbern doch nur«, sagte Agar. »Das ist doch alles Heckmeck.«
»Es ist zu schaffen«, beharrte Pierce.
»Zu schaffen?« rief Agar wütend. »*Wie* denn zu schaffen? Hören Sie, ich weiß, Sie sind 'n Mordsmorsch, aber ich bin auch kein Schneck. Sie können mich nicht für dumm verkaufen. Die Sache steht unter einem schlechten Stern. Es ist wirklich verdammt traurig, daß dieser Wein gediftelt worden ist, aber so ist es nun mal, und wir können es nicht ändern.« Agars

Gesicht war rot angelaufen. Er war völlig außer sich und fuchtelte mit den Armen in der Luft herum.
Pierce dagegen blieb beinahe unnatürlich ruhig. Seine Augen ruhten fest auf Agar. »Es gibt einen Weg«, sagte Pierce.
»Gott sei mein Zeuge: Wie denn?« fragte Agar. Er folgte Pierce mit den Augen, als dieser zu einem Büfett ging und zwei Gläser mit Brandy füllte. »Von dem Zeug können Sie gar nicht so viel in mich reingießen, daß mir dadurch der Blick getrübt wird«, sagte er. »Jetzt hören Sie mir mal zu.«
Agar hob eine Hand und zählte die Punkte an den Fingern ab, die er zu monieren hatte. »Ich soll im Packwagen mitfahren, sagen Sie. Ich komme aber nicht rein – da steht so ein wilder Schotte an der Schiebetür und paßt auf wie ein Luchs. Das haben Sie selbst gehört. Aber schön, ich will fair sein: Ich traue Ihnen zu, daß Sie mich reinschmuggeln. Weiter.«
Agar tippte den zweiten Finger an. »So, jetzt bin ich also im Packwagen. Der Schotte schließt von außen ab. Ich habe keine Möglichkeit, an das Schloß heranzukommen. Also selbst wenn ich die Geldschränke ausräume, kann ich nicht die Tür öffnen und die Sore rauswerfen. Ich bin sozusagen hinter Schloß und Riegel, und das bis Folkestone.«
»Wenn ich Ihnen nicht öffne«, sagte Pierce und gab Agar ein Glas Brandy.
Agar leerte das Glas mit einem Zug. »Ja, verstehe, und ich weiß auch schon, wie Sie das machen. Sie steigen aufs Dach eines der Wagen und trippeln leichtfüßig über die anderen Wagen rüber, lassen sich wie ein zweiter Mr. Coolidge an der Seite des Packwagens runter und öffnen das Schloß und die Schiebetür. Bevor Sie das schaffen, komme ich in den Himmel und lerne den lieben Gott persönlich kennen, ich schwör's Ihnen.«
Pierce sagte: »Ich kenne Mr. Coolidge.«
Agar kniff die Augen zusammen: »Allen Ernstes?«
»Ich habe ihn letztes Jahr auf dem Kontinent kennengelernt.

Ich bin mit ihm in der Schweiz gewesen und habe ein paar Bergtouren mit ihm gemacht. Wir haben zusammen drei Gipfel bestiegen, und was er weiß, weiß ich jetzt auch.«

Agar war sprachlos. Er starrte ungläubig Pierce an. Das Bergsteigen war eine erst drei oder vier Jahre alte Sportart, doch wurde viel darüber geredet und geschrieben. Die erfolgreichsten seiner britischen Anhänger, wie etwa Coolidge, waren rasch berühmt geworden.

»Allen Ernstes?« fragte Agar noch einmal.

»Ich habe die Seile und die Ausrüstung oben in der Kammer«, sagte Pierce. »Es stimmt.«

»Ich brauche noch einen Brandy«, sagte Agar und hielt Pierce sein leeres Glas hin.

Pierce schenkte sofort nach, und Agar goß den Inhalt sofort herunter.

»Also schön«, sagte er. »Gehen wir also davon aus, daß Sie *tatsächlich* das Schloß aufkriegen können, während Sie an einem Seil baumeln, daß Sie *tatsächlich* die Schiebetür aufkriegen und wieder abschließen können, ohne daß jemand es merkt. Aber wie soll ich denn bloß an dem Schotten mit den Luchsaugen vorbeikommen? Das müssen Sie mir erst mal erklären.«

»Es gibt einen Weg«, sagte Pierce. »Er ist für Sie nicht sehr angenehm, aber es ist ein Weg.«

Agar schien nicht überzeugt. »Sagen wir mal, Sie stecken mich in irgendeine Kiste. Er läßt sie bestimmt öffnen, um nachzusehen, und da liege ich dann. Und was dann?«

»Ich möchte ja gerade, daß er die Kiste öffnet und Sie sieht«, sagte Pierce.

»Wie, Sie *möchten* das?«

»So ist es, und es wird alles hübsch glatt verlaufen, wenn Sie ein bißchen duften.«

»Duften?«

»Ja, nach einem toten Hund oder einer toten Katze«, sagte

Pierce. »Das Biest muß freilich schon ein paar Tage tot sein. Glauben Sie, Sie schaffen das?«
Agar sagte: »Gott helfe mir, ich weiß nicht, worauf Sie hinauswollen. Darauf muß ich erst mal noch einen trinken.« Er hielt Pierce sein Glas hin.
»Sie haben schon genug«, sagte Pierce. »Sie haben noch einiges zu tun. Gehen Sie nach Hause und holen Sie Ihren besten Anzug, wirklich den besten, den Sie haben, und kommen Sie dann wieder her, aber schnell.« Agar seufzte.
»Gehen Sie schon«, sagte Pierce. »Und vertrauen Sie mir.«

Nachdem Agar gegangen war, ließ Pierce seinen Kutscher Barlow holen.
»Haben Sie irgendein Seil im Haus?« fragte Pierce.
»Ein Seil, Sir? Meinen Sie ein Hanfseil?«
»Genau das. Haben wir eines im Haus?«
»Nein, Sir. Würde Ihnen auch ein langer Lederriemen genügen?«
»Nein«, erwiderte Pierce. Er überlegte einen Augenblick. »Spannen Sie das Pferd vor den offenen Wagen und halten Sie sich bereit. Es gibt Arbeit. Wir müssen heute nacht ein paar Dinge besorgen.«
Barlow nickte und ging. Pierce kehrte ins Eßzimmer zurück, wo Miriam noch geduldig saß und ruhig wartete.
»Gibt es Ärger?« fragte sie.
»Nichts, was sich nicht noch zurechtrücken ließe«, erwiderte Pierce. Hast du ein schwarzes Kleid? Ich denke da an ein sehr einfaches Kleid, wie auch ein Dienstmädchen es tragen könnte.«
»Ich glaube schon, ja.«
»Gut«, sagte er. »Lege es heraus, du wirst es morgen früh tragen.«
»Wozu denn bloß?« Pierce lächelte.
»Um einem Toten deine Ehrfurcht zu bezeigen«, sagte er.

Am Morgen des 22. Mai, als der schottische Wachmann McPherson auf dem Bahnsteig des London-Bridge-Bahnhofs seinen Dienst antrat, bot sich ihm ein höchst unerwarteter Anblick. Neben dem Packwagen des Zuges nach Folkestone stand eine Frau in Schwarz – dem Aussehen nach ein Dienstmädchen, aber durchaus hübsch. Das arme Kind weinte bitterlich.

Der Anlaß ihrer Trauer war unschwer zu erkennen, denn neben dem Mädchen, auf einem offenen Karren, stand ein einfacher Holzsarg. Es war ein schlichter, schmuckloser Sarg mit mehreren Luftlöchern in den Seitenwänden. Auf dem Sargdeckel war so etwas wie ein Miniaturglockentürmchen angebracht, in dem eine kleine Glocke hing. An dem Klöppel der kleinen Glocke war eine Schnur befestigt, die durch ein Loch in das Innere des Sarges führte.

Obwohl unerwartet, war dieser Anblick für McPherson jedoch keineswegs überraschend – so ausgestattete Särge waren in jenen Tagen keine Seltenheit. Als McPherson sich dem Sarg näherte, verwunderte es ihn auch nicht, daß aus den Luftlöchern der Geruch eines verwesenden Leichnams drang, was darauf schließen ließ, daß der Tote schon einige Zeit im Sarg lag. Und auch das war nur zu verständlich.

Im 19. Jahrhundert schreckte in England wie in den Vereinigten Staaten viele Menschen die Vorstellung, sie könnten lebendig begraben werden. Diese bizarre Idee hat in der Literatur der Zeit, zum Beispiel bei Edgar Allan Poe, ihre Spuren hinterlassen. Die Furcht, lebendig begraben zu werden, wurde von Angehörigen aller Klassen und Stände geteilt. Es handelte sich dabei jedoch nicht nur um eine neurotische Zwangsvorstellung. Im Gegenteil, genügend Anhaltspunkte deuteten darauf hin, daß es tatsächlich geschehen konnte, daß Menschen lebendig begraben wurden. Es war durchaus richtig, anzunehmen, daß nur glückliche Umstände ein so gespenstisches Geschehen zu vereiteln vermochten. 1853 ereignete sich ein Fall in Wales, der breite Publizität fand. Es ging dabei um einen ertrunkenen zehnjährigen Knaben: ›Als der Sarg schon in dem offenen Grab lag und Erde in die Grube geschaufelt wurde, war plötzlich ein entsetzliches Geräusch zu hören. Der Knabe trat und schlug offenkundig gegen die Wände des Sarges. Die Totengräber unterbrachen ihre Arbeit und ließen den Sarg öffnen, worauf der Knabe herausgekrochen kam und nach seinen Eltern rief. Doch ebendiesen Knaben hatte man vor vielen Stunden für tot erklärt. Der Arzt hatte gesagt, die Atmung sei zum Stillstand gekommen, und auch der Puls sei nicht mehr spürbar. Die Haut des Jungen sei kalt und grau gewesen. Als die Mutter ihren Sohn aus dem Grab steigen sah, fiel sie in Ohnmacht und kam erst nach längerer Zeit wieder zu sich.‹

In den meisten Fällen dieser Art ging es um Opfer, die entweder scheinbar ertrunken oder durch einen elektrischen Schlag getötet worden waren, doch gab es auch andere Vorkommnisse, die dazu führen konnten, daß jemand in einen ›todesähnlichen oder leblosen Zustand‹ verfiel.

Tatsächlich bestand keineswegs Einigkeit darüber, wann ein Mensch nun wirklich tot sei – wie auch hundert Jahre später nicht, als die neuen Methoden der Organverpflanzung neue ethische Fragen aufwarfen, mit denen die Ärzte sich auseinanderzusetzen haben. In diesem Zusammenhang sollte man sich auch vergegenwärtigen, daß Ärzte erst 1950 entdeckten, daß der Herzstillstand nicht endgültig sein muß. Und um 1850 hatte man allen Grund, die Verläßlichkeit der Anzeichen für den Eintritt des Todes zu bezweifeln.

Die Zeitgenossen begegneten dieser Ungewißheit auf zweierlei Art. Die erste bestand darin, daß sie die Bestattung mehrere Tage oder gar eine ganze Woche hinausschoben – und auf den eindeutigen olfaktorischen Beweis für das endgültige Hinscheiden des geliebten Menschen aus dieser Welt warteten. Diese Neigung, eine Bestattung hinauszuschieben, nahm mitunter extreme Formen an. Als der Herzog von Wellington 1852 starb, wurde lange darüber debattiert, in welcher Form das Staatsbegräbnis vor sich gehen sollte. Der ›Eiserne Herzog‹ hatte also zu warten, bis man sich geeinigt hatte, und wurde tatsächlich erst nach über zwei Monaten zu Grabe getragen.

Die zweite Methode war technischer Natur: man entwickelte eine Reihe ausgeklügelter Warn- und Signalanlagen, die es einem Scheintoten erlaubten, seine Auferstehung zu neuem Leben zu verkünden. Wohlhabende Personen etwa ließen ein eisernes Rohr an dem Sarg anbringen, und irgendein altgedienter Hausangestellter wurde damit beauftragt, auf dem Friedhof Tag und Nacht an dem aus der Erde ragenden Rohr Wache zu halten, und das oft über einen Monat lang. Es hätte ja sein können, daß der Begrabene plötzlich aufwachte und um Hilfe rief. Personen, die über der Erde, in Familiengrüften etwa, beigesetzt wurden, legte man in patentierte Särge mit Sprungdeckeln. An Armen und Beinen des Toten befestigte man ein Gewirr von Drähten, die bewirken sollten, daß die kleinste Bewegung des Körpers sofort den Sargdeckel hochschnellen ließ. Dieser Methode gaben viele Menschen vor jeder anderen den Vorzug, denn man glaubte, ein Scheintoter kehre aus einem leblosen Zustand entweder stumm oder aber partiell gelähmt ins Leben zurück.

Daß die Deckel solcher Patentsärge zuweilen Monate oder gar Jahre später plötzlich aufsprangen (ohne Zweifel infolge einer Erschütterung von außen oder eines Nachlassens des Federmechanismus), erhöhte noch die allgemeine Ungewißheit darüber, wie lange der Scheintod eines Menschen währen konnte.

Die meisten Vorrichtungen dieser Art waren sehr kostspielig und standen nur wohlhabenden Menschen zu Gebote. Die ärmeren entwickelten die einfachere Technik, ihren Verwandten irgendein Gerät mit ins Grab zu geben — ein Brecheisen oder eine Schaufel —, damit der Tote in dem wenig wahrscheinlichen Fall seiner Auferstehung sich selbst aus seiner mißlichen Lage befreien konnte.

Der Markt für ein preiswertes Alarmsystem war also vorhanden. 1852 beantragte und erhielt George Bateson ein Patent für das ›Batesonsche Wiedererweckungsgerät‹, das in der Werbung als ›ein höchst wirtschaftlicher, sinnreicher und verläßlicher Mechanismus, jeder anderen Methode überlegen‹, gepriesen wurde. ›Es gibt jedem Menschen, der einen schmerzlichen Verlust erlitten hat, den Seelenfrieden wieder. Aus den besten Materialien hergestellt.‹ Darunter die zusätzliche Bemerkung: ›Ein vielfach erprobtes Gerät, das sich im Inland wie im Ausland bewährt hat.‹

›Batesons Glocke‹, wie das Gerät bald allgemein genannt wurde, war nichts weiter als eine einfache Eisenglocke, die in einem Gehäuse auf dem Sargdeckel, über dem Kopf des Verblichenen, angebracht und durch eine Schnur mit der Hand des Toten verbunden wurde, ›so daß schon das leiseste Zittern sofort das Läuten auslöst‹. Batesons Glocke erfreute sich großer Beliebtheit, und ein beachtlicher Prozentsatz aller Särge wurde damit ausgestattet. Damals starben allein in London dreitausend Menschen am Tag, und Batesons Geschäft blühte. Er selbst war bald ein reicher Mann, dem auch Ehrungen nicht versagt blieben: 1859 verlieh Königin Victoria ihm in Anerkennung für seine Verdienste den Order of the British Empire.

Übrigens noch etwas Kurioses: Bateson selbst lebte in entsetzlicher Angst davor, lebendig begraben zu werden, und trieb seine Leute an, zunehmend kompliziertere Alarmanlagen zu entwickeln, die nach seinem Tode an seinem Sarg angebracht werden sollten. Um 1867 trieben ihn seine Wahnvorstellungen in den Irrsinn. Er schrieb ein neues Testament, in dem seine Familie verpflichtet wurde, ihn nach seinem Tode einäschern zu lassen. Da er jedoch offenkundig befürchtete, daß man seine Anweisungen nicht befolgen würde, übergoß er sich im Frühjahr 1868 in seiner Fabrik mit Leinöl, setzte sich selbst in Brand und machte seinem Leben so durch eigene Hand ein Ende.

Am Morgen des 22. Mai hatte McPherson Wichtigeres zu bedenken als das weinende Dienstmädchen und den Sarg mit der Glocke, denn er wußte, daß die Goldladung von Huddleston & Bradford jeden Augenblick eintreffen mußte.
Durch die geöffnete Schiebetür des Packwagens sah er den Wachmann des Zuges. McPherson winkte ihm zu. Burgess erwiderte seinen Gruß verlegen und eher reserviert. McPherson wußte, daß sein Onkel, der Fahrdienstleiter, Burgess tags zuvor die Leviten gelesen hatte. Burgess hatte offensichtlich Angst, seinen Posten zu verlieren, zumal der andere Wachmann bereits entlassen worden war. McPherson nahm an, daß Burgess deshalb so verlegen wirkte.
Vielleicht war aber auch die schluchzende Frau die Ursache. Es wäre nicht das erste Mal, daß ein stämmiger Mann durch weibliche Tränen aus der Fassung gebracht wurde. McPherson ging zu dem jungen Mädchen und bot ihr sein Taschentuch an.
»Beruhigen Sie sich doch, Miss«, sagte er. »Bitte, nehmen ...«
Irgend etwas roch hier. Er schnupperte. Tatsächlich drang ein starker, übler Geruch aus den Luftlöchern des Sarges. Der Gestank hinderte ihn aber nicht daran, zu bemerken, wie hübsch das Mädchen auch in ihrem Kummer noch war. »Bitte, nehmen Sie ...«, sagte er wieder.
»Oh, Sir«, sagte das Mädchen, nahm das Taschentuch und schluchzte hinein. »Oh, bitte, können Sie mir helfen? Der Mann ist so ein herzloser Kerl!«
»Welcher Mann?« fragte McPherson empört.

»Oh, Sir, der Wachmann da drinnen. Er will nicht zulassen, daß der Sarg meines teuren Bruders in den Packwagen gestellt wird. Er sagt, ich muß noch auf einen anderen Wachmann warten. Ach, ich bin ja so unglücklich«, fügte sie hinzu und schluchzte wieder.
»Was, dieser hartherzige Schurke läßt nicht zu, daß Ihr Bruder in den Packwagen gebracht wird?«
Schluchzend und schniefend sagte das Mädchen irgend etwas von Vorschriften.
»Vorschriften?« sagte er. »Zum Teufel mit allen Vorschriften, sage ich.« Und er blickte wohlgefällig auf ihren auf- und abwogenden Busen und ihre hübsche, schmale Taille.
»Bitte, Sir, er will nicht mit sich reden lassen wegen dieses anderen Wachmanns ...«
»Miss«, sagte er, »ich bin der andere Wachmann. Sie haben ihn vor sich, und ich werde dafür sorgen, daß Ihr Bruder jetzt unverzüglich in den Packwagen geladen wird.«
»Oh, Sir, ich bin Ihnen ja so dankbar«, sagte sie und brachte trotz der Tränen ein Lächeln zustande.
McPherson war überwältigt. Er war ein junger Mann, es war Frühling, das Mädchen war hübsch, und er wollte sich ihr gern gefällig erweisen. Er empfand tiefes Mitleid und so etwas wie Zärtlichkeit für sie, und seine Gefühle drohten ihn zu überwältigen.
»Warten Sie nur«, versprach er und wandte sich Burgess zu, um ihn für sein herzloses, übereifriges Festhalten an den Vorschriften zu tadeln. Aber bevor er ihm noch seine Meinung sagen konnte, erblickte er den ersten der grauuniformierten, bewaffneten Wachmänner von Huddleston & Bradford, die jetzt die Kisten mit den Goldbarren brachten.
Das Verladen wurde mit großer Präzision durchgeführt. Zunächst kamen zwei Wachmänner auf dem Bahnsteig heran, stiegen in den Packwagen und durchsuchten schnell das Innere. Dann kamen acht weitere Männer, die sich um zwei flache,

offene Karren formiert hatten, die von je einer Gruppe grunzender und schwitzender Träger geschoben wurden — und auf jedem Karren türmten sich die versiegelten Geldkisten.
Vom Packwagen wurde eine Rampe herabgelassen. Die Träger schoben mit vereinten Kräften erst den einen, dann den anderen beladenen Karren in den Packwagen zu den wartenden Safes hinauf.
Danach erschien ein Vertreter der Bank, ein elegant gekleideter Herr von gebieterischem Auftreten. Er hielt zwei Schlüssel in der Hand. Und gleich darauf kam der Onkel McPhersons, der Fahrdienstleiter, mit einem zweiten Paar Schlüssel an. McPhersons Onkel und der Vertreter der Bank steckten die Schlüssel in die Schlösser und öffneten die Safes.
Die Kisten mit den Barren wurden in die Safes geschoben, worauf deren Türen mit einem dumpfen, metallischen Ton zugeschlagen wurden. Dann wurden die Safes wieder zugeschlossen.
Der Vertreter der Bank nahm seine Schlüssel und ging. McPhersons Onkel steckte seine Schlüssel in die Tasche und trat auf seinen Neffen zu.
»Paß heute nur gut auf«, sagte er. »Mach alles auf, was groß genug ist, daß sich jemand drin verstecken könnte. Und keine Ausnahmen!« Er schnupperte. »Was stinkt denn hier so entsetzlich?«
Der Neffe nickte über die Schulter zu dem Mädchen und dem Sarg hin. Es war ein bejammernswerter Anblick, aber das Stirnrunzeln des Onkels verriet keine Spur von Mitgefühl.
»Geht mit dem Morgenzug ab, was?«
»Ja, Onkel.«
»Dann sieh zu, daß du ihn aufmachst«, sagte der Fahrdienstleiter und wandte sich zum Gehen.
»Aber Onkel . . .«, begann McPherson, der schon meinte, er würde die frisch gewonnene Zuneigung des Mädchens verlieren, wenn er auf einer solchen Roheit bestand.

Der Fahrdienstleiter blieb stehen. »Hast du nicht den Schneid dazu? Mein Gott, du bist vielleicht zimperlich.« Er blickte prüfend in das verzweifelte Gesicht des jungen Mannes und deutete dessen Unbehagen falsch. »Na schön, ich bin dem Tod nahe genug, mir macht das nichts aus. Ich werde das selbst erledigen.« Damit ging der Fahrdienstleiter zu dem weinenden Mädchen hinüber. McPherson trottete zögernd hinterher.
In genau diesem Augenblick ertönte ein schauriger Laut: das Läuten von Mr. Batesons patentierter Glocke.

Später, vor Gericht, erläuterte Pierce seine diesem Plan zugrunde liegenden Überlegungen. »Jeder Wachmann lauert gespannt auf das Eintreten bestimmter Ereignisse, die er jeden Augenblick erwartet und für die er sich bereit hält. Ich wußte, daß der Wachmann der Bahn den Verdacht hatte, jemand könne einen Mann in den Packwagen schmuggeln. Nun, ein aufmerksamer Wachmann weiß zwar, daß sich in einem Sarg leicht jemand verstecken läßt, doch er wird nicht damit rechnen, daß es geschieht, da der Trick zu simpel ist. Er wäre zu naheliegend.
Er wird sich daher gleichwohl fragen, ob der Leichnam wirklich echt ist, und wenn es ein pflichtbewußter Wachmann ist, wird er den Sarg öffnen und einige Augenblicke damit verbringen, sich davon zu überzeugen, daß es sich tatsächlich um eine Leiche handelt. Er wird vielleicht nach dem Puls tasten oder sich vergewissern, daß die Haut kalt ist, unter Umständen sogar mit einer Nadel in den Körper stechen. Eine solche Untersuchung würde niemand unentdeckt überstehen.
Aber wie völlig anders verhält es sich, wenn jeder glaubt, der Mensch in dem Sarg sei nicht tot, sondern lebe noch und sei fälschlicherweise in den Sarg gebettet worden. Jetzt kehren sich alle Gefühle um. Das Mißtrauen ist verschwunden, und jeder hofft, der Mensch sei noch am Leben. Der Sarg wird nicht mit getragenem Ernst und voller Ehrfurcht geöffnet,

sondern man stürzt hinzu, um ihn in aller Eile aufzubrechen, und die Angehörigen beteiligen sich bereitwillig an der Prozedur – ein sicherer Beweis dafür, daß es nichts zu verbergen gibt.
Und wenn dann der Deckel geöffnet wird und die verwesenden Überreste ans Licht kommen, wie völlig anders ist da die Reaktion der Anwesenden. Ihre verzweifelten Hoffnungen sind mit einem Schlag zunichte; die grausame und schaurige Wahrheit enthüllt sich schon beim ersten Hinsehen und macht keine langwierige Untersuchung erforderlich. Die Angehörigen sind bitter enttäuscht und werden von wildem Schmerz ergriffen. Schnell wird der Deckel wieder geschlossen – und das alles nur infolge der umgekehrten Erwartungen. So ist nun einmal die menschliche Natur.«

Beim Läuten der Glocke, die nur einmal kurz anschlug, ließ das schluchzende Mädchen einen Aufschrei hören. Der Fahrdienstleiter und sein Neffe liefen rasch auf den Sarg zu.
Das Mädchen stürzte sich hysterisch auf den Sarg und versuchte vergeblich, ihn mit bloßen Händen zu öffnen. »Oh, mein lieber Bruder ... Oh, Richard, lieber Richard ... O mein Gott, er lebt ...« Ihre Finger, die an dem Deckel kratzten, versetzten den Sarg so in Bewegung, daß die Glocke jetzt unentwegt läutete.
Der Fahrdienstleiter und sein Neffe ließen sich von der erregten Besorgtheit des Mädchens anstecken, gingen aber mit mehr Verstand vor. Der Deckel war mit einer Reihe von Schnappriegeln verschlossen, die sie jetzt nacheinander öffneten. In der Hitze des Gefechts muß es den beiden Männern entgangen sein, daß dieser Sarg mit dreimal soviel Schnappriegeln versehen war wie jeder andere. Das Öffnen des Sarges zog sich auch deswegen in die Länge, weil das arme Mädchen in verständlicher Pein die Bemühungen der beiden Männer störte.

Die beiden Männer arbeiteten in fieberhafter Eile. Unterdessen rief das Mädchen ständig: »O Richard ... Mein Gott! Bitte, machen Sie schnell! Er lebt ... lieber Gott, er lebt! Gott sei gelobt!« Die Glocke läutete und läutete.
Eine beachtliche Menschenmenge hatte sich bereits angesammelt. Die Schaulustigen standen wenige Schritte entfernt auf dem Bahnsteig und betrachteten das bizarre Schauspiel.
»Oh, beeilen Sie sich, sonst ist es zu spät«, rief das Mädchen. Und die Männer arbeiteten wie wild an den Riegeln. Als sie nur noch die beiden letzten Riegel vor sich hatten, hörte der Fahrdienstleiter das Mädchen rufen: »Oh, ich hab's doch gewußt, daß es nicht die Cholera ist! Dieser Quacksalber, so etwas zu behaupten! Oh, ich hab's doch gewußt ...«
Die Hand auf dem Riegel erstarrte. »Cholera?« fragte der Fahrdienstleiter.
»Beeilen Sie sich doch!« rief das Mädchen. »Ich warte schon fünf Tage auf das Läuten der Glocke ...«
»Sagten Sie Cholera?« fragte der Fahrdienstleiter noch einmal. »Fünf Tage?«
Aber der Neffe, der nicht aufgehört hatte, die Riegel zu bearbeiten, riß jetzt den Sargdeckel weit auf.
»Gott sei gedankt!« rief das Mädchen und wollte sich auf die im Sarg liegende Gestalt werfen, wie um den Bruder zu umarmen. Sie erstarrte aber mitten in dieser Bewegung, was nur zu verständlich war. Dem geöffneten Sarg entquoll eine fast greifbare Dunstwolke, ein unglaublich widerwärtiger, übler Gestank, und die Ursache dieses Geruchs war klar: der Körper des Toten, der da in seinem besten Sonntagsstaat, die Hände auf der Brust gefaltet, im Sarg lag, war bereits eindeutig in Verwesung übergegangen.
Gesicht und Hände waren fleckig und gedunsen und hatten eine abstoßende graugrüne Farbe angenommen. Die Lippen waren schwarz, ebenso die teilweise hervortretende Zunge. Der Fahrdienstleiter und sein Neffe betrachteten das grausige

Bild, als das Mädchen mit einem letzten herzzerreißenden Schrei in Ohnmacht fiel. Der Neffe sprang sofort hinzu, um sie aufzufangen, und der Fahrdienstleiter machte sich mit nicht geringerem Eifer daran, den Deckel zuzuwerfen und die Riegel noch schneller zu schließen, als er sie geöffnet hatte.
Die Menge der Schaulustigen löste sich ebenso geschwind auf, nachdem sie gehört hatte, daß der Mann an Cholera gestorben war. In Blitzesschnelle war der Bahnsteig so gut wie leergefegt.
Das Mädchen erholte sich bald von seiner Ohnmacht, verharrte aber in einem Zustand tiefer Trauer und Niedergeschlagenheit. Immer wieder fragte sie: »Wie ist das nur möglich? Ich habe doch die Glocke gehört. Haben Sie sie nicht auch gehört? Ich habe sie wirklich gehört, Sie nicht auch? Er hat doch die Glocke geläutet.«
McPherson tat sein Bestes, um sie zu trösten. Er sagte ihr, irgendein leichtes Beben des Erdbodens oder ein plötzlicher Windstoß hätte wahrscheinlich die Glocke zum Läuten gebracht.
Der Fahrdienstleiter, der seinen Neffen mit dem armen Kind beschäftigt sah, übernahm es selbst, das Verladen des Frachtguts in den Packwagen des Zuges nach Folkestone zu überwachen. Er tat dies mit soviel Sorgfalt, wie er nach diesem schrecklichen Erlebnis noch aufbrachte. Zwei vornehm gekleidete Damen mit riesigen Koffern erschienen, und trotz ihrer hochmütigen Proteste bestand er darauf, daß beide Gepäckstücke geöffnet wurden, damit er sie inspizieren könne. Danach ereignete sich nur noch ein weiterer Zwischenfall, als nämlich ein wohlbeleibter Herr einen Papagei – jedenfalls war es ein großer, vielfarbiger Vogel – zum Packwagen brachte und verlangte, daß sein Diener bei dem Vogel bleiben und für sein Wohlergehen sorgen solle. Der Fahrdienstleiter verweigerte die Erlaubnis und wies auf die neuen Vorschriften hin. Daraufhin wurde der Herr zunächst ausfallend und

erklärte dann in freundlicherem Ton, er werde sich auch gern ›erkenntlich zeigen‹. Der Fahrdienstleiter aber, der die ihm angebotenen 10 Shilling mit mehr Interesse betrachtete, als er sich selbst einzugestehen wagte, war sich ohnedies bewußt, daß Burgess ihn beobachtete – ausgerechnet der Wachmann, den er tags zuvor abgekanzelt hatte. Er lehnte ab, und der wohlbeleibte Herr stapfte, Verwünschungen murmelnd, davon.

All diese Zwischenfälle waren nicht geeignet, die Laune des Fahrdienstleiters zu verbessern, und als der übelriechende Sarg endlich im Packwagen verstaut war, machte er sich ein Vergnügen daraus, Burgess in sehr besorgtem Ton zu empfehlen, er solle sich nur vorsehen, denn sein Mitreisender sei an der Cholera gestorben.

Burgess reagierte nicht darauf. Er blickte verlegen und verstört vor sich hin. Unzufrieden bellte der Fahrdienstleiter seinem Neffen zu, er solle sich gefälligst beeilen und den Packwagen abschließen. Dann kehrte er in sein Büro zurück.

Später mußte der Fahrdienstleiter eingestehen, er könne sich nicht erinnern, an jenem Tag auf dem Bahnsteig einen Herrn mit rotem Bart gesehen zu haben.

41. Kapitel Letzte Ungelegenheiten

Pierce hatte sich aber tatsächlich in der Menge befunden, welche die schreckliche Episode mit dem geöffneten Sarg mitangesehen hatte.

Pierce sah, daß die Dinge so verliefen, wie er es beabsichtigt hatte, und daß Agar in seiner scheußlichen Aufmachung keinen Verdacht erregt hatte.

Nachdem die Menge sich zerstreut hatte, ging Pierce mit Barlow an seiner Seite zum Packwagen. Barlow schob auf einem Handkarren einige merkwürdige Gepäckstücke vor sich her, und Pierce mußte einige unruhige Augenblicke überstehen, als er sah, daß der Fahrdienstleiter das Beladen des Packwagens persönlich überwachte. Pierces Verhalten war nämlich entschieden merkwürdig und hätte jedem, der genauer hinsah, auffallen müssen.

Seinem Äußeren nach mußte er ein wohlhabender Mann sein. Sein Gepäck aber war recht ungewöhnlich: fünf völlig gleiche lederne Packtaschen. Diese Taschen entsprachen nun durchaus nicht dem Geschmack eines Herrn mit Sinn für Qualität. Das Leder war grob, und die Nähte waren es ebenfalls. Kurz gesagt, es waren derbe, häßliche Taschen.

Groß waren sie allerdings auch nicht, und Pierce hätte sie ohne weiteres im Gepäcknetz über dem Sitz in seinem Abteil verstauen können, statt sie zum Packwagen zu bringen. Gepäck aufzugeben empfand man allgemein als recht lästig. Man verlor nur Zeit – bei der Abfahrt wie bei der Ankunft. Schließlich hätte auch auffallen können, daß Pierces Diener die Taschen einzeln in den Packwagen hob. Obwohl der Diener ein stämmiger Mann war, dem man seine Körperkraft ansah, ächzte er doch sichtbar unter der Last der Taschen.

Mit anderen Worten, einem aufmerksamen Beobachter hätte es seltsam erscheinen müssen, daß ein Herr von Stand mit fünf kleinen, häßlichen, ungewöhnlich schweren und völlig gleich aussehenden Ledertaschen reiste. Während die Taschen nacheinander verladen wurden, beobachtete Pierce das Gesicht des Fahrdienstleiters. Der ein wenig blaß aussehende Mann würdigte die Taschen jedoch keines Blicks und schien erst dann aus seiner Geistesabwesenheit aufzuwachen, als ein anderer Herr mit einem Papagei auftauchte und es zu einer unerfreulichen Auseinandersetzung kam.

Pierce wandte sich ab, stieg aber nicht in den Zug. Statt dessen blieb er in der Nähe stehen, augenscheinlich interessiert, ob die Frau, die zuvor ohnmächtig geworden war, sich wohl wieder erholte. In Wahrheit aber lauerte er nur auf eine Gelegenheit, das Vorhängeschloß näher zu betrachten, das er

sich bald würde vornehmen müssen. Als der Fahrdienstleiter davonging, schwankte die junge Frau auf eines der Abteile zu. Pierce holte sie ein.
»Fühlen Sie sich wieder wohl, Miss?« fragte er.
»Es geht mir besser, danke«, erwiderte sie.
Sie mischten sich unter die Reisenden vor den Waggons. Pierce sagte: »Darf ich Sie einladen, mir in meinem Abteil Gesellschaft zu leisten?«
»Sie sind zu freundlich«, sagte das Mädchen mit einem leichten Kopfnicken.
»Schaff ihn mir vom Hals«, flüsterte Pierce ihr zu. »Egal wie, aber ich muß ihn loswerden.«
Miriam machte nur einen Augenblick lang ein verständnisloses Gesicht, dann ließ sich eine kräftige Stimme dröhnend vernehmen: »Edward! Edward, mein Lieber!« Ein Mann drängte sich durch die Menge zu ihnen.
Pierce grüßte mit einer Handbewegung, um seine Freude zu zeigen. »Henry«, rief er aus. »Henry Fowler, das nenne ich eine Überraschung.«
Fowler trat zu ihnen und gab Pierce die Hand. »Fabelhaft, Sie hier zu treffen«, sagte er. »Fahren Sie auch mit diesem Zug? Ja? Nun, ich auch. Wollen wir nicht . . . ah . . .« Seine Stimme verlor sich, als er das Mädchen an Pierces Seite bemerkte. Er ließ einiges Unbehagen erkennen, denn nach seinen Begriffen stimmte hier nichts mehr. Da stand Pierce, elegant gekleidet und gepflegt wie immer, mit einem Mädchen, das zwar durchaus ansehnlich war, dessen Kleidung und Gehabe aber die gewöhnliche Herkunft verrieten.
Pierce war Junggeselle und Lebemann, und Henry Fowler traute ihm zu, daß er in aller Öffentlichkeit mit einer Geliebten an die See reiste, aber eine solche wäre mit Sicherheit vornehm gekleidet gewesen und nicht bescheiden wie diese Frauensperson. War sie ein Dienstmädchen aus Pierces Haus? Aber dann hätte er sich mit ihr nicht so in aller Öffentlichkeit

auf einem Bahnhof gezeigt, es sei denn, es gab dafür einen plausiblen Grund, den Fowler jedoch nicht erraten konnte. Dann stellte er außerdem noch fest, daß das Mädchen geweint hatte. Ihre Augen waren rot gerändert, und auf ihren Wangen konnte man die Spuren der Tränen sehen. Es war also alles höchst verblüffend und ungewöhnlich, und ...

Pierce befreite Fowler aus seiner Verlegenheit. »Bitte verzeihen Sie«, sagte er zu dem Mädchen. »Ich sollte Sie vorstellen, aber ich kenne Ihren Namen nicht. Dies ist Mr. Henry Fowler.«

Das Mädchen schenkte ihm ein geziertes Lächeln und sagte: »Ich bin Brigid Lawson. Guten Tag, Sir.«

Fowler grüßte mit einem unbestimmt höflichen Kopfnicken, während er sich den Kopf zerbrach, welche Haltung diesem Wesen gegenüber nun korrekt sei: Einerseits war sie offensichtlich ein dienstbarer Geist (und daher nicht seinesgleichen), andererseits aber auch eine Frau in Trauer (und hatte daher Anspruch darauf, daß er sich ihr gegenüber wie ein Kavalier benahm). Aber schon schaffte Pierce völlige Klarheit.

»Miss Lawson hatte soeben ein sehr aufwühlendes Erlebnis«, sagte Pierce. »Sie reist mit diesem Zug, um ihren verstorbenen Bruder zu begleiten, dessen Sarg im Packwagen steht. Vorhin hat aber das Glöckchen geläutet, und es bestand die Hoffnung, ihr Bruder könne noch am Leben sein, und der Sarg wurde geöffnet ...«

»Verstehe, verstehe«, sagte Fowler, »sehr traurig ...«

»... aber es war falscher Alarm«, setzte Pierce hinzu.

»Und damit doppelt schmerzlich, wie ich annehme«, sagte Fowler.

»Ich habe mich erboten, ihr unterwegs Gesellschaft zu leisten«, sagte Pierce.

»Das würde ich in der Tat auch tun«, sagte Fowler, »wenn ich an Ihrer Stelle wäre. Übrigens ...« Er zögerte. »Würden Sie

mich für sehr aufdringlich halten, wenn ich mich Ihnen anschlösse?«
Pierce zögerte keinen Augenblick. »Nicht im geringsten«, sagte er unbefangen. »Das heißt, es sei denn, Miss Lawson ...«
»Sie sind wirklich zu nett, alle beide«, sagte das Mädchen mit einem tapferen, aber dankbaren Lächeln.
»Also, abgemacht«, sagte Fowler, der ebenfalls lächelte. Pierce bemerkte, daß er das Mädchen interessiert musterte. »Aber wollen wir nicht in mein Abteil gehen — es ist nur ein kleines Stück weiter vorn.« Er deutete auf einen Erste-Klasse-Wagen.
Pierce hatte natürlich die Absicht, im letzten Abteil des hintersten Erste-Klasse-Wagens zu sitzen. Von dort aus würde er den kürzesten Weg zum Gepäckwagen am Ende des Zuges haben. Immerhin mußte er über die Wagendächer dorthin gelangen.
»Ach, wissen Sie«, sagte Pierce, »ich habe selbst ein Abteil, dort hinten.« Er zeigte auf den hinteren Teil des Zuges. »Mein Gepäck ist schon dort, und den Träger habe ich schon bezahlt und fortgeschickt ...«
»Mein lieber Edward«, sagt Fowler. »Warum um alles in der Welt sitzen Sie denn so weit hinten? Die besseren Abteile sind doch weiter vorn, wo die Fahrtgeräusche nicht so stören. Kommen Sie mit mir, Sie sind vorn sicher komfortabler untergebracht, und da es Miss Lawson nicht gutzugehen scheint ...« Er zuckte die Achseln, als wäre die Schlußfolgerung selbstverständlich.
»Nichts wäre mir lieber«, sagte Pierce. »Aber ich muß gestehen, daß ich mein Abteil auf Anraten meines Arztes gewählt habe. Ich habe mich nämlich auf früheren Bahnreisen immer sehr unwohl gefühlt. Mein Arzt hat dieses Unwohlsein auf Vibrationen zurückgeführt, die von der Lokomotive ausgehen, und mir dringend geraten, mich soweit wie möglich von der Lokomotive entfernt aufzuhalten.« Pierce lachte kurz auf.

»Er hat sogar gesagt, ich solle Zweiter Klasse reisen. Aber das bringe ich nicht über mich!«
»Kein Wunder«, sagte Fowler. »Es gibt Grenzen für eine gesunde Lebensweise, aber von einem Arzt kann man natürlich nicht erwarten, daß er das weiß. Mein eigener Arzt hat mir sogar einmal geraten, ich solle keinen Wein mehr trinken – können Sie sich diese Unverfrorenheit vorstellen? Also schön, dann fahren wir eben in Ihrem Abteil.«
Pierce sagte: »Vielleicht ist Miss Lawson wie Sie der Meinung, daß ein Abteil weiter vorn angenehmer wäre?«
Bevor das Mädchen etwas sagen konnte, versetzte Fowler: »Was? Und sie Ihnen einfach wegzunehmen, so daß Sie mutterseelenallein dasitzen? Kommt nicht in Frage. Kommen Sie, kommen Sie, der Zug fährt gleich ab. Wo ist Ihr Abteil?«
Sie gingen am Zug entlang zu Pierces Abteil. Fowler war bester Laune und schwatzte unaufhörlich über Ärzte und ihre Schwächen. Sie stiegen in Pierces Abteil ein und schlossen die Tür. Pierce warf einen Blick auf die Uhr. Es war sechs Minuten vor acht. Der Zug fuhr zwar nicht immer genau nach Fahrplan ab, aber selbst dann wurde die Zeit knapp genug. Er mußte Fowler loswerden. Pierce konnte nicht das Abteil verlassen und aufs Dach steigen, wenn ein Fremder sich im Abteil befand, zumal es ein Mann von der Bank war. Andererseits aber mußte Pierce Fowler auf eine Art loswerden, die keinen Verdacht erregte. Irgendwann nach dem Raub würde Mr. Fowler sein Gedächtnis befragen – und wahrscheinlich auch von der Polizei gehört werden –, um sich auch an die kleinste Besonderheit dieses Tages zu erinnern, die einen Hinweis auf die Täter liefern könnte.
Mr. Fowler redete immer noch, konzentrierte seine Bemühungen nun aber auf das Mädchen, das ihm verzückt und verzaubert zuzuhören schien. »Das nenne ich wirklich außergewöhnliches Glück, daß mir Edward ausgerechnet heute über den Weg läuft. Reisen Sie oft auf dieser Strecke, Edward? Ich selbst

fahre hier nur einmal im Monat. Und Sie, Miss Lawson?«
»Ich bin auch schon mit der Eisenbahn gefahren«, sagte das Mädchen, »aber Erster Klasse noch nie. Diesmal hat meine Herrschaft mir ein Billett für die Erste Klasse gekauft. Sie meinte ... Sie wissen ja ...«
»Verstehe, verstehe durchaus«, sagte Fowler munter und ein bißchen forsch. »Man muß seinen Mitmenschen in Zeiten seelischer Belastung helfen, wo man kann. Ich muß zugeben, daß heute morgen auch auf mir etwas lastet. Edward weiß sicher schon, was ich meine, denn er hat den Grund meiner Reise sicher schon erraten. Nicht wahr, Edward?«
Pierce hatte nicht zugehört. Er starrte aus dem Fenster und überlegte fieberhaft, wie er Fowler in den wenigen verbleibenden Minuten loswerden sollte. Er sah zu Fowler hinüber.
»Glauben Sie, Ihr Gepäck ist gut aufgehoben?« fragte er.
»Mein Gepäck? Sie meinen, in meinem Abteil? Ich habe gar kein Gepäck, Edward. Nicht einmal eine Tasche mit Akten. Ich werde nur zwei Stunden in Folkestone bleiben, und das reicht kaum für ein anständiges Essen oder ein paar Erfrischungen oder für eine gute Zigarre, bevor ich wieder im Zug sitze und zurückfahre.«
Zigarre, dachte Pierce. Ah, natürlich. Er griff in seine Jackentasche, zog eine lange Zigarre heraus und zündete sie sich an.
»Nun zu Ihnen, mein gutes Kind«, sagte Fowler. »Unser Freund Edward hat natürlich schon eine Vermutung, was den Zweck meiner Reise betrifft, aber ich nehme an, daß Sie noch im dunkeln tappen.«
Das Mädchen starrte Mr. Fowler mit leicht geöffnetem Mund an.
»In Wirklichkeit ist das hier kein gewöhnlicher Zug, und ich bin auch kein gewöhnlicher Passagier. Nein, ich bin nämlich Direktor der Huddleston & Bradford-Bank in Westminster, und heute, in diesem Zug – keine zweihundert Schritt von hier entfernt –, reist eine Goldsendung meiner Bank mit, die

für unsere tapferen Soldaten auf der Krim bestimmt ist. Stellen Sie sich vor, Gold im Wert von über 12 000 Pfund, mein liebes Kind.«

»Du meine Güte!« rief das Mädchen. »Und Sie sind für all das verantwortlich?«

»Das bin ich in der Tat«, sagte Henry Fowler mit selbstzufriedener Miene. Er hatte das einfache Mädchen mit seinen Worten offensichtlich tief beeindruckt, und jetzt saß sie da und betrachtete ihn voller Bewunderung. Wer weiß, wer weiß? Seinen Freund Pierce schien sie jedenfalls völlig vergessen zu haben.

Nur so lange, bis Pierces Zigarrenrauch in grauen Wolken durchs Abteil waberte. Jetzt fing das Mädchen an, verstohlen, aber doch absichtsvoll zu hüsteln. Das mochte sie ihrer Herrin abgeguckt haben. Pierce, der zum Fenster hinausstarrte, schien es nicht zu bemerken.

Das Mädchen hustete wieder, diesmal etwas kräftiger. Als Pierce noch immer keine Notiz davon nahm, ergriff Fowler die Initiative. »Geht es Ihnen nicht gut?« fragte er.

»Mir ging's schon wieder gut. Aber ich bin noch so schwach ...« Sie wies mit einer Handbewegung auf die Rauchschwaden.

»Edward«, sagte Fowler. »Ich glaube, Edward, Ihr Tabak setzt Miss Lawson ziemlich zu.«

Pierce sah ihn an und sagte: »Wie bitte?«

»Ich sagte, würde es Ihnen etwas ausmachen . . .«, begann Fowler.

Das Mädchen beugte sich vor und sagte: »Oh, Verzeihung, mir ist plötzlich so übel!«, und griff tastend nach der Tür, als wollte sie sie öffnen.

»Da haben Sie es!« sagte Fowler zu Pierce. Er öffnete die Tür und half dem Mädchen, das sich auf seinen Arm stützte, hinaus an die frische Luft.

»Entschuldigung«, sagte Pierce. »Ich hatte gar nicht daran gedacht ... Hätte ich doch nur ...«

»Sie hätten ja auch fragen können, bevor Sie Ihr Teufelsding da in Brand setzten«, sagte Fowler. Das Mädchen, offenkundig weich in den Knien, lehnte sich an ihn, so daß ihr zarter Busen seine Brust berührte.
»Ich muß wirklich um Entschuldigung bitten«, sagte Pierce und machte Anstalten, ebenfalls das Abteil zu verlassen, um sich des Mädchens anzunehmen.
Das war das letzte, was Fowler wünschte. »Sie sollten ohnehin nicht rauchen, wenn Ihr Arzt Ihnen gesagt hat, daß Bahnfahrten Ihrer Gesundheit abträglich sind«, schnappte er. »Kommen Sie, meine Liebe«, sagte er zu dem Mädchen, »mein Abteil ist nur ein kurzes Stück weiter vorn, und dort können wir unsere Unterhaltung fortsetzen, ohne schädlichen Dämpfen ausgesetzt zu sein.« Das Mädchen ging bereitwillig mit ihm.
»Tut mir schrecklich leid«, wiederholte Pierce, aber keiner von den beiden sah sich um.
Einen Augenblick später ertönte der Pfiff, und die Lokomotive fuhr fauchend an. Pierce trat zurück in sein Abteil, schloß die Tür und sah die Halle des London-Bridge-Bahnhofs an seinem Fenster vorüberziehen. Der Morgenzug nach Folkestone nahm Fahrt auf.

IV. Der große Eisenbahnraub *Mai 1855*

Burgess, der jetzt in dem fensterlosen Packwagen eingeschlossen war, kannte die Strecke so genau, daß er an den Fahrgeräuschen merkte, wo sich der Zug jeweils befand. Zuerst hörte er das sanfte Klack-Klack der Räder auf den sauber verlegten Gleisen im Vorfeld des Bahnhofs, später dann die hohler und voller tönenden Geräusche, als der Zug über mehrere Meilen hinweg auf Überführungen Bermondsey durchquerte, und noch später den allmählichen Übergang zu einem matteren Klang und einem rauheren Lauf der Wagen, was bedeutete, daß der Zug London verlassen hatte.

Burgess hatte nicht die leiseste Vorstellung von Pierces Plan und war erstaunt, als plötzlich die Glocke auf dem Sarg zu läuten begann. Er führte dies auf das Vibrieren und Schwanken des Zuges zurück. Doch wenige Augenblicke später vernahm er ein Pochen und dann eine unterdrückte Stimme. Da er die Worte nicht verstehen konnte, trat er verwundert näher an den Sarg heran.

»Aufmachen, verdammt noch mal«, sagte die Stimme.

»Sind Sie denn am Leben?« fragte Burgess im Tonfall höchsten Erstaunens.

»Ich bin's, Agar, Sie gottverdammter Holzkopf«, ertönte es aus dem Sarg. Eilig machte Burgess sich daran, die Schnappriegel des Sargdeckels zu lösen. Gleich darauf kroch Agar — mit einer scheußlichen grünen Paste eingeschmiert, grauenhaft riechend, aber im übrigen völlig normal agierend — aus dem Sarg und sagte: »Ich muß mich beeilen. Geben Sie mir die Taschen da.« Er zeigte auf die fünf Ledertaschen, die nebeneinander in der einen Ecke des Packwagens lagen.

Burgess beeilte sich, der Aufforderung nachzukommen. »Aber der Wagen ist doch abgeschlossen«, sagte er. »Wie wollen Sie ihn denn öffnen?«

»Unser Freund«, erwiderte Agar, »ist Bergsteiger.«
Agar öffnete die Safes und nahm die erste der Kisten heraus, brach das Siegel auf und holte die matt schimmernden Goldbarren hervor – jeder war mit einer Krone und den Initialen ›H & B‹ gestempelt. Er ersetzte sie durch kleine Beutel mit Bleikugeln, die er den Ledertaschen entnahm.
Burgess sah schweigend zu. Der Zug ratterte nach Süden, am Kristallpalast vorbei, auf Croyden und Redhill zu. Von dort würde es in östlicher Richtung nach Folkestone weitergehen.
»Bergsteiger?« fragte Burgess schließlich.
»Ja«, erwiderte Agar. »Er kommt über die Wagendächer herüber und schließt von außen auf.«
»Wann?« fragte Burgess und machte ein besorgtes Gesicht.
»Hinter Redhill. Bevor wir Ashford erreichen, ist er wieder in seinem Abteil. Dort ist nur flaches Land. Kaum anzunehmen, daß ihn da jemand sieht.« Agar blickte nicht von seiner Arbeit auf.
»Zwischen Redhill und Ashford? Aber das ist doch der Abschnitt, wo der Zug am schnellsten fährt!«
»Schon möglich«, sagte Agar.
»Wissen Sie was?« sagte Burgess. »Ihr Freund ist verrückt!«

43. Kapitel Der Mut des Ahnungslosen

In einem bestimmten Augenblick des Prozesses gegen Pierce konnte der Ankläger seine Bewunderung für den Angeklagten nicht verhehlen. »Dann trifft es also nicht zu«, sagte der Ankläger, »daß Sie über bergsteigerische Erfahrungen verfügten?«
»Nein«, sagte Pierce. »Ich habe das nur so gesagt, um Agar in Sicherheit zu wiegen.«
»Sie sind auch nicht Mr. Coolidge begegnet, und Sie haben auch keine Bücher über diese Sportart gelesen, und Sie haben auch nicht die speziellen Ausrüstungsgegenstände und Hilfs-

mittel besessen, die für die Tätigkeit des Bergsteigens unerläßlich sind?«
»Nein«, erwiderte Pierce.
»Verfügen Sie denn über Erfahrungen auf athletischem oder sportlichem Gebiet, die Sie von Ihrer Fähigkeit überzeugten, Ihren Plan zu verwirklichen?«
»Über nichts dergleichen«, erwiderte Pierce
»Also gut«, sagte der Ankläger. »Dann muß ich Ihnen die folgende Frage stellen, wenn auch nur aus gewöhnlicher menschlicher Neugier: Was auf Erden, Sir, hat Sie zu der Annahme gebracht, Sie könnten ohne vorhergehende Übung, ohne entsprechendes Wissen, ohne Ausrüstung und ohne die erforderliche körperliche Geschicklichkeit — also, was auf Erden hat Sie glauben lassen, ein derart gefährliches und, wie ich hinzufügen möchte, nahezu selbstmörderisches Unterfangen wie das Herumklettern auf einem schnell dahinfahrenden Eisenbahnzug könne Ihnen gelingen? Woher haben Sie nur den Mut zu diesem kühnen Vorgehen genommen?«
Aus Zeitungsberichten der damaligen Zeit geht hervor, daß Pierce an dieser Stelle lächelte.
»Ich glaubte, daß es nicht gefährlich sein würde«, erwiderte er, »obwohl es den Anschein hatte. Ich hatte nämlich in der Presse schon verschiedentlich über das Phänomen der Sogwirkung gelesen, und ebenso hatte ich auch darüber gelesen, wie Ingenieure dieses Phänomen erklären, nämlich so, daß der Sog durch sich rasch bewegende Luft verursacht wird. Die grundlegenden Untersuchungen hat der verstorbene Italiener Baroni durchgeführt. Ich konnte also sicher sein, daß diese Kräfte meinen Körper auf der Oberfläche des Wagendachs festhalten würden, und ging davon aus, daß mein Vorhaben absolut ungefährlich sei.«
An dieser Stelle bat der Ankläger um nähere Erläuterungen. Pierce entsprach dieser Bitte, brachte aber die Tatsachen durcheinander. Der zusammenfassende Bericht über diesen Teil des

Prozesses, der kurz darauf in der *Times* erschien, entstellte die wissenschaftlichen Fakten noch mehr. Man ging jedenfalls allgemein davon aus, daß Pierce — der von der Presse jetzt schon fast als Meisterverbrecher hingestellt wurde — über bestimmte wissenschaftliche Erkenntnisse verfüge, die ihm bei seiner Tat zugute gekommen seien.

In Wirklichkeit aber unternahm Pierce, der sich auf seine Belesenheit nicht wenig einbildete, seine Gratwanderung auf den Waggons mit einem Gefühl der Zuversicht, das jeder Grundlage entbehrte. Die Sache verhielt sich folgendermaßen: Um 1848, als die Eisenbahnen Geschwindigkeiten von fünfzig oder gar siebzig Meilen in der Stunde erreichten, beobachtete man ein seltsames, unerklärliches Phänomen. Immer wenn ein schnell fahrender Zug an einem in einem Bahnhof haltenden Zug vorbeifuhr, neigten sich beide Züge zueinander. In manchen Fällen legten sich die Waggons so heftig zur Seite, daß die Reisenden erschraken. Gelegentlich kam es sogar zu kleinen Beschädigungen einzelner Waggons.

Eisenbahningenieure gaben nach ausgiebigem Fachsimpeln offen zu, daß auch sie vor einem Rätsel stünden. Niemand hatte auch nur die leiseste Ahnung, wie dieses Phänomen zu erklären und wie es zu verhindern sei. Man muß sich vergegenwärtigen, daß die Eisenbahn damals das schnellste Fortbewegungsmittel in der Geschichte der Menschheit war. Man glaubte, daß so schnelle Fahrzeuge noch unbekannten physikalischen Gesetzen gehorchten. Bei den Eisenbahningenieuren herrschte die gleiche Verwirrung wie ein Jahrhundert später bei den Luftfahrtingenieuren, die sich erstmals der ›Pufferwirkung‹ konfrontiert sahen, die eintritt, wenn ein Flugzeug sich der Schallgeschwindigkeit nähert. Man wußte keine rechte Erklärung für diesen Effekt, und die Mittel und Wege zu seiner Überwindung konnten zunächst nur erahnt werden.

Um 1851 jedoch hatten die meisten Bahningenieure richtig erkannt, daß das ›Schwanken‹ der Waggons durch das sogenannte ›Bernouillische Gesetz‹ zu erklären war. Der Schweizer Physiker Daniel Bernouilli hatte entdeckt, daß der Druck innerhalb eines sich bewegenden Luftstroms geringer ist als der Druck der ihn umgebenden Luft.

Das bedeutete, daß zwei fahrende Züge, die dicht aneinander vorbeifuhren, im Augenblick der Begegnung durch das zwischen ihnen entstehende Teilvakuum sich gegenseitig ›ansaugten‹. Die Lösung des Problems war einfach und wurde beim Bau späterer Bahnstrecken berücksichtigt: die parallellaufenden Gleise wurden einfach in größerem Abstand voneinander verlegt, und damit verschwand das Phänomen.

Heute erklärt das Bernouillische Gesetz zum Beispiel, warum ein Ball eine Kurve beschreibt, warum ein Segelboot in den Wind segeln kann und warum die Tragflächen ein Flugzeug in die Luft heben und dort halten. Damals wie heute wurden diese Phänomene von den meisten Menschen aber nicht als Auswirkungen physikalischer Gesetze verstanden. Die meisten Menschen des Jet-Zeitalters wären vermutlich verblüfft, wenn man ihnen sagte, daß ein Jet fliegt, weil er durch ein Teilvakuum an der Oberfläche der Tragflächen buchstäblich nach oben gesaugt wird.

Die Triebwerke haben nur die Aufgabe, die Maschine so zu beschleunigen, daß sich ein Luftstrom bilden kann, der dieses notwendige Vakuum erzeugt.

Ein Physiker würde aber selbst diese Erklärung als nicht korrekte Vereinfachung verwerfen und sagen, daß in Wirklichkeit alles noch sehr viel komplizierter sei, als der Laie es sich ohnehin schon vorstelle.

So ist es ohne weiteres verständlich, daß auch Pierce nicht begriff, worum es ging, und falsche Schlußfolgerungen zog. Er war offensichtlich der Meinung, der einen Eisenbahnwaggon umgebende Luftstrom, wie er von ›Baroni‹ beschrieben worden sei, werde ihn an das Wagendach ›saugen‹, so daß er sich gefahrlos von einem Waggon zum andern bewegen könne.

Die Wahrheit ist aber, daß das Bernouillische Gesetz keineswegs in der von ihm vermuteten Weise wirkte. Pierce setzte sich bei seinem Unternehmen einem mit fünfzig Meilen pro Stunde daherrasenden Luftstrom aus, der ihn jeden Moment vom Wagendach herunterfegen konnte. Und was er sich vorgenommen hatte, war einfach absurd.
Pierce hatte aber auch sonst falsche Vorstellungen von der Gefahr, der er sich aussetzte. So wußte er wie seine Zeitgenossen sehr wenig darüber, was pasieren würde, wenn man bei den neuen hohen Reisegeschwindigkeiten von einem Fahrzeug geschleudert wurde.
Pierce hatte Hackensprung-Jack zwar nach dem Sturz aus dem Zug tot am Boden liegen sehen, dies aber nicht als unvermeidliche Folge physikalischer Gesetze betrachtet. Damals ahnte man nur vage, daß ein Sturz aus einem fahrenden Zug gefährlich sein könne. Fuhr ein Zug sehr schnell, so meinte man, daß dies die Gefahr nur etwas erhöhe. Die Gefährlichkeit sah man eher in der Art des Sturzes: Wer Glück habe, so dachte man, könne mit ein paar Kratzern davonkommen, wer Pech habe, könne sich bei unglücklichem Aufprall das Genick brechen. Ein Sturz aus einem fahrenden Zug wurde also ähnlich betrachtet wie ein Sturz von einem Pferd: Einige Stürze waren eben schlimmer als andere, und damit hatte es sich.
So war es in der Frühzeit der Eisenbahnen bei waghalsigen jungen Leuten ein beliebter ›Sport‹ gewesen, von Waggons herabzuspringen; es war der gleiche Typ junger Männer, die in späteren Jahren an öffentlichen Gebäuden herumkletterten oder an anderen verrückten Eskapaden teilnahmen. Besonders Studenten hatten eine Vorliebe für Vergnügungen dieser Art.
Das ›Wagenspringen‹ bestand darin, daß man von einem fahrenden Eisenbahnwaggon absprang. Obwohl die Regierung dieses Treiben verurteilte und die Bahngesellschaften es rundheraus untersagten, erfreute sich dieser Sport von 1830

bis 1835 vorübergehend großer Beliebtheit. Die meisten jungen Leute, die sich an solchen Späßen beteiligten, kamen mit ein paar Schrammen oder mit einem Knochenbruch davon. Die Modetorheit büßte allmählich an Beliebtheit ein, aber die Erinnerung daran hielt den Glauben aufrecht, daß ein Sturz aus einem fahrenden Zug nicht unbedingt tödlich sein müsse. In den dreißiger Jahren des 19. Jahrhunderts erreichten die meisten Züge eine Durchschnittsgeschwindigkeit von 25 Meilen pro Stunde. Um 1850 aber, als die Reisegeschwindigkeit der Züge sich verdoppelt hatte, sahen die Folgen eines Sturzes erheblich anders aus. Wie die Aussage von Pierce jedoch bezeugt, war diese Erkenntnis noch nicht Allgemeingut geworden.

Der Ankläger fragte: »Haben Sie gegen einen möglichen Sturz irgendwelche Vorsichtsmaßnahmen ergriffen?«

»Das habe ich in der Tat«, erwiderte Pierce, »und sie waren sehr lästig. Unter meiner normalen Oberbekleidung habe ich zwei Garnituren dicke Baumwollunterwäsche getragen, wodurch mir unerträglich heiß wurde. Ich habe diese Vorkehrungen jedoch für nötig gehalten.«

Edward Pierce, der also völlig unvorbereitet war und von den Wirkungen der in Betracht kommenden physikalischen Gesetze ein völlig falsches Bild hatte, schlang sich eine Seilrolle um die Schulter, öffnete die Abteiltür und kletterte hinaus auf das Dach des dahinrasenden Eisenbahnwagens. Sein einziger wirklicher Schutz – und die Ursache für seine Kühnheit – lag in der völligen Verkennung der Gefahr, in die er sich begab.

Der Wind traf ihn wie ein mächtiger Fausthieb, jaulte in seinen Ohren, stach ihm in die Augen, blies ihm in den Mund und riß an seinen Wangen; seine Haut brannte. Er hatte seinen langen Mantel nicht ausgezogen, und dieses Kleidungsstück umflatterte ihn jetzt und peitschte seine Beine, ›so heftig, daß es schmerzte‹.

Ein paar Augenblicke verlor er durch die unerwartete Wucht des ihn umtosenden Windes jede Orientierung; tief geduckt klammerte er sich an das hölzerne Wagendach und wartete, bis er die Fassung wiedergewonnen hatte. Er entdeckte, daß er kaum nach vorn sehen konnte, weil ihm die Rußpartikel aus dem Schlot der Lokomotive in die Augen flogen. Bald waren seine Hände, sein Gesicht und seine Kleidung mit einer feinen schwarzen Rußschicht bedeckt. Unter ihm schaukelte und schwankte der Waggon höchst beunruhigend und unberechenbar.

In diesen ersten Augenblicken hätte er sein Vorhaben um ein Haar aufgegeben, aber nachdem er den ersten Schock überwunden hatte, beschloß er, seinen Plan doch auszuführen. Auf Händen und Knien kriechend, bewegte er sich rückwärts auf das Ende des Wagens zu und hielt vor dem Zwischenraum zum nächsten Waggon inne. Unter ihm quietschte die Kupplung. Der Abstand betrug etwa fünf Fuß. Es vergingen einige Sekunden, bis er den Mut fand, zum nächsten Wagen hinüberzuspringen, aber der Sprung glückte.

Von dort kroch er mühsam über den zweiten Waggon hinweg. Sein Mantel schlug ihm von hinten um die Ohren, so daß er kaum noch etwas sehen konnte. Er kämpfte, um sich von dem Kleidungsstück zu befreien, und nach einigen Augenblicken konnte er den Mantel abschütteln. Er sah ihn durch die Luft segeln, herumwirbeln und schließlich neben dem Gleisbett auf die Erde fallen. Der Mantel hatte wie ein durch die Luft sausender Mensch ausgesehen. Pierce wurde nachdenklich, er wußte nun, was ihn erwartete, wenn er auch nur den kleinsten Fehler machte.

Ohne den Mantel kam er auf den Dächern der Zweite-Klasse-Wagen rascher voran. Er sprang mit wachsender Zuversicht von einem zum andern und erreichte schließlich — er konnte nicht abschätzen, wie lange er für den Weg brauchte — den Packwagen. Ihm kam es wie eine Ewigkeit vor, aber spä-

ter rechnete er aus, daß nicht mehr als fünf oder zehn Minuten vergangen sein konnten.
Als er sich auf dem Packwagen befand, hielt er sich an der Öffnung einer Lüftungsklappe fest und entrollte sein Hanfseil. Ein Ende ließ er durch die Öffnung ins Wageninnere gleiten, und nach einem Augenblick spürte er an einem Ruck, daß Agar es dort unten aufgenommen hatte.
Pierce drehte sich um und kroch auf die zweite Klappe zu. Dort wartete er, flach hingekauert, um sich vor dem gnadenlosen Wind zu schützen, bis eine schaurig grüne Hand — Agars Hand — durch die Öffnung langte und das Ende des Seils herausreichte. Pierce nahm es, worauf Agars Hand verschwand. Das Seil war jetzt gesichert. Pierce knotete die Enden an seinem Gürtel fest, und am Seil hängend ließ er sich vorsichtig an der Seite des Packwagens herunter, bis er sich auf gleicher Höhe mit dem Vorhängeschloß befand.
So hing er mehrere Minuten in der Luft und versuchte, das Vorhängeschloß zu öffnen. Er hatte einen Ring mit Nachschlüsseln bei sich und probierte einen nach dem andern aus, wobei er, wie er später mit feiner Untertreibung aussagte, ›so behutsam vorging, wie es die Umstände erlaubten‹. Er versuchte es mit mehr als einem Dutzend Schlüsseln und war nahe daran zu verzweifeln, als plötzlich der schrille Laut der Lokomotivpfeife ertönte.
Pierce blickte nach vorn und sah den Cuckseys-Tunnel; Sekunden später wurde er von der Dunkelheit verschluckt und hörte nur noch das Fauchen der Lokomotive und das Rattern der Räder. Der Tunnel war eine halbe Meile lang. Als der Zug endlich wieder ins Sonnenlicht hinausfuhr, setzte Pierce seine Arbeit fort und stellte erleichtert fest, daß einer der Schlüssel fast augenblicklich das Schloß öffnete.
Das Schloß abzunehmen, den Querriegel zurückzuschieben war für Pierce jetzt ein leichtes. Dann bearbeitete er die Schiebetür so lange mit den Füßen, bis Burgess sie öffnete.

Der Morgenzug fuhr jetzt durch das verschlafene Städtchen Godstone, aber niemand bemerkte den an einem Seil hängenden Mann, der gerade in das Innere des Packwagens schlüpfte und dort im Zustand völliger Erschöpfung zusammenbrach.

44. Kapitel Kleidersorgen

Agar sagte vor Gericht aus, weder er noch Burgess hätten Pierce im ersten Augenblick erkannt, als dieser sich in den Gepäckwagen schwang: »Ich gucke ihn mir an, und glauben Sie mir, ich halt' ihn zuerst für so einen verdammten Inder oder Nigger, so schwarz ist er, und seine Kledasche ist völlig zerfetzt, als käme er von 'ner Keilerei. Sein Ponim sieht aus wie 'n Flickenteppich, und da denke ich, denk' ich mir doch, da hat der Schränker sich einen neuen Ganeff zugelegt, um die Sache zu machen. Und dann seh' ich, er ist es tatsächlich selbst.«
Die drei Männer müssen in der Tat ein makabres Bild geboten haben: Burgess, der Wachmann, sauber und ordentlich in seiner blauen Eisenbahneruniform; Agar, fein herausgeputzt in seinem besten Anzug, Gesicht und Hände leichengrün angemalt; und dann Pierce, auf Händen und Knien daliegend, keuchend, mit zerfetzter Kleidung und von Kopf bis Fuß kohlschwarz.
Sie erholten sich aber schnell und arbeiteten konzentriert und zielbewußt. Agar hatte den Austausch vorgenommen; die Safes waren wieder verschlossen und bargen jetzt ihren neuen Schatz, Bleischrot; die fünf ledernen Taschen standen säuberlich aufgereiht an der Schiebetür, jede mit Goldbarren gefüllt.
Pierce stand auf und zog seine Uhr aus der Weste, ein seltsam sauberes goldenes Ding, das gegen die rußgeschwärzte Uhrkette abstach. Er ließ den Deckel aufklappen: es war acht Uhr siebenunddreißig.
»Fünf Minuten«, sagte er.

Agar nickte. In fünf Minuten würden sie auf dem einsamsten Abschnitt der Strecke dahinfahren. Pierce hatte Barlow angewiesen, dort zu warten und die Ledertaschen zu bergen. Pierce setzte sich hin und starrte durch die offene Schiebetür auf die vorübersausende Landschaft.

»Geht's Ihnen besser?« fragte Agar.

»Danke, mir geht's gut«, sagte Pierce. »Aber ich freue mich nicht gerade auf den Rückweg.«

»Kann ich verstehen. Die Sache hat Sie ganz schön mitgenommen«, sagte Agar. »Sie sind vielleicht 'n Anblick, also wirklich! Wollen Sie sich umziehen, wenn Sie wieder im Abteil sind?«

Pierce, der noch immer schwer atmete, begriff nicht sogleich. »Umziehen?«

»Na klar, Ihre Kledasche.« Agar grinste. »Wenn Sie in Folkestone in diesem Aufzug aussteigen, können Sie Eintrittsgeld verlangen.«

Pierce betrachtete die grünen, sanft geschwungenen Hügel am Horizont, und er lauschte dem Rattern der Räder. Seine Kleidung war wirklich ein Problem, an das er nie gedacht und für das er darum auch keine Vorsorge getroffen hatte. Aber Agar hatte recht: er konnte in Folkestone unmöglich wie ein zerlumpter Schornsteinfeger aus dem Zug aussteigen, zumal mit Sicherheit Fowler nach ihm Ausschau halten würde, um sich zu verabschieden. »Ich habe nichts zum Wechseln«, sagte er leise.

»Was?« fragte Agar, denn der Wind pfiff laut durch die offene Schiebetür.

»Ich habe keine Sachen zum Umziehen mitgebracht«, sagte Pierce. »Ich hatte nicht damit gerechnet . . .« Er verstummte und zog die Stirn in Falten. »Ich habe keine anderen Sachen mit.«

Agar lachte aus vollem Hals. »Na, dann können Sie ja die Vogelscheuche spielen, so wie Sie mich den Peger haben spielen lassen.« Agar klatschte sich auf die Knie. »Ha, ha! Das nenne ich ausgleichende Gerechtigkeit!«

»Das ist gar nicht zum Lachen!« fauchte Pierce. »Ich habe Bekannte im Zug, die mich nachher mit Sicherheit sehen und sich wundern werden.«

Agars Heiterkeit war im Nu dahin. Er kratzte sich mit seiner grünen Hand den Kopf. »Und diesen Bekannten würde es natürlich auffallen, wenn Sie nicht am Bahnhof wären, oder?«

Pierce nickte.

»Da sitzen Sie aber ganz schön in der Tinte!« sagte Agar. Er sah sich im Packwagen um. Sein Blick fiel auf die Koffer und Gepäckstücke. »Geben Sie mir mal den Ring mit den Drehrums, dann mach' ich ein paar Koffer auf, und dann werden wir schon was Passendes für Sie finden.«

Er streckte die Hand aus, um den Ring mit den Nachschlüsseln entgegenzunehmen, aber Pierce blickte auf die Uhr. Es waren noch zwei Minuten bis zu der verabredeten Abwurfstelle. Dreizehn Minuten danach würde der Zug in Ashford halten, und bis dahin mußte Pierce den Packwagen verlassen haben und wieder in seinem Abteil sitzen. »Dafür bleibt keine Zeit«, sagte er.

»Das ist doch die einzige Chance...«, begann Agar, verstummte aber, denn Pierce musterte ihn nachdenklich von oben bis unten. »Nein«, protestierte Agar, »nein, verdammt noch mal!«

»Wir haben ungefähr die gleiche Größe«, sagte Pierce. »Los, machen Sie schon.«

Er wandte sich ab, während Agar sich unter halblauten Flüchen auszog. Pierce betrachtete die Landschaft. Sie waren jetzt kurz vor der vereinbarten Stelle: er bückte sich und stellte die Taschen an den Rand der Schiebetür.

Jetzt sah er einen Baum am Bahndamm, eines der Erkennungszeichen, die er sich eingeprägt hatte. Gleich danach würde die kleine Mauer aus Feldsteinen kommen . . . Da war sie schon . . . und dann der rostige alte Karren. Er sah ihn.

Einen Augenblick später erblickte er eine Hügelkuppe und Barlow, der neben seiner Kutsche stand.
»Jetzt!« sagte er und schleuderte grunzend eine Tasche nach der andern aus dem fahrenden Zug. Er sah, wie sie nacheinander auf die Erde polterten. Er sah auch, wie Barlow den Hügel hinunterlief, um sie zu bergen. Dann fuhr der Zug in eine Kurve.
Pierce blickte zu Agar zurück, der jetzt in Unterwäsche dastand und ihm seinen Sonntagsstaat hinhielt. »Hier! Und glotzen Sie nicht so.«
Pierce nahm die Kleider, rollte sie so fest zusammen wie nur eben möglich, verschnürte das Bündel mit Agars Gürtel und schwang sich ohne ein weiteres Wort durch die offene Schiebetür in den Fahrtwind hinaus. Burgess schloß die Schiebetür, und wenige Augenblicke später hörten er und Agar, wie der Riegel vorgeschoben und das Vorhängeschloß eingehängt wurde. Sie hörten, wie Pierce sich an der Seitenwand des Packwagens zum Dach hinaufhangelte. Und dann sahen sie, wie das eben noch von Luftklappe zu Luftklappe straff gespannte Seil schlaff wurde. Gleich darauf wurde das Seil herausgezogen. Einen Moment lang hörten sie noch Pierces Schritte auf dem Dach und dann nichts mehr.
»Teufel, mir ist kalt«, sagte Agar. »Am besten sperren Sie mich gleich wieder ein.« Und damit kroch er zurück in seinen Sarg.

Pierce war noch nicht weit gekommen, als ihm aufging, daß sein Plan einen weiteren Fehler enthielt: Er war davon ausgegangen, daß er für den Rückweg genau die gleiche Zeit benötigen würde wie für den Hinweg. Jetzt sah er, daß er sich geirrt hatte.
Der Rückweg gegen den heulenden Fahrtwind dauerte sehr viel länger. Überdies behinderte ihn das Bündel mit Agars Kleidern, das er sich gegen die Brust preßte. Er hatte deshalb

nur eine Hand frei, mit der er sich beim Vorwärtskriechen an dem Wagendach festklammern konnte. Es ging verzweifelt langsam voran. Nach ein paar Minuten ging ihm auf, daß er seinen Zeitplan erheblich überschreiten würde. Wenn der Zug in den Bahnhof von Ashford einlief, würde er noch immer auf einem der Wagendächer sein: man würde ihn sehen, und damit war alles verloren.
Einen Augenblick schäumte Pierce in ohnmächtiger Wut auf. Daß ausgerechnet der letzte Teil seines Plans einen Fehler enthielt, der nicht wiedergutzumachen war! Die Tatsache, daß er ganz allein schuld daran war, erbitterte ihn noch mehr. Er krallte sich an dem schwankenden Wagendach fest und fluchte in den Wind.
Er wußte natürlich, was er zu tun hatte. Aber er wagte nicht, daran zu denken.
Er setzte den Rückweg verbissen fort, so gut er vermochte. Er war gerade auf dem vierten der sieben Zweite-Klasse-Wagen, als er merkte, wie der Zug seine Fahrt verlangsamte. Schrill ertönte der Pfiff der Lokomotive.
Pierce sah mit zusammengekniffenen Augen nach vorn und erblickte in der Ferne den Bahnhof von Ashford, ein winziges rotes Rechteck mit einem grauen Dach. Einzelheiten konnte er nicht erkennen. Er wußte aber, daß der Zug gleich so nahe am Bahnhof sein würde, daß die Reisenden auf dem Bahnsteig ihn auf dem Wagendach entdecken mußten. Es schoß ihm durch den Kopf, was sie bei seinem Anblick wohl denken würden, aber dann stand er auf und rannte los, lief weiter, sprang von einem Wagen zum nächsten, ohne zu zögern, obwohl der Rauch der Lokomotive ihn halb blind machte.
Irgendwie schaffte er es, unversehrt zu seinem Erste-Klasse-Wagen zurückzukehren. Er schwang sich hinunter, öffnete die Tür und glitt in sein Abteil. Dort zog er sofort die Vorhänge zu. Der Zug rollte jetzt nur noch sehr langsam dahin, und als Pierce sich auf seinen Sitz fallen ließ, hörte er das Kreischen

der Bremsen und den Ruf des Schaffners: »Ashford ... Ashford ... Ashford ...«
Pierce seufzte.
Sie hatten es geschafft.

45. Kapitel Endstation

Siebenundzwanzig Minuten später lief der Zug in Folkestone ein, der Endstation der South Eastern Railway. Alle Reisenden stiegen aus. So auch Pierce. Er habe, so sagte er später, ›weit besser ausgesehen, als ich es bei meinem Leichtsinn verdient hatte, aber mein Schneider wäre nicht mit mir zufrieden gewesen‹.
Obwohl er sich in aller Eile mit Taschentuch und Speichel Gesicht und Hände zu reinigen versucht hatte, war es ihm doch nicht gelungen, die Rußschicht ganz zu entfernen. Aber da er keinen Spiegel bei sich hatte, konnte er über sein Aussehen nur Vermutungen anstellen – seine Hände zumindest waren noch ziemlich grau. Außerdem hatte er den Verdacht, daß sein rotblondes Haar jetzt weit dunkler war als sonst, und er war dankbar dafür, daß sein Zylinder seinen Haarschopf weitgehend bedecken würde.
Von dem Zylinder abgesehen, paßte ihm alles, was er trug, nicht recht. Pierce hatte das äußerst unangenehme Gefühl, aufzufallen, obwohl er ja in einer Zeit lebte, in der die meisten Menschen schlechtsitzende Kleidung trugen. Die Hose war, wie er fand, fast zwei Zoll zu kurz, und der Schnitt des recht eleganten Jacketts war von jener auffälligen Art, daß es wirklichen Herren neureich erscheinen mußte. Außerdem roch er peinlich nach toter Katze.
So trat Pierce einigermaßen unsicher auf den überfüllten Bahnsteig von Folkestone. Er fürchtete, daß so mancher sich über seine Aufmachung mokieren würde. Es gab viele Männer, die sich vornehme Kleidung aus zweiter Hand besorgten

und meinten, damit Herren geworden zu sein. Pierce wußte allerdings nur zu gut, daß Henry Fowler mit seinem feinen Gespür für soziale Unterschiede sofort bemerken würde, daß mit Pierces Erscheinung etwas nicht stimmte. Fowler würde sich fragen, woran es lag. Und er würde bald dahinterkommen, daß Pierce sich während der Fahrt umgezogen hatte, und dann würde er nach dem Grund fragen.

Pierce blieb nur eine Hoffnung: es mußte ihm gelingen, sich Fowler vom Leib zu halten. Pierce hatte vor, sich mit einem Winken aus der Ferne zu verabschieden und eine Miene aufzusetzen, der man entnehmen mußte, daß er in Eile war und daß dringende Geschäfte es ihm nicht erlaubten, sich in aller Form zu verabschieden. Fowler würde dafür Verständnis haben. Pierce hoffte auch, daß seine Kleidung aus der Ferne und im Gedränge Fowler nicht so auffallen würde.

Der Zufall wollte jedoch, daß Fowler sich an ihn herandrängte, bevor Pierce ihn noch entdeckt hatte. Fowler hatte das Mädchen in Schwarz neben sich und machte kein sehr glückliches Gesicht.

»Hören Sie mal, Edward«, begann Fowler lebhaft, »ich wäre Ihnen ewig dankbar, wenn Sie . . .« Er verstummte mit offenem Mund.

Ach du lieber Gott, dachte Pierce, jetzt ist es aus.

»Edward«, sagte Fowler und starrte seinen Freund bestürzt an.

Pierces Gehirn arbeitete fieberhaft. Er suchte nach Antworten auf die Fragen, die jetzt unvermeidlich kommen würden. Ihm brach der Schweiß aus.

»Edward, mein Lieber, Sie sehen *erschreckend* aus!«

»Ich weiß«, begann Pierce. »Wissen Sie . . .«

»Sie sehen todkrank aus! Wirklich, Sie sind leichenblaß! Als Sie mir erzählten, das Eisenbahnfahren bekomme Ihnen nicht, ahnte ich natürlich nicht, daß Sie *so* . . . Was machen wir bloß mit Ihnen?«

»Ach, es geht schon wieder«, sagte Pierce und seufzte tief. »Ich glaube, wenn ich erst einmal gegessen habe, werde ich mich besser fühlen.«
»Ja, natürlich, Sie müssen sofort etwas essen, und ein kräftiger Schluck Brandy wird Ihnen auch nicht schaden! Das bringt den Kreislauf wieder in Schwung. Ich würde mich Ihnen ja gern anschließen, aber – ah, ich sehe gerade, das Gold wird schon ausgeladen. Ich muß mich leider darum kümmern. Darf ich mich entschuldigen? Geht es Ihnen auch wirklich besser?«
»Ich weiß Ihre Fürsorge zu schätzen«, begann Pierce, »und...«
»Vielleicht kann ich ihm ja helfen«, fiel das Mädchen ein.
»Oh, natürlich, kapitale Idee«, sagte Fowler. »Fabelhaft. Wirklich fabelhaft. Sie ist reizend, Edward, und ich überlasse sie jetzt Ihnen.« Bei dieser letzten Bemerkung warf Fowler ihm einen schiefen Blick zu. Dann eilte er davon, um am Packwagen nach dem Rechten zu sehen. Er drehte sich noch einmal um und rief »Nicht vergessen! Ein Brandy ist jetzt genau das Richtige!«
Pierce ließ einen gewaltigen Seufzer hören und wandte sich dem Mädchen zu. »Wie ist es nur möglich, daß ihm meine Kleider nicht aufgefallen sind?«
»Du solltest dich mal sehen«, sagte sie. »Du siehst erschrekkend aus.« Sie musterte seine Kleidung. »Wie ich sehe, trägst du Agars Anzug.«
»Meiner ist bei der Klettertour draufgegangen.«
»Dann hat es also geklappt?«
Pierce grinste nur.
Pierce verließ den Bahnhof kurz vor zwölf Uhr mittags. Miriam, alias Brigid Lawson, blieb zurück, um dafür zu sorgen, daß der Sarg ihres Bruders in eine Kutsche geladen wurde. Zur Verwunderung der Träger lehnte sie es ab, eine der vor dem Bahnhof wartenden Droschken zu nehmen. Sie sagte, sie habe schon im voraus eine bestimmte Kutsche bestellt.
Die Kutsche kam erst kurz nach ein Uhr vorgefahren. Der

Kutscher, ein häßlicher Bulle von Mann mit einer weißen Narbe auf der Stirn, half beim Aufladen und gab dann den Pferden die Peitsche. Niemand bemerkte, daß die Kutsche am Ende der Straße kurz anhielt, um noch einen Fahrgast aufzunehmen, einen aschfahlen Herrn in schlechtsitzenden Kleidern. Dann ratterte die Kutsche davon und war bald außer Sichtweite.

Um 12 Uhr mittags waren die Kisten von Huddleston & Bradford unter Begleitung bewaffneter Wachen vom Bahnhof Folkestone zum Kanaldampfer gebracht worden, der nach vierstündiger Fahrt anlegte. Der Zeitverschiebung wegen war es bereits 17 Uhr, als die Zollbeamten die Einfuhrpapiere abzeichneten und die Kisten übernahmen. Anschließend wurden sie unter Begleitung bewaffneter Wachen zum Bahnhof gebracht. Von dort sollten sie am nächsten Morgen mit dem Zug nach Paris abgehen.

Am Morgen des 23. Mai kamen einige Herren der Pariser Bank Louis Bonnard et Fils nach Ostende, um die Kisten zu öffnen und den Inhalt zu kontrollieren, bevor sie in den Neun-Uhr-Zug nach Paris verladen werden sollten.

So kam es, daß am 23. Mai um 8 Uhr 15 entdeckt wurde, daß die Kisten zwar eine große Menge Bleikugeln, eingenäht in Leinensäcke, enthielten, aber kein Stäubchen Gold.

Diese verblüffende Entdeckung wurde sofort telegrafisch nach London übermittelt. Die Nachricht traf kurz nach zehn in Westminster im Kontor der Huddleston & Bradford-Bank ein. Die Meldung rief tiefe Bestürzung hervor und erschütterte das Bankhaus in einem Maße, wie es das in seiner kurzen, aber ehrbaren Geschichte noch nicht erlebt hatte. Noch Monate später hatte die Erregung sich nicht gelegt.

Zunächst wollte man bei Huddleston & Bradford überhaupt nicht daran glauben, daß irgend etwas nicht in Ordnung sein könne. Das Kabel der Franzosen war in englischer Sprache abgefaßt und lautete: GOLD MISSED NOW WHERE IS. Unterzeichnet war es mit VERNIER, OSTENDE.

Angesichts dieser unklaren Botschaft verkündete Mr. Huddleston, bei den französischen Zollbehörden müsse es zu irgendeiner albernen Verzögerung gekommen sein. Er sagte, die ganze Geschichte werde sich noch vor dem Nachmittagstee aufgeklärt haben. Mr. Bradford, der noch nie den leisesten Versuch gemacht hatte, seinen intensiven und lebenslangen Abscheu vor allem, was französisch war, zu verhehlen, vermutete, die schmierigen Franzmänner hätten die Goldsendung fehlgeleitet und versuchten jetzt, die Folgen ihrer Fahrlässigkeit den Engländern in die Schuhe zu schieben. Mr. Henry Fowler, der die Goldsendung nach Folkestone begleitet und dafür gesorgt hatte, daß die Barren sicher an Bord des Kanaldampfers gebracht wurden, bemerkte, daß der Name ›Vernier‹, mit dem das Kabel unterzeichnet war, unbekannt sei. Er vermutete, irgend jemand habe sich einen dummen Scherz erlaubt. Immerhin hatten sich die Beziehungen zwischen den Engländern und ihren französischen Verbündeten in letzter Zeit erheblich abgekühlt.

Kabel, in denen Aufklärung erbeten und später energisch gefordert wurde, gingen in beiden Richtungen über den Kanal. Gegen Mittag hatte es den Anschein, als sei der Dampfer von Dover nach Ostende gesunken und mit ihm das Gold. Am frühen Nachmittag jedoch stellte sich heraus, daß die Überfahrt ohne Zwischenfälle verlaufen war. Aber sonst herrschte völlige Unklarheit.

Die Pariser Bank, die französischen Eisenbahnen, die britische Reederei, die South Eastern Railway und die Huddleston & Bradford-Bank jagten jetzt Kabel an alle beteiligten Parteien los. Bald wußte niemand mehr ein noch aus. Im weiteren Verlauf des Tages wurde der Tonfall der Kabel immer bissiger und ihr Inhalt immer grotesker. Die Auseinandersetzung erreichte einen vorläufigen Höhepunkt, als der Niederlassungsleiter der South Eastern Railway in Folkestone dem ebenfalls in Folkestone residierenden Leiter der Britannic Steam Packet Company telegrafierte: QUI EST M. VERNIER? Darauf schoß der Mann der Schiffahrtsgesellschaft zurück: IHRE LÄCHERLICHEN UNTERSTELLUNGEN WERDEN NICHT OHNE FOLGEN BLEIBEN.

Zur Teezeit häuften sich in London die Telegramme und Kabel auf den Schreibtischen der führenden Männer von Huddleston & Bradford. Botenjungen wurden zu den Privatwohnungen der Herren geschickt, um deren Ehefrauen davon in Kenntnis zu setzen, daß die Ehemänner infolge dringender Geschäfte nicht zum Dinner kommen würden. Die frühere Atmosphäre unerschütterlicher Ruhe und die Verachtung für französische Unfähigkeit schwanden jetzt dahin und wichen dem zunehmenden Verdacht, es könne mit dem Gold tatsächlich etwas passiert sein. Es wurde auch immer deutlicher, daß die Franzosen sich genauso große Sorgen machten wie die Engländer. Monsieur Bonnard höchstpersönlich hatte den Nachmittagszug nach Ostende genommen, um sich an Ort und Stelle einen Überblick über die Lage zu verschaffen. Wenn Monsieur Bonnard sich zu einem solchen Schritt entschloß, dann war das zumindest ungewöhnlich.

Abends um sieben, als sich die meisten Angestellten der Londoner Bank auf den Heimweg machten, war die Stimmung der leitenden Herren eindeutig pessimistisch. Mr. Huddleston zeigte sich gereizt. Mr. Bradfords Atem roch nach Gin. Mr. Fowler war bleich wie ein Gespenst. Und Mr. Trents Hände zitterten. Etwa um sieben Uhr schlug die Stimmung um. Die am Vortag von den französischen Zollbeamten abgezeichneten Papiere trafen ein, und daraus ging hervor, daß am 22. Mai um fünf Uhr nachmittags ein bevollmächtigter Vertreter von Bonnard et Fils, ein gewisser Raymond Vernier, die Übernahme von neunzehn versiegelten Kisten der Firma Huddleston & Bradford durch Unterschrift bestätigt hatte. Der Deklaration zufolge enthielten die Kisten zwölftausend Pfund Sterling in Goldbarren.

»Das ist ihr Todesurteil!« rief Mr. Huddleston und schwenkte das Papier in der Luft. »Sollte es zu irgendwelchen Unregelmäßigkeiten gekommen sein, dann allein auf französischer Seite.« Dies war allerdings eine etwas überspitzte Darstellung der rechtlichen Situation, wie er selbst wußte.

Kurz darauf erhielt Mr. Huddleston ein langes Kabel aus Ostende:

IHRE SENDUNG ENTHALTEND NEUNZEHN (19) VERSIEGELTE KISTEN GESTERN 22 MAI 1700 UHR AN BORD SCHIFF ARLINGTON IN OSTENDE EINGETROFFEN BESAGTE SENDUNG VON UNSEREM VERTRETER OHNE OEFFNUNG DER SIEGEL DIE UNVERSEHRT SCHIENEN UEBERNOMMEN SENDUNG NACHT 22 MAI UNSERER GEWOHNHEIT GEMAESS IN SICHEREM SAFE IN OSTENDE VERWAHRT KEIN ANZEICHEN FUER VERSUCHTES AUFBRECHEN DES SAFES WACHMANN CHARAKTER VERLAESSLICH MORGEN 23 MAI UNSER VERTRETER SIEGEL GEOEFFNET ENTDECKEND IHRE SENDUNG ENTHALTEND BLEIKUGELN FUER SCHUSSWAFFEN ABER KEIN GOLD VORLAEUFIGE UNTERSUCHUNG BETREFFEND HERKUNFT BLEIKUGELN WEISEN AUF HERSTELLUNG IN ENGLAND HIN NEUERLICHE UEBERPRUEFUNG DER AUFGEBROCHENEN VERSIEGELUNG DEUTET AUF VORHERGEHENDES OEFFNEN HIN UND AUF NEU-

ERLICHES VERSIEGELN FACHMAENNISCHER ART KEINEN VERDACHT ERREGEND BEI GEWOEHNLICHER INSPEKTION SOFORTIGE BENACHRICHTIGUNG DER POLIZEIBEHOERDEN UND REGIERUNG IN PARIS ERINNERN DARAN ALLES BRITISCHEN URSPRUNGS BRITISCHE EISENBAHNEN BRITISCHES DAMPFSCHIFF DURCHGEHENDE BEWACHUNG DURCH BRITISCHE STAATSBUERGER BITTE DRINGEND BRITISCHE BEHOERDEN ZU BENACHRICHTIGEN ERWARTE IHRE AUFKLAERUNG DIESES WAHRHAFT RAETSELHAFTEN VORFALLS
LOUIS BONNARD, PRAESIDENT
BONNARD ET FILS, PARIS
AUFGABEORT: OSTENDE

Mr. Huddleston soll auf dieses Kabel mit ›einem derben Kraftausdruck‹ reagiert haben, der ›eine Folge der Anspannung und der vorgerückten Stunde‹ war. Er soll sich ausgiebig über das französische Volk, die französische Kultur und die hygienischen Gewohnheiten der Franzosen ausgelassen haben. Und Mr. Bradford äußerte sich noch giftiger über französische Perversitäten. Mr. Fowler war offenbar betrunken, und Mr. Trent litt unter Atembeklemmungen.
Es war schon zehn Uhr abends, als die Herren sich endlich so weit beruhigt hatten, daß Mr. Huddleston zu Mr. Bradford sagen konnte: »Ich werde den Minister benachrichtigen. Benachrichtigen Sie inzwischen bitte Scotland Yard.«

Die Ereignisse der folgenden Tage verliefen, wie es in einem solchen Fall zu erwarten war. Die Engländer verdächtigten die Franzosen, und die Franzosen verdächtigten die Engländer. Jeder verdächtigte die Verantwortlichen der britischen Eisenbahngesellschaft, die wiederum die Verantwortlichen

der britischen Schiffahrtsgesellschaft verdächtigen, die ihrerseits den französischen Zoll verdächtigten.
Britische Polizisten in Frankreich und französische Polizisten in England arbeiteten zusammen mit Privatdetektiven, die von den beteiligten Banken, der Bahnlinie und der Schiffahrtsgesellschaft beauftragt worden waren. Jeder setzte eine Belohnung für Hinweise aus, die zur Ergreifung der Täter führen konnten, worauf Informationen und Zuträger auf beiden Seiten des Kanals rasch mit einer verwirrenden Fülle von Hinweisen und Gerüchten reagierten.
Die verschiedensten Theorien über das Abhandenkommen der Goldsendung wurden aufgestellt, angefangen von der simplen Vermutung, ein paar französische oder englische Banditen hätten da einen Zufallstreffer gemacht, bis hin zu der gewagten Spekulation, höchste französische oder englische Regierungsbeamte hätten ein ausgeklügeltes Komplott ersonnen, um sich mit einem machiavellistischen Schachzug sowohl die eigenen Taschen zu füllen wie auch die Beziehungen zu den militärischen Verbündeten zu trüben. Sogar Lord Cardigan, der große Kriegsheld, äußerte die Vermutung, ›es müsse sich um eine kluge Verbindung von Habgier und Politik handeln‹.
Am weitesten jedoch war zu beiden Seiten des Kanals die Theorie verbreitet, daß die Tat das Werk von Männern sein müsse, die auf irgendeine Weise mit dem Transport zu tun gehabt hatten. Die meisten Verbrechen erklärten sich auf ähnliche Weise. Und in diesem Fall lag die Vermutung besonders nahe, daß Eingeweihte mit Zugang zu allen nötigen Informationen zusammengearbeitet und sich gegenseitig geholfen hätten. Die Schwierigkeit und die unbemerkte Durchführung der Tat ließen kaum einen anderen Schluß zu. Folglich wurde daraufhin jeder, der in irgendeiner Form mit dem Transport des Krimgoldes zu tun gehabt hatte, einer peinlich genauen Überprüfung unterzogen und von den Behör-

den verhört. Der Eifer der Polizei, sich Informationen zu beschaffen, führte zu den unwahrscheinlichsten Maßnahmen: so wurde etwa der zehnjährige Enkel des Hafenmeisters von Folkestone tagelang von einem Polizisten in Zivil beschattet – und das aus Gründen, an die sich später niemand so recht erinnern konnte. Vorkommnisse dieser Art erhöhten nur die allgemeine Verwirrung. Die endlosen Verhöre immer neuer Personen zogen sich über Monate hin, und jede neue Spur und jeder neue Hinweis wurde von einer faszinierten, auf Sensationen begierigen Presse aufgegriffen.
Bis zum 17. Juni, also fast einen Monat nach dem Raub, machte die Fahndung keinerlei Fortschritte. An diesem Tag aber wurden die in Ostende, auf dem britischen Dampfer und die bei der South Eastern Railway verwendeten Safes auf Drängen der französischen Behörden an ihre jeweiligen Hersteller in Paris, Hamburg und London zur Inspektion geschickt. Die Schlösser sollten ausgebaut und untersucht werden. Bei Chubb stellte man fest, daß das Innere der Schlösser verdächtige Kratzer aufwies und Spuren von Eisenfeilspänen und Reste von Schmierfett und Wachs enthielt. An den anderen Safes hatte sich allem Anschein nach niemand zu schaffen gemacht.
Mit dieser Entdeckung rückte der Wachmann Burgess wieder in den Mittelpunkt des Interesses. Man hatte ihn schon vorher verhört, aber wieder entlassen. Am 19. Juni ließ Scotland Yard einen Haftbefehl gegen ihn ausstellen, aber am gleichen Tag noch verschwand der Mann mit seiner Frau und seinen zwei Kindern, ohne eine Spur zu hinterlassen. In den folgenden Wochen wurde vergeblich nach ihm gefahndet.
Da erinnerte man sich, daß bei der South Eastern Railway nur eine Woche vor dem Diebstahl der Goldbarren schon einmal etwas aus dem Packwagen gestohlen worden war. Der naheliegende Schluß, daß die Eisenbahngesellschaften ihre Aufsichtspflicht nur höchst nachlässig erfüllten, nährte in der Öf-

fentlichkeit den Verdacht, daß der Raub des Goldes auf der Strecke London–Folkestone erfolgt sein mußte. Und als die von der South Eastern Railway beauftragten Detektive angebliche Beweise dafür vorlegten, daß der Raub von französischen Verbrechern ausgeführt worden war – eine Beschuldigung, die sich bald als haltlos herausstellte –, erhärtete sich dieser Verdacht zur Gewißheit. Von da an war in der Presse nur noch vom ›großen Eisenbahnraub‹ die Rede.

Im Verlauf der Monate Juli und August 1855 blieb der große Eisenbahnraub in den Schlagzeilen und ständiges Tagesgespräch. Obwohl niemand sich so recht vorstellen konnte, wie das Verbrechen ausgeführt worden war, glaubte man doch bald allgemein, daß nur Engländer eine so schwierige und kühne Tat vollbracht haben könnten. Die vorher verdächtigten Franzosen wurden jetzt als zu beschränkt und hasenherzig hingestellt, ein solches Wagestück zu planen oder gar in die Tat umzusetzen.

Als die Polizeibehörden in New York Ende August bekanntgaben, sie hätten die Räuber gefaßt, und es seien Amerikaner, reagierte die englische Presse mit fast unverhohlener Entrüstung und ärgerlichem Unglauben. Und tatsächlich stellte sich einige Wochen später heraus, daß die New Yorker Polizei sich geirrt hatte. Ihre Räuber hatten nie einen Fuß auf britischen Boden gesetzt, sondern waren vielmehr, wie ein Korrespondent es ausdrückte, ›von jener sonderbaren Geistesverfassung, die einen Menschen dazu bringen kann, sich eines vielbeachteten Ereignisses zu bemächtigen, auch wenn es sich um ein übles Verbrechen handelt, um die Aufmerksamkeit der breiten Öffentlichkeit auf sich zu ziehen und so ihr krankhaftes Verlangen, im Rampenlicht zu stehen, jedenfalls für einen Augenblick zu befriedigen‹.

Die englischen Tageszeitungen veröffentlichten jede kleinste Neuigkeit, jedes Gerücht und jede Theorie über den Raub, und bisweilen wurden andere Geschichten und Berichte so

hingebogen, daß man sie mit dem Raub in Verbindung bringen konnte. Um ein Beispiel zu nennen: Als Königin Victoria im August zu einem Staatsbesuch nach Paris reiste, stellte die Presse Vermutungen darüber an, ob und inwieweit der Raub und seine Begleitumstände sich möglicherweise auf ihren Empfang in der französischen Kapitale auswirkten. (Überhaupt nicht, wie sich zeigte.)
Es ließ sich indes nicht länger verheimlichen, daß in den Sommermonaten keine neuen Erkenntnisse gewonnen worden waren. Folglich erlahmte nach und nach das Interesse der Öffentlichkeit. Vier Monate lang hatte der große Eisenbahnraub die Phantasie der Menschen beschäftigt. Im Verlauf dieser Zeit hatte sich ein beachtlicher Stimmungswandel vollzogen: die ursprüngliche Feindseligkeit gegenüber den Franzosen, von denen man angenommen hatte, sie hätten das Gold irgendwie mit leichter Hand und heimtückisch gestohlen, war nach und nach dem Verdacht gewichen, führende Gestalten der englischen Finanz- und Industriewelt, die man bestenfalls grober Unfähigkeit und schlimmstenfalls als die wirklichen Täter bezichtigen konnte, hätten das Gold an sich gebracht. Und schließlich hatte sich so etwas wie Bewunderung für den Einfallsreichtum und den Wagemut jener englischen Spitzbuben herauskristallisiert, die diesen tollen Streich geplant und ausgeführt haben mußten – auf welche Weise auch immer.
Da es aber keine neuen Sensationen zu vermelden gab, wurde die Öffentlichkeit allmählich ungeduldig. Man hatte eine muntere Orgie franzosenfeindlicher Gefühle ausgekostet, hatte die Übeltäter verdammt und bewundert, hatte sich über die Schwächen von Bank- und Eisenbahndirektoren, von Diplomaten und Polizisten lustig gemacht. Nun aber verlangte das Publikum dringend danach, daß sein Glaube an die Zuverlässigkeit von Banken, Eisenbahnen, Regierung und Polizei wiederhergestellt werde. Kurz gesagt, man wollte, daß die

Täter nun endlich hinter Schloß und Riegel kamen – und zwar schnell.
Die Schuldigen wurden aber nicht gefaßt. Von offizieller Seite wurde gelegentlich, wenn auch mit geringer Überzeugungskraft, behauptet, es gebe ›neue Anhaltspunkte‹. Ende September wurde von anonymer Seite behauptet, Mr. Harranby von Scotland Yard habe von dem bevorstehenden Verbrechen gewußt, es aber nicht verhindern können. Mr. Harranby dementierte diese Gerüchte mit aller Entschiedenheit. Dennoch wurden Rufe laut, er solle seinen Abschied nehmen. Die Huddleston & Bradford-Bank, die sich in den Sommermonaten eines leichten Geschäftsaufschwungs hatte erfreuen können, mußte jetzt einen leichten Rückgang hinnehmen. Die Zeitungen mußten feststellen, daß Schlagzeilen über den Raub sich nicht mehr auf den Verkauf auswirkten.
Im Oktober 1855 interessierte sich in England kein Mensch mehr für den großen Eisenbahnraub. Der Kreis hatte sich geschlossen: aus dem Ereignis, das die Menschen so lange fasziniert hatte, war ein nebuloser, lästiger Zwischenfall geworden, den fast jeder möglichst rasch vergessen wollte.

V. Verhaftung und Prozeß *November 1856 bis August 1857*

Der 5. November, der Tag der Pulververschwörung oder Guy-Fawkes-Tag, war in England schon seit 1605 ein nationaler Feiertag. Die anläßlich dieses Tages abgehaltenen Feiern aber, so hieß es 1856 in *News,* ›dienen, wie sich in den letzten Jahren gezeigt hat, nicht mehr allein der Wohltätigkeit, sondern ebenso dem Vergnügen. Hier ist von einem löblichen Beispiel zu berichten. Am Mittwochabend hat auf dem Gelände des Waisenhauses der Seemannschaft in der Bow Road ein großes Feuerwerk stattgefunden, dessen Reinerlös dem Fonds dieser Einrichtung zugeflossen ist. Illuminiert wurde das Gelände etwa so, wie in Vauxhall üblich, und es spielte ein Orchester. Auf dem hinteren Teil des Grundstücks hatte man einen Galgen errichtet, an dem eine Strohpuppe, die den Papst darstellte, aufgehängt war. Eine Reihe von Teerfässern umgab diese Nachbildung. Sie wurden zu gegebener Zeit angezündet und ergaben ein hell loderndes Feuer. Zahlreiche Menschen waren zusammengeströmt, um dem Schauspiel beizuwohnen, und der Erlös dieses Tages muß dem Fonds dieser wohltätigen Einrichtung neue Mittel in erfreulicher Höhe gebracht haben‹.

Wo Zerstreuung geboten wurde und viele Menschen zusammenströmten, kamen natürlich auch Taschendiebe, Beutelschneider und Dirnen auf ihre Kosten, und die Polizei hatte an jenem Abend auf dem Gelände des Waisenhauses alle Hände voll zu tun. Im Verlauf des Abends wurden von der Metropolitan Police nicht weniger als dreizehn ›Herumtreiber, Landstreicher und Diebe‹ festgenommen, darunter eine junge Frau, die man beschuldigte, einen angetrunkenen Herrn bestohlen zu haben. Die junge Frau wurde von einem gewissen Konstabler Johnson festgenommen. Der Vorfall war typisch.

Konstabler Johnson, ein Mann von dreiundzwanzig, patrouillierte gerade auf dem Gelände des Waisenhauses, als er in dem grellen Lichtschein der am Himmel explodierenden Feuerwerkskörper eine Frau entdeckte, die sich über einen reglos am Boden liegenden Mann beugte. Da Johnson befürchtete, dem Mann könne unwohl geworden sein, eilte er zu Hilfe, doch als er näher kam, ergriff die Frauensperson die Flucht. Konstabler Johnson machte sich sofort an die Verfolgung und konnte sie schon nach wenigen Schritten festnehmen. Sie war über ihren Rocksaum gestolpert und hingefallen.
Als er sie näher betrachtete, stellte er fest, daß es sich ›um eine Weibsperson von lüsternem Aussehen und sittenlosem Gebaren‹ handelte. Sie hatte mit hoher Wahrscheinlichkeit den Betrunkenen bestohlen, gehörte also zur untersten Schicht von Verbrechern überhaupt: zu den Fledderern. Konstabler Johnson verhaftete sie auf der Stelle.
Die dreiste Person stemmte die Hände in die Hüften und starrte ihn herausfordernd an. »Ich habe keine Sore bei mir«, erklärte sie, und diese Worte müssen Konstabler Johnson sehr nachdenklich gemacht haben. Er sah sich einem ernsten Dilemma gegenüber.
Zu Zeiten der Königin Victoria gehörte es sich für einen Mann, daß er Frauen, und zwar auch solche, die zur ›niedrigsten Sorte‹ gehörten, äußerst behutsam behandelte und auf die Zartheit der weiblichen Natur Rücksicht nahm. Die weibliche Natur, so hieß es in einem Polizeihandbuch jener Zeit, ›mit ihrem heiligen Quell der Gefühle, ihrem erhabenen Reichtum an Mütterlichkeit, ihrer feinen Empfindsamkeit und großen Zerbrechlichkeit, also mit all jenen Eigenschaften, die das *wahre Wesen des Weiblichen* ausmachen, hat ihre Wurzeln in den biologischen und physiologischen Prinzipien, die die Unterschiede zwischen männlichem und weiblichem Geschlecht bestimmen. Es darf also nie vergessen werden, daß dieses *wahre Wesen des Weiblichen jeder Angehörigen* die-

ses Geschlechts zu eigen ist und von jedem Polizisten respektiert werden muß, selbst dann, wenn die äußere Erscheinung bestimmter gemeiner Frauenspersonen auf das Fehlen besagter weiblicher Eigenschaften schließen läßt‹.
Solche Vorschriften brachten nun allerdings einen Polizisten in die allergrößte Verlegenheit, wenn es sich um den Umgang mit weiblichen Verbrechern handelte. Kriminelle machten sich dies oft zunutze und setzten einen weiblichen Komplicen ein, gerade weil die Polizei weibliche Delinquenten nur mit größtem Zögern in Haft nahm.
Konstabler Johnson war sich all dessen vollauf bewußt, als er sich am Abend des 5. November der verflixten Frauensperson gegenübersah. Die Frau machte geltend, kein Diebesgut bei sich zu haben. Falls dies den Tatsachen entsprach, würde sie nie verurteilt werden, auch wenn er aussagte, daß er sie beim Fleddern auf frischer Tat ertappt hatte. Falls das Mädchen nicht gerade eine Taschenuhr oder einen anderen, unzweifelhaft einem Herrn gestohlenen Gegenstand bei sich hatte, würde sie ungeschoren davonkommen.
Er konnte auch keine Leibesvisitation vornehmen. Allein schon der Gedanke, daß er den Körper dieser Frau berührte, war unvorstellbar. Ihm blieb nur eine Möglichkeit, nämlich sie zur Wache zu bringen, wo man eine Aufseherin holen lassen konnte, die sie durchsuchte. Aber es war schon spät, man würde die Aufseherin aus dem Bett holen müssen, und die Polizeiwache war einige Häuserblocks entfernt. Auf dem Weg durch die dunklen Straßen wäre es für die kleine Dirne ein leichtes, sich verräterischer Gegenstände, die sie eventuell bei sich hatte, zu entledigen.
Konstabler Johnson hatte aber noch mehr zu bedenken: Falls er die Frau mit zur Wache nahm und sich dann herausstellte, daß die Person tatsächlich kein Diebesgut bei sich hatte, würde er als der Dumme dastehen und sich obendrein noch eine scharfe Rüge von seinem Vorgesetzten einhandeln. Das wußte

auch diese Person, die da in unverschämter, herausfordernder Haltung vor ihm stand.
Insgesamt also war es eine Situation, die es Konstabler Johnson geraten erscheinen ließ, kein Risiko einzugehen und die Person mit einer Verwarnung fortzuschicken. Doch hatte man ihm vor kurzem vorgehalten, die Zahl der durch ihn erfolgten Festnahmen lasse zu wünschen übrig, und man hatte ihn ermahnt, sich bei der Verfolgung von Missetätern etwas mehr anzustrengen. Außerdem hatte man ihn deutlich fühlen lassen, daß sein Posten sonst auf dem Spiel stand.
Während am Himmel das grelle Licht explodierender Feuerwerkskörper aufblitzte, entschloß sich Konstabler Johnson, die Frauensperson zu deren großer Verblüffung und trotz eigenen Widerstrebens zur Wache mitzunehmen.
Dalby, der wachhabende Sergeant, war schlechter Laune, weil er am Abend dieses Feiertags Dienst tun mußte. Er hätte lieber an den Festlichkeiten teilgenommen, die an diesem Tag überall stattfanden.
Er starrte erst Johnson an und dann die Frau an der Seite des Konstablers. Sie gab ihren Namen mit Alice Nelson an und sagte, sie sei ›achtzehn oder so‹. Dalby seufzte und rieb sich den Schlaf aus den Augen, bevor er sich daranmachte, das Formular auszufüllen. Er schickte Johnson die Aufseherin holen. Dem Mädchen befahl er, sich in einer Ecke hinzusetzen. Die Wache war leer und still. Nur gelegentlich war aus der Ferne das Pfeifen und Krachen von Feuerwerkskörpern zu hören. Dalby hatte eine kleine Taschenflasche bei sich. Zu später Stunde genehmigte er sich gern einmal einen Schluck oder zwei, wenn niemand zusah. Aber jetzt saß dieses freche kleine Weibsstück da und hielt ihn davon ab.
Er blickte finster drein.
Er war verärgert. Wenn er es sich nicht erlauben konnte, ein Schnäpschen zu nehmen, hatte er immer ganz besonderen Appetit darauf.

Nach einiger Zeit machte die Schlampe den Mund auf. »Wenn Sie glauben, ich hab' Sore unterm Rock, dann gucken Sie doch selbst nach, und zwar gleich«, sagte sie in laszivem Ton. Die Aufforderung war unmißverständlich, und um sie noch deutlicher zu machen, fing sie an, sich durch den Rock wollüstig die Oberschenkel zu kratzen.

»Sie finden bestimmt, was Sie suchen«, sagte sie.

Dalby seufzte.

Das Mädchen fuhr fort, sich zu kratzen. »Ich weiß, wie ich Ihnen 'ne Freude machen kann«, fügte sie hinzu. »Sie können sich drauf verlassen, Gott ist mein Zeuge.«

»Ja, und dann hängst du mir zur Belohnung noch was an«, sagte Dalby. »Deine Sorte kenne ich, Schätzchen.«

»Das ist doch wohl die Höhe«, protestierte das Mädchen und wurde plötzlich wütend. »Sie haben kein Recht, so mit mir zu reden. Ich bin gesund, und ich bin's immer gewesen.«

»Ja, ja, ja«, versetzte Dalby müde und dachte wieder an seine Flasche. »So ist es immer, ihr habt nie etwas. Ich weiß.«

Die kleine Schlampe verstummte. Sie hörte auf, sich die Schenkel zu kratzen, und saß jetzt aufrecht und gesittet auf ihrem Stuhl. »Machen wir doch 'n kleines Geschäft miteinander«, sagte sie, »und Sie werden's nicht bereuen.«

»Kindchen, da ist nichts zu machen«, entgegnete Dalby, der kaum zuhörte. Für ihn waren solche Vorschläge alltäglich. Er bekam sie auf der Wache jeden Abend zu hören. Irgendein kleines Weibsstück wurde am Arm eines Polizisten hereingezerrt und beteuerte lauthals seine Unschuld. Dann kamen die üblichen Avancen, und wenn das nichts nützte, war bald von Bestechung die Rede. Es war immer das gleiche.

»Lassen Sie mich laufen«, sagte das Mädchen, »dann kriegen Sie 'ne Goldguinee.«

Dalby seufzte und schüttelte den Kopf. Wenn dieses Geschöpf eine Goldguinee besaß, war allein das schon ein Beweis dafür, daß sie gefleddert hatte.

»Also gut«, sagte das Mädchen. »Ich gebe Ihnen zehn.« Ihre Stimme hatte jetzt einen ängstlichen Unterton.
»Zehn Guineen?« fragte Dalby. Das war immerhin etwas Neues. Zehn Guineen hatte ihm noch nie jemand angeboten. Das muß Falschgeld sein, dachte er.
»Ich verspreche Ihnen zehn, wirklich.«
Dalby zögerte. Er hielt sich selbst für einen Mann mit Grundsätzen, und er war ein altgedienter Hüter des Gesetzes. Er verdiente nur 15 Shilling in der Woche, und darauf mußte er manchmal noch warten. Zehn Guineen, das war viel Geld. Er verfiel in Nachdenken.
»Also schön«, sagte das Mädchen, das sein Zögern falsch deutete. »Von mir aus hundert! Hundert Goldguineen!«
Dalby lachte. Der Bann war gebrochen, und seine Tagträumerei war jäh beendet. Diese Person fing in ihrer Angst wohl an zu spinnen! Einhundert Guineen! Absurd.
»Sie glauben mir nicht?«
»Halt den Mund«, sagte er. Seine Gedanken wandten sich wieder seiner Taschenflasche zu.
Das kleine Luder biß sich auf die Lippe, runzelte die Stirn und schwieg. »Schließlich sagte sie: »Ich könnte Ihnen allerhand erzählen.«
Dalby starrte an die Decke. Es war alles so trostlos und vorhersehbar. Wenn es mit der Bestechung nicht klappte, kam unweigerlich das Anerbieten, irgend jemanden zu verpfeifen. Es war immer wieder das gleiche. Aus purer Langeweile eher als Neugier fragte er: »Na, was gibt's denn zu erzählen?«
»Ich weiß was über 'ne große Massematte. Ehrlich.«
»Was kann das schon groß sein!«
»Ich weiß, wer den Eisenbahnraub gedreht hat.«
»Gott«, sagte Dalby, »bist du aber eine kluge kleine Kröte. Weißt du, das ist nämlich genau das, was wir alle wissen wollen – und wir kriegen es auch zu hören, von jedem gottverdammten Schneck, von jedem Leidengänger und jedem

Schauten, der uns über den Weg läuft. Jeder miese kleine Ganeff behauptet, die Geschichte zu kennen. Ich habe das schon hundertmal gehört, und zwar mit genau den Ohren, die du hier siehst.« Er schenkte ihr ein dünnes Lächeln.
Dalby empfand so etwas wie Mitleid mit dem Mädchen. Ein hoffnungsloser Fall, dachte er. Ein Mädchen, das Betrunkene fledderte, war schon ziemlich heruntergekommen. Und die bot einem hundert Guineen an! Und über den Eisenbahnraub hatte ihm schon lange keiner mehr was Neues erzählen können. Das war ein alter Hut, niemand interessierte sich mehr dafür. Inzwischen gab es schon ein halbes Dutzend neuerer Verbrechen, über die er gern Näheres gehört hätte.
»Es ist wirklich kein fauler Zauber«, sagte das Mädchen. »Ich kenne den Schränker, der das Ding gedreht hat, und ich kann Ihnen auch sagen, wo Sie ihn finden.«
»Ja, ja, ja«, sagte Dalby.
»Ich schwöre«, protestierte das Mädchen. Sie wirkte jetzt noch verzweifelter als zuvor. »Ich *schwöre*.«
»Na, und wer ist es denn?«
»Das sage ich nicht.«
»Verstehe«, sagte Dalby. »Aber du könntest ihn natürlich für uns finden, wenn wir dich nur freiließen, damit du ihn für uns aufstöberst – so ist es doch, was?« Er sah das Mädchen kopfschüttelnd an. Diese Typen wunderten sich immer, wenn ein Polizist ihre Lügengeschichte zu Ende hörte. Warum hielten sie die Männer der Polizei immer für Dummköpfe und Narren?
Aber diesmal war es an Dalby, sich zu wundern, denn das Mädchen sagte mit ruhiger Stimme: »Nein.«
»Nein?« fragte Dalby.
»Nein«, erwiderte das Mädchen. »Ich weiß genau, wo er zu finden ist.«
»Aber du mußt uns zu ihm führen, was?« fragte Dalby.
»Nein«, erwiderte das Mädchen.

»Nein?« Dalby zögerte. »Also, wo können wir ihn finden?«
»In Newgate«, sagte das Mädchen.
Es vergingen einige Sekunden, bis Dalby der Sinn ihrer Worte aufging. »Im Gefängnis von Newgate?« fragte er.
Das Mädchen nickte.
»Und wie heißt er?«
Das Mädchen grinste.
Kurz darauf schickte Dalby einen Boten nach Scotland Yard, der sofort das Büro von Mr. Harranby unterrichten sollte, denn hier war eine Geschichte, die so seltsam klang, daß sie wirklich ein Körnchen Wahrheit enthalten konnte.

Bei Morgengrauen sah die Polizei mehr oder weniger klar. Das Mädchen, Alice Nelson, war die Geliebte eines gewissen Robert Agar, der kürzlich wegen des Verdachts verhaftet worden war, Fünf-Pfund-Noten gefälscht zu haben. Agar hatte seine Unschuld beteuert. Er saß jetzt in Newgate und wartete auf die Gerichtsverhandlung.
Das Mädchen, das nicht mehr von Agars Einkommen leben konnte, hatte sich daraufhin aufs Stehlen und Fleddern verlegt, um sich über Wasser zu halten, und war jetzt auf frischer Tat ertappt worden. Einem späteren Polizeibericht zufolge zeigte sie ›eine unüberwindliche Abneigung gegen das Eingesperrtsein‹, was wohl heißen sollte, sie leide an Klaustrophobie. Jedenfalls hatte sie ihren Liebhaber verpfiffen und alles erzählt, was sie wußte. Das war zwar wenig genug, veranlaßte Mr. Harranby aber immerhin, sich Agar vorführen zu lassen.

›Wer ein Polizeiverhör erfolgreich führen will‹, schrieb Edward Harranby in seinen Memoiren, ›muß wissen, wie ein verschlagenes Verbrecherhirn arbeitet.‹ Harranby besaß dieses Wissen, mußte jedoch zugeben, daß der Mann, der jetzt trocken hustend vor ihm saß, ein besonders schwieriger Fall war. Sie verhörten ihn nun schon zwei Stunden lang, aber Agar hielt an seiner Geschichte fest. Bei Verhören liebte Mr. Harranby es, dem Gespräch gelegentlich eine unerwartete Wendung zu geben, damit der Delinquent sich nie sicher fühlte. Aber Agar schien mit dieser Methode vertraut.
»Mr. Agar«, sagte Harranby. »Wer ist John Simms?«
»Nie von ihm gehört.«
»Wer ist Edward Pierce?«
»Nie von ihm gehört. Das habe ich Ihnen doch schon gesagt.« Er hustete in sein Taschentuch, das Sharp, Harranbys Gehilfe, ihm gegeben hatte.
»Ist dieser Pierce nicht ein berühmter Einbrecher?«
»Woher soll ich das wissen?«
»Woher sollen Sie das wissen ...« Harranby seufzte. Er war überzeugt, daß Agar log. Alles deutete darauf hin – seine Haltung, sein flackernder Blick, die niedergeschlagenen Augen, seine Handbewegungen. »Also schön, Mr. Agar. Seit wann fälschen Sie Geld?«
»Ich habe kein Geld gefälscht«, sagte Agar. »Ich schwöre, ich war's nicht. Bin nur in diesen Pub gegangen, um mir einen zu genehmigen. Das ist alles. Ich schwöre.«
»Sie sind unschuldig?«
»Ja, das bin ich.«
Harranby machte eine Pause. »Sie lügen«, sagte er.
»Es ist die Wahrheit, so wahr mir Gott helfe.«
»Wir werden Sie für viele Jahre hinter Gitter bringen. Da dürfen Sie sich nicht täuschen!«

»Gegen mich liegt nichts vor«, sagte Agar aufgeregt.
»Lügen Sie nicht. Sie sind ein Fälscher, soviel steht fest.«
»Ich schwöre«, sagte Agar. »Ich hab' keine Scheine gemacht. Das hätte doch keinen Sinn, wo ich ...« Er verstummte plötzlich. Ein kurzes Schweigen. Man hörte nur das Ticken der Wanduhr. Harranby hatte diese Uhr nur wegen ihres lauten und beharrlichen Tickens gekauft: es sollte die Häftlinge beim Verhör irritieren.
»Warum hätte das keinen Sinn?« fragte er leise.
»Weil ich ein ehrlicher Mensch bin, darum«, erwiderte Agar und starrte auf den Fußboden.
»Und welcher ehrlichen Arbeit gehen Sie nach?«
»Gelegenheitsarbeit. Mal hier, mal da.«
Das war zwar keine genaue Auskunft, aber möglicherweise auch keine Ausrede. In London gab es damals rund eine halbe Million ungelernter Arbeiter, die Gelegenheitsarbeiten übernahmen, wo diese sich gerade boten.
»Wo haben Sie gearbeitet?«
»Ja, warten Sie mal ...«, sagte Agar und kniff die Augen zusammen. »Einen Tag habe ich im Gaswerk von Millbank gearbeitet. Hab' Kohle geschaufelt. Zwei Tage in Chenworth, Ziegelsteine geschleppt. Und vor einer Woche habe ich ein paar Stunden für Mr. Barnham gearbeitet und seinen Keller aufgeräumt. Ich nehme, was ich kriegen kann, verstehen Sie?«
»Ihre Dienstherren werden sich an Sie erinnern?«
Agar lächelte. »Möglich.«
Hier befand Harranby sich wieder in einer Sackgasse. Wer Gelegenheitsarbeiter beschäftigte, erinnerte sich nur selten daran, wer für sie gearbeitet hatte und wann. Wie dem auch sei, viel war da für ihn nicht zu holen.
Harranby ertappte sich dabei, daß er die Hände des Mannes anstarrte. Agar hatte die Hände im Schoß gefaltet. Da bemerkte Harranby, daß der Nagel des kleinen Fingers ziemlich lang war.

Ein langer Fingernagel konnte alles mögliche bedeuten. Seeleute ließen einen Nagel langwachsen, damit er ihnen Glück brachte, besonders die Griechen unter ihnen. Aber auch Leute, die in einem Kontor arbeiteten, ließen sich manchmal den Nagel des kleinen Fingers langwachsen, um damit Siegel abzulösen. Aber bei Agar ...

»Wie lange arbeiten Sie denn schon als Schränker?« fragte Harranby.

»Bitte?« erwiderte Agar mit einem Ausdruck bemühter Unschuld. »Schränker?«

»Stellen Sie sich nicht dumm«, sagte Harranby. »Sie wissen, was das ist.«

»Ich habe mal in 'ner Tischlerei gearbeitet. Oben im Norden, ein Jahr lang, das stimmt.«

Harranby ließ sich nicht ablenken. »Haben Sie die Schlüssel für die Safes gemacht?«

»Schlüssel? Was für Schlüssel?«

Harranby seufzte. »Als Schauspieler haben Sie keine Zukunft, Agar.«

»Ich verstehe nicht, was Sie meinen, Sir«, sagte Agar. »Von was für Schlüsseln reden Sie?«

»Von den Schlüsseln, die beim Eisenbahnraub benutzt worden sind.«

Hier lachte Agar auf. »Sie sind vielleicht gut«, sagte er. »Sie glauben, ich würde heute Geld fälschen, wenn ich bei der Sache mitgemacht hätte? Glauben Sie das wirklich? Das ist ja verrückt!« Harranbys Gesicht blieb ausdruckslos, aber er wußte, daß Agar recht hatte. Ein Mann, der am Raub von 12000 Pfund beteiligt gewesen war, würde sich ein Jahr später nicht mit dem Herstellen von Fünf-Pfund-Noten abgeben.

»Es hat keinen Sinn, daß Sie uns was vormachen«, sagte Harranby. »Wir wissen, daß Simms Sie im Stich gelassen hat. Ihm ist es egal, was mit Ihnen passiert – warum schützen Sie ihn?«

»Nie von ihm gehört«, sagte Agar.
»Führen Sie uns zu ihm. Wir werden uns erkenntlich zeigen.«
»Nie von ihm gehört«, wiederholte Agar. »Wollen Sie das nicht endlich begreifen?«
Harranby machte eine Pause und starrte Agar an. Der Mann war, von seinen Hustenanfällen abgesehen, völlig ruhig. Harranby warf Sharp, der in einer Ecke saß, einen Blick zu. Es war an der Zeit, die Methode zu wechseln.
Harranby nahm ein Blatt Papier vom Schreibtisch und setzte sich die Brille auf. »Also gut, wie Sie wollen, Mr. Agar«, sagte er. »Dies ist ein Auszug aus dem Strafregister. Sieht gar nicht gut aus, fürchte ich.«
»Strafregister?« Jetzt war Agar wirklich verblüfft. »Ich habe keins.«
»Und ob Sie eines haben«, sagte Harranby und ließ den Finger über den Text gleiten. »Robert Agar . . . hmmm . . . sechsundzwanzig Jahre alt . . . hmm . . . geboren in Bethnal Green . . . hmm . . . Ja, hier haben wir's schon. 1849, sechs Monate in Bridewell wegen Landstreicherei . . .«
»Das ist *nicht wahr!*« explodierte Agar.
». . . und 1852 ein Jahr acht Monate in Coldbath wegen Raubüberfalls . . .«
»Das stimmt nicht, ich schwöre, es ist nicht wahr!«
Harranby musterte den Häftling über den Rand seiner Brille hinweg. »Es steht alles hier in Ihrer Akte, Mr. Agar. Ich denke, der Richter wird sich sehr dafür interessieren. Was wird er wohl bekommen? Was meinen Sie, Mr. Sharp?«
»Vierzehn Jahre Verbannung, mindestens«, sagte Sharp nachdenklich.
»Hm. Ja. Vierzehn Jahre Australien – das würde ich auch sagen.«
»Australien«, sagte Agar mit leiser Stimme.
»Nun, würde ich doch denken«, sagte Harranby ruhig. »Verbannung ist die übliche Strafe in solchen Fällen.«

Agar schwieg.
Harranby wußte, daß die ›Verbannung‹ in der Öffentlichkeit allgemein als gefürchtete Strafe galt, während die Verbrecher selbst der Deportation nach Australien mit Gleichmut entgegensahen oder sich gar darauf freuten. Viele Kriminelle meinten, Australien sei ein angenehmes Land, und die Aussicht, ›die Känguruhs zu jagen‹, erschien vielen verlockender als eine lange Haft in einem englischen Gefängnis.
Die Stadt Sydney in New South Wales war zu jener Zeit eine aufblühende, hübsche Hafenstadt mit dreißigtausend Einwohnern. Sydney war überdies ein Ort, ›in dem die Vergangenheit eines Menschen nichts zählt, und ein gutes Gedächtnis sowie neugierige Fragen gehören zu den Dingen, die dort nicht sehr geschätzt werden ...‹ In Australien mochte es auch Brutalitäten geben – so machten sich die Schlachter dort ein Vergnügen daraus, Geflügel bei lebendigem Leib zu rupfen –, aber andererseits war es unzweifelhaft auch ein angenehmes Land. In Sydney gab es bereits Gasbeleuchtung in den Straßen, man sah dort vornehme Wohnhäuser und Frauen mit kostbarem Schmuck. Kurz, die Stadt konnte sich sehen lassen. Ein Mann wie Agar brauchte eine Verbannung dorthin also nicht unbedingt als Unglück zu betrachten.
Wider Erwarten reagierte er jedoch äußerst erregt. Offensichtlich wollte er England nicht verlassen. Als Harranby dies sah, faßte er wieder Mut.
Er erhob sich.
»Das wäre alles für heute«, sagte er. »Sollten Sie in ein paar Tagen das Gefühl haben, Sie hätten mir etwas mitzuteilen, brauchen Sie nur den Wärtern in Newgate Bescheid zu sagen.«
Agar wurde aus dem Zimmer geführt.
Harranby setzte sich wieder an seinen Schreibtisch.
Sharp trat zu ihm.
»Was haben Sie denn da vorhin vorgelesen?« fragte er.

Harranby nahm den Bogen vom Schreibtisch. »Ein Rundschreiben von der Gebäudeverwaltung«, sagte er, »in dem mitgeteilt wird, daß Kutschen nicht mehr auf dem Innenhof abgestellt werden dürfen.«

Drei Tage später sagte Agar zu den Wärtern in Newgate, er wünsche Mr. Harranby erneut vorgeführt zu werden. Am 13. November erzählte Agar Harranby alles, was er über den Raub wußte. Dafür wurde ihm zugesagt, er dürfe auf milde Bestrafung hoffen. Unter Umständen werde sogar eine der beteiligten Institutionen – die Bank, die Eisenbahngesellschaft oder gar die Regierung selbst – ihm einen Teil der ausgesetzten Belohnungen zuerkennen.

Agar wußte nicht, wo das Geld versteckt war. Er sagte, Pierce habe ihm monatliche Zuwendungen in Banknoten zukommen lassen. Pierce und seine Komplicen hatten sich nämlich vor der Tat darauf geeinigt, die Beute erst zwei Jahre nach dem Raub, also im Mai des folgenden Jahres, 1857, zu teilen.

Agar wußte dafür aber, wo Pierces Haus lag. Am Abend des 13. November umstellten Männer von Scotland Yard das Haus des Edward Pierce alias John Simms und betraten es mit gezogenen Pistolen. Der Hausherr war jedoch nicht anwesend. Die verängstigten Dienstboten erklärten, er habe die Stadt verlassen, um sich am folgenden Tag in Manchester einen Faustkampf anzusehen.

49. Kapitel Zwei Freunde des Boxsports

Strenggenommen waren Faustkämpfe während des 19. Jahrhunderts in England verboten. Trotzdem fanden sie statt und zogen immer wieder riesige Zuschauermengen an. Die Notwendigkeit, den Behörden ein Schnippchen zu schlagen, führte dazu, daß oft ein großer Kampf in letzter Minute von einer Stadt in die andere Stadt verlegt werden mußte. Aber viele

der zahllosen Anhänger dieses Sports scheuten sich nicht, notfalls quer durchs Land zu reisen, um einen Kampf zu sehen.
Der für den 19. November angesetzte Kampf zwischen Schmetter-Tim Revels, dem ›Boxenden Quäker‹, und seinem Herausforderer Neddy Singleton hatte ursprünglich in Liverpool stattfinden sollen, wurde dann aber in eine kleine Stadt namens Eagle Welles und schließlich nach Barrington außerhalb von Manchester verlegt. Über zwanzigtausend Freunde des Boxsports besuchten den Kampf. Sie wurden enttäuscht.
Damals gab es für das Preisboxen Regeln, die so anders waren als die heutigen Regeln, daß ein Zuschauer unserer Tage eine solche Veranstaltung kaum als Boxkampf ansehen würde. Man boxte mit bloßen Fäusten, schlug aber nicht fest zu, damit man sich die eigenen Hände und Handgelenke nicht verletzte. Ein Boxer, dem das widerfuhr, hatte den Kampf so gut wie verloren. Die einzelnen Runden waren verschieden lang, und auch die Gesamtdauer eines Kampfes war vorher nicht festgelegt. Ein Match ging oft über fünfzig oder achtzig Runden und dauerte mitunter fast einen ganzen Tag. Ziel des Kampfes war für beide Kämpfer, den Gegner mit einer langen Reihe von Haken und Schwingern zu zermürben. Einen Knockout strebte niemand an. Im Gegenteil, ein richtiger Faustkämpfer trachtete danach, seinen Gegner langsam in die Knie zu zwingen.
Neddy Singleton wurde von der ersten Runde an von Schmetter-Tim hoffnungslos deklassiert. Neddy bediente sich schon von Anfang an des Tricks, bei jedem Treffer, den er einstekken mußte, in die Knie zu gehen, damit er verschnaufen konnte. Die Zuschauer zischten und buhten über diese unfaire List, die aber durch nichts verhindert werden konnte, zumal der Ringrichter – dem es oblag, einen Niedergeschlagenen bis zehn auszuzählen – so provozierend langsam zählte, daß jeder sehen konnte, daß die Hintermänner Neddys ihn mit einem saftigen Handgeld bestochen hatten. Doch wurde die

Entrüstung der Fans dadurch gemildert, daß solche Tricks das blutige Schauspiel in die Länge zogen.
Die Herren von Scotland Yard hatten einige Mühe, unter den Tausenden von Zuschauern, unter denen es immer auch rohe und brutale Burschen gab, unauffällig vorzugehen. Agar, dem ein Pistolenlauf ins Kreuz gedrückt wurde, zeigte aus einiger Entfernung auf Pierce und den Wachmann Burgess, und gleich darauf wurden die beiden festgenommen. Man drückte ihnen einen Kracher in die Seite und forderte sie auf, unauffällig mitzukommen, wenn sie nicht ein Stück Blei zwischen die Rippen kriegen wollten.
Pierce begrüßte Agar liebenswürdig.
»Sie haben uns verpfiffen, nicht wahr?« fragte er lächelnd.
Agar konnte ihm nicht in die Augen sehen.
»Macht nichts«, sagte Pierce. »Ich habe auch für diesen Fall vorgesorgt.«
»Mir blieb nichts anderes übrig«, stieß Agar hervor.
»Auf Ihren Anteil werden Sie nun verzichten müssen«, sagte Pierce mit ruhiger Stimme.
Pierce wurde zu Mr. Harranby von Scotland Yard gebracht, der ihn am Rande der Zuschauermenge erwartete.
»Sind Sie Edward Pierce alias John Simms?«
»Der bin ich«, sagte der Mann.
»Sie sind vorläufig festgenommen. Sie werden beschuldigt, einen Raub begangen zu haben«, sagte Mr. Harranby.
Pierce darauf: »Sie werden mich nicht lange halten können.«
»Das denke ich aber doch, Sir«, sagte Mr. Harranby.
Am Abend des 19. November befanden sich Pierce und Burgess ebenso wie Agar im Gefängnis von Newgate. Harranby informierte in aller Stille einige hohe Regierungsbeamte über seinen Erfolg, aber der Presse wurde nichts mitgeteilt, denn Harranby wollte noch die als Miriam bekannte Frau sowie den Kutscher Barlow fassen, die sich beide noch auf freiem Fuß befanden. Außerdem wollte er das Gold finden.

Am 22. November verhörte Mr. Harranby Pierce zum erstenmal. Im Tagebuch seines Gehilfen, Jonathan Sharp, heißt es: ›H. kam frühzeitig ins Büro, aufs sorgfältigste gekleidet und sehr gut aussehend. Trank eine Tasse Kaffee statt wie sonst Tee. Bemerkungen, wie Pierce am besten beizukommen sei, usf. usf. Sagte, er habe den Verdacht, daß ohne Zermürbungstaktik aus Pierce nichts herauszuholen sei.‹

Das erste Gespräch war auch tatsächlich sehr rasch beendet. Um neun Uhr morgens wurde Pierce ins Büro geführt und gebeten, Platz zu nehmen. Er saß auf einem Stuhl mitten im Zimmer. Harranby schoß von seinem Platz hinter dem Schreibtisch mit gewohnter Schroffheit die erste Frage ab.

»Kennen Sie einen gewissen Barlow?«

»Ja«, sagte Pierce.

»Wo befindet er sich jetzt?«

»Ich weiß nicht.«

»Wo ist die Frau, die Miriam heißt?«

»Ich weiß nicht.«

»Wo«, fragte Mr. Harranby, »ist das Gold?«

»Ich weiß nicht.«

»Sie scheinen eine ganze Menge nicht zu wissen.«

»Stimmt«, sagte Pierce.

Harranby musterte ihn einen Augenblick. Ein kurzes Schweigen. »Vielleicht«, sagte Harranby, »wird ein kleiner Aufenthalt im ›Steel‹ Ihr Gedächtnis auffrischen.«

»Das bezweifle ich«, sagte Pierce, der keinerlei Besorgtheit zeigte. Kurz darauf wurde er aus dem Raum geführt.

Als er mit Sharp allein war, sagte Harranby: »Ich werde ihn kleinkriegen, verlassen Sie sich darauf.« An demselben Tag noch gab Harranby Anweisung, Pierce von Newgate ins Zuchthaus von Coldbath Fields zu überführen, das als ›die Bastille‹ bekannt war. ›The Steel‹ war normalerweise nicht für Untersuchungshäftlinge gedacht. Die Polizei bediente sich aber gern des Zuchthauses, wenn aus irgendeinem Häftling noch vor der Verhandlung etwas ›herausgepreßt‹ werden sollte.

›The Steel‹ war das gefürchtetste aller englischen Gefängnisse. Henry Mayhew hat es nach einem Besuch im Jahre 1853 beschrieben. Unter den Besonderheiten dieser Anstalt hat Mayhew an erster Stelle natürlich die Tretmühle genannt, enge Verschläge in einer Reihe, ›die an die Abteile eines Pissoirs erinnern‹. Hier mußten die Häftlinge jeweils fünfzehn Minuten lang ausharren und ein Rad mit vierundzwanzig Stufen nach unten treten. Ein Wärter hat die Vorzüge der Tretmühle wie folgt erklärt: »Wie Sie sehen, finden die Männer nie einen festen Stand, da die Stufen immer unter ihnen wegsinken, und *das* macht die Sache sehr anstrengend. Außerdem sind die Verschläge klein und eng. Die Luft wird schnell sehr heiß, so daß die Leute am Ende der Viertelstunde oft kaum noch atmen können.«

Noch unangenehmer war der ›Kugeldrill‹ – eine Übung, die so anstrengend war, daß Männer über fünfundvierzig im allgemeinen davon freigestellt wurden. Dabei mußten die Gefangenen einen Kreis mit drei Schritten Abstand von Mann zu Mann bilden. Auf ein bestimmtes Kommando hin hob jeder eine auf der Erde liegende Kanonenkugel von vierundzwanzig Pfund Gewicht auf, schleppte sie zum Platz des Nachbarn, ließ sie fallen und kehrte zu seiner Ausgangsposition zurück, wo eine neue Kugel auf ihn wartete. Diese ›Übung‹ dauerte meist jeweils eine volle Stunde.

Am gefürchtetsten war aber ›die Kurbel‹, eine mit Sand gefüllte schwere Trommel, die mit einer Handkurbel gedreht werden mußte. An dieses Gerät stellte man Häftlinge, die man besonders bestrafen wollte.

Ein einziger Tag in Coldbath Fields war so zermürbend, daß eine kurze Haftzeit schon genügen konnte, einen Mann zu zerbrechen. So mancher hatte nach sechs Monaten ›keinen Mumm mehr in den Knochen‹; sein Körper war geschwächt, er war mit den Nerven am Ende, und seine Willenskraft war gebrochen – er war kaum noch fähig, irgendwelche neuen Verbrechen zu begehen.

Da Pierce Untersuchungshäftling war, konnte man ihn nicht ohne weiteres den Torturen der Tretmühle, des Kugeldrills oder der Kurbel unterwerfen. Aber auch für ihn galten die Vorschriften und Regeln des Zuchthauses, und brach er zum Beispiel das Sprechverbot, konnte er durchaus zur ›Kurbel‹ verurteilt werden. Man kann also vermuten, daß die Wachen ihn oft beschuldigten, gesprochen zu haben, und daß er entsprechende Strafen erhielt, weil man ihn ›weich machen‹ wollte.

Am 19. Dezember, nach vier Wochen im ›Steel‹, wurde Pierce wieder zu Harranby ins Büro gebracht. Harranby hatte vorher zu Sharp gesagt: »Heute werden wir das eine oder andere erfahren.« Aber diese zweite Vernehmung dauerte nicht länger als die erste.

»Wo ist dieser Barlow?«

»Ich weiß nicht.«

»Wo ist diese Miriam?«

»Ich weiß nicht.«

»Wo ist das Gold?«

»Ich weiß nicht.«

Mr. Harranby lief dunkelrot an, und die Adern traten ihm auf der Stirn hervor. Bebend vor Zorn entließ er Pierce. Als Pierce abgeführt wurde, wünschte er Mr. Harranby mit ruhiger Stimme ein frohes Weihnachtsfest.

›Die Unverschämtheit dieses Mannes‹, schrieb Harranby später, ›überstieg jede Vorstellungskraft.‹

Mr. Harranby sah sich in dieser Zeit von mehreren Seiten stark unter Druck gesetzt. Die Huddleston & Bradford-Bank wollte ihr Gold wiederhaben und erreichte sogar, daß der

Premierminister, Lord Palmerston, höchst persönlich eingriff und sich bei Mr. Harranby nach dem Stand der Dinge erkundigte. Seine Anfrage brachte Harranby in eine peinliche Lage, denn er mußte gestehen, Pierce nach Coldbath Fields verlegt zu haben, und das zeigte, daß er, Harranby, sich nicht korrekt verhalten hatte.

Palmerston äußerte die Ansicht, daß dieses Vorgehen doch wohl ›ein bißchen eigenmächtig und nicht ganz *comme il faut* sei, aber Harranby tröstete sich mit dem Gedanken, daß ein Premier, der sich den Backenbart färbte, mit solchen Äußerungen besser etwas vorsichtig sein sollte.

Pierce blieb in Coldbath, bis man ihn am 6. Februar 1857 wieder zu Harranby brachte.

»Wo ist dieser Barlow?«

»Ich weiß nicht.«

»Wo ist diese Miriam?«

»Ich weiß nicht.«

»Wo ist das Gold?«

»In einem Grab in St. John's Wood«, sagte Pierce.

Harranby richtete sich auf.

»Was haben Sie da gesagt?«

»Es liegt in einer Gruft«, sagte Pierce gleichmütig, »auf der der Name John Simms steht, und zwar auf dem Friedhof Martin Lane, St. John's Wood.«

Harranby trommelte mit den Fingern auf den Schreibtisch.

»Warum haben Sie das nicht schon früher gesagt?«

»Weil ich nicht wollte«, erwiderte Pierce.

Harranby ließ Pierce wieder nach Coldbath Fields bringen.

Am 7. Februar hatte man die Gruft gefunden und die notwendigen Genehmigungen zu ihrer Öffnung eingeholt. Um zwölf Uhr mittags an diesem Tag öffnete Mr. Harranby in Begleitung von Mr. Henry Fowler das Gewölbe. Die Gruft enthielt keinen Sarg – und von Gold war auch nichts zu sehen. Bei ei-

ner genauen Untersuchung der Tür stellte man fest, daß das Schloß vor kurzem mit Gewalt geöffnet worden war.
Mr. Fowler zeigte sich äußerst aufgebracht über diese Entdeckung, und Mr. Harranby war zutiefst bestürzt. Am 8. Februar, am folgenden Tag also, wurde Pierce wieder zu Mr. Harranby ins Büro gebracht und mit der Nachricht konfrontiert.
»Nun«, sagte Pierce, »die Schufte müssen mich beraubt haben.«
Er blieb jedoch ganz ruhig; es schien ihm nicht viel auszumachen. Harranby sprach ihn darauf an.
»Barlow«, sagte Pierce. »Ich habe schon immer gewußt, daß man ihm nicht trauen kann.«
»Sie glauben also, daß Barlow das Gold an sich genommen hat?«
»Wer denn sonst?«
Ein kurzes Schweigen trat ein. Harranby lauschte dem Ticken der Uhr. Diesmal irritierte es ihn mehr als seinen Gefangenen. Der Mann schien bemerkenswert gelassen zu sein.
»Macht es Ihnen denn nichts aus«, fragte Harranby, »daß Ihre Komplicen Sie so reingelegt haben?«
»Ich habe eben Pech gehabt«, sagte Pierce mit ruhiger Stimme. »Und Sie auch«, setzte er mit feinem Lächeln hinzu.

›Aus seinem beherrschten Benehmen und seinem höflichen Auftreten‹, schrieb Harranby, ›glaubte ich schließen zu können, daß er sich irgendwie eine neue Geschichte ausgedacht hatte, um uns von der Fährte abzubringen. Bei meinen weiteren Versuchen aber, der Wahrheit auf die Spur zu kommen, wurde ich empfindlich gestört, denn am 1. März 1857 erfuhr ein Reporter der *Times* von Pierces Festnahme, und von da an konnten wir ihn nicht mehr so ungestört in Gewahrsam halten wie zuvor.‹
Mr. Sharp zufolge nahm sein Chef den Bericht der *Times* über Pierces Festnahme ›mit hitzigen Verwünschungen und hefti-

gen Zornausbrüchen auf‹. Harranby verlangte zu wissen, woher die Zeitung von der Geschichte erfahren habe. Die *Times* weigerte sich, ihre Quelle preiszugeben. Ein Wärter in Coldbath, von dem man vermutete, er sei derjenige, der geschwatzt habe, wurde sofort entlassen, aber der wahre Sachverhalt wurde nie aufgeklärt. Es wurde sogar gemunkelt, der Hinweis sei aus dem Büro des Premierministers gekommen.
Der Beginn des Prozesses gegen Burgess, Agar und Pierce wurde daraufhin auf den 12. Juli 1857 festgesetzt.

51. Kapitel England hat andere Sorgen

Der Prozeß gegen die drei Eisenbahnräuber rief in der Öffentlichkeit das gleiche fieberhafte Interesse hervor wie einst das Verbrechen selbst. Die Vertreter der Anklage, die sich wohl bewußt waren, daß dieses Ereignis im Mittelpunkt des öffentlichen Interesses stand, gaben sich alle Mühe, das prozessuale Vorgehen so dramatisch wie möglich zu gestalten. Burgess, die unbedeutendste Figur im Spiel, wurde als erster auf die Anklagebank in Old Bailey geführt. Die Tatsache, daß dieser Mann nur Einzelheiten der gesamten Geschichte kannte, machte der Öffentlichkeit nur den Mund wässerig, mehr zu erfahren.
Als nächster wurde Agar vorgeführt und vernommen. Er konnte mit weiteren Informationen aufwarten. Aber auch Agar war nun einmal nicht die Hauptperson, und seine Aussage steigerte noch die Spannung auf das Erscheinen des Mannes, den die Presse als ›Meisterverbrecher‹ und als ›die brillante, böse treibende Kraft hinter der Tat‹ bezeichnete.
Pierce war noch immer im Coldbath Fields eingekerkert, und bisher hatte ihn weder die Öffentlichkeit noch die Presse zu Gesicht bekommen. So konnten übereifrige Reporter unwidersprochen die wildesten und phantasievollsten Berichte über das Aussehen dieses Mannes, seine Manieren und seinen

Lebensstil zusammenbrauen. Vieles, was in den ersten beiden Juliwochen des Jahres 1857 über ihn geschrieben wurde, war offenkundig unwahr: daß Pierce mit drei Geliebten unter einem Dach gewohnt habe und ein ›menschlicher Dynamo‹ sei; daß er der Kopf hinter dem großen Scheckschwindel von 1852 sei; daß er der illegitime Sohn Napoleons I. sei; daß er Kokain und Opium nehme; daß er früher mit einer deutschen Gräfin verheiratet gewesen sei, die er 1848 in Hamburg ermordet habe. Es gibt keinen Anhaltspunkt dafür, daß auch nur eine dieser Geschichten den Tatsachen entspricht. Doch brachte die Presse auf diese Weise die Anteilnahme der Öffentlichkeit zum Sieden.

Selbst Königin Victoria war gegen die Faszination ›dieses *äußerst kühnen* und *heimtückischen* Schurken, den Wir *gern* aus nächster Nähe sehen würden‹, nicht gefeit. Sie gab außerdem dem Wunsch Ausdruck, seiner Hinrichtung beizuwohnen. Offenkundig war ihr entgangen, daß auf schweren Diebstahl 1857 in England nicht mehr die Todesstrafe stand.

Vor den Mauern von Coldbath Fields hatten sich seit Wochen immer wieder riesige Menschenmengen versammelt, nur auf die unwahrscheinliche Chance hin, einen Blick auf den Meisterdieb zu erhaschen. In Pierces Haus in Mayfair wurde dreimal von gierigen Andenkenjägern eingebrochen. Eine ›Dame der Gesellschaft‹, über die keine näheren Angaben gemacht wurden, überraschte man dabei, wie sie das Haus mit einem Herrentaschentuch verließ. Sie soll nicht die geringste Verlegenheit gezeigt, sondern nur gesagt haben, sie habe sich ein Andenken an den Mann holen wollen.

Die *Times* klagte, diese Faszination für einen Verbrecher sei ›unziemlich, ja geradezu dekadent‹. Das Blatt schreckte nicht einmal vor der Behauptung zurück, das Verhalten der Öffentlichkeit spiegele ›irgendeinen fatalen Makel im britischen Nationalcharakter‹ wider.

Doch ein geschichtliches Ereignis bewirkte, daß die Öffentlich-

keit, als Pierce am 29. Juli zum erstenmal vor seinen Richtern stand, seinem Auftritt kaum noch Aufmerksamkeit schenkte. England sah sich herausgefordert: in Indien war ein blutiger Aufstand ausgebrochen.
Das wachsende britische Weltreich hatte in den vergangenen Jahrzehnten zwei größere Rückschläge hinnehmen müssen. Den ersten in Kabul, Afghanistan, wo 1842 16 500 britische Soldaten, Frauen und Kinder innerhalb von sechs Tagen umgekommen waren. Der zweite war der inzwischen beendete Krimkrieg, der Forderungen nach einer Armeereform hatte laut werden lassen. Das Unbehagen über die Streitkräfte war inzwischen so stark geworden, daß Lord Cardigan, der einstige Nationalheld, in Mißkredit geraten war: er wurde beschuldigt (zu Unrecht), beim Angriff der Light Brigade nicht zugegen gewesen zu sein. Seine Eheschließung mit der skandalumwitterten Kunstreiterin Adeline Horsey de Horsey hatte seinem Ruf noch weiter Abbruch getan.
Und jetzt wurde dem englischen Selbstbewußtsein und der englischen Weltherrschaft durch den Aufruhr in Indien ein weiterer schwerer Schlag versetzt. Daß die Engländer sich über Indien keine großen Sorgen machten, geht daraus hervor, daß sie dort nur 34 000 europäische Soldaten unterhielten, die eine Viertelmillion eingeborener Soldaten befehligten, Sepoys genannt, die ihren englischen Vorgesetzten gegenüber keine übermäßige Loyalität an den Tag legten.
Seit den vierziger Jahren des 19. Jahrhunderts war England in Indien zunehmend willkürlich und anmaßend aufgetreten. Die neue evangelische Inbrunst der Rechtgläubigkeit in der Heimat hatte dazu geführt, daß auch in Übersee die religiösen Reformen rücksichtslos betrieben wurden; das Unwesen der Thugs sowie die freiwilligen Witwenverbrennungen gehörten der Vergangenheit an. Den Indern gefiel es durchaus nicht, mitanzusehen, daß die Fremden ihre althergebrachten religiösen Bräuche veränderten.

Als die Engländer 1857 das neue Enfield-Gewehr einführten, kamen die Patronen für dieses Gewehr kräftig eingefettet aus der Fabrik. Die Soldaten mußten die Patronen aufbeißen, um das Pulver freizubekommen. Unter den Sepoy-Regimentern kam das Gerücht auf, das Schmierfett stamme von Schweinen und Kühen, und diese Patronen seien folglich ein Trick der Engländer, um die Sepoys zu verunreinigen und sie dazu zu bringen, ihre Kastenregeln zu verletzen.
Die englischen Behörden reagierten schnell.
Noch im Januar 1857 wurde angeordnet, daß in der Fabrik eingeschmierte Patronen nur noch an europäische Soldaten auszugeben seien; den Sepoys wurde gestattet, ihre Patronen selbst mit Pflanzenfett einzuschmieren. Diese vernünftige Anordnung kam jedoch zu spät, als daß sie die Entrüstung noch hätte dämpfen können. Im März wurden bei vereinzelten Zwischenfällen die ersten englischen Offiziere von Sepoys erschossen. Und im Mai brach ein allgemeiner Aufstand aus.
Die berühmteste Episode des indischen Aufstands ereignete sich in Cawnpore, einer Stadt mit 150 000 Einwohnern am Ufer des Ganges. Aus heutiger Sicht ist die Belagerung Cawnpores ein schlagender Beweis für all das, was am viktorianischen England nobel und töricht war. Eintausend britische Staatsbürger, darunter dreihundert Frauen und Kinder, sahen sich achtzehn Tage lang unter Feuer genommen. Die Lebensbedingungen in der belagerten Stadt ›sprachen allem hohn, was bislang als menschenwürdig und anständig gegolten hatte, und schockierten vor allem das Schamgefühl der ... weiblichen Natur‹. In den ersten Tagen der Belagerung jedoch nahm das Leben noch einen verblüffend gewohnten Verlauf. Die Soldaten tranken Champagner und aßen Hering aus Dosen. Neben den Kanonen spielten Kinder. Es wurden Babies geboren, und es fand sogar eine Hochzeit statt, ungeachtet des Gewehr- und Artilleriefeuers bei Tag und bei Nacht.

Später wurden die Lebensmittel rationiert, so daß jeder der Eingeschlossenen nur noch eine Mahlzeit pro Tag erhielt. Bald mußten die Belagerten dazu übergehen, Pferdefleisch zu essen, ›obwohl einige der Damen es nicht über sich bringen konnten, diese ungewohnte Nahrung zu sich zu nehmen‹. Die Frauen gaben selbst ihre Unterwäsche zur Herstellung von Ladepropfen her. ›Die edlen Frauen von Cawnpore opferten die vielleicht geschätztesten Teile ihres weiblichen Putzes, um die Gefechtsbereitschaft zu gewährleisten ...‹

Die Lage wurde immer verzweifelter. Es gab kein Wasser mehr, nur noch aus einer Quelle, die sich außerhalb der Befestigunganlagen befand. Soldaten, die aus dieser Quelle Wasser zu holen versuchten, wurden dabei niedergeschossen. Die Tagestemperaturen erreichten 65 Grad Celsius. Etliche Männer wurden durch einen Sonnenstich dahingerafft. Eine ausgetrocknete Quelle innerhalb des umzäunten Truppenlagers wurde als Grabstätte benutzt.

Am 12. Juni fing eines der beiden Gebäude Feuer und brannte bis auf die Grundmauern nieder. Sämtliche Medikamente wurden vernichtet. Die Engländer hielten jedoch noch immer aus und schlugen jeden Angriff zurück.

Am 25. Juni boten die Sepoys einen Waffenstillstand an und sagten den Engländern freies Geleit bis Allahabad zu, einer hundert Meilen stromabwärts gelegenen Stadt. Die Überlebenden sollten sich per Schiff dorthin durchschlagen. Die Engländer nahmen an.

Die Evakuierung begann im Morgengrauen des 27. Juni. Man schiffte sich auf vierzig Flußbooten ein. Die schwerbewaffneten Sepoys behielten die Engländer ständig im Auge. Kaum war der letzte Engländer an Bord, sprangen die eingeborenen Flußschiffer ins Wasser, und die Sepoys eröffneten das Feuer auf die noch am Ufer liegenden Boote. Kurz darauf standen die meisten Boote in Flammen; der Fluß war förmlich übersät mit Leichen und Ertrinkenden. Berittene Inder galoppierten durch das seichte Wasser am Ufer und mähten die Überlebenden mit Säbelhieben nieder. Alle Männer wurden getötet. Die überlebenden Frauen und Kinder wurden in ein Lehmhaus am Ufer gebracht und dort einige Tage lang in brütender Hitze gefangengehalten. Dann, am 15. Juli, stürmten die Inder, einige von ihnen Schlachter von Beruf, das Gebäude mit gezogenen Säbeln und Messern und machten jedes lebende Wesen nieder. Die entleibten Körper, darunter einige, ›die noch nicht völlig entseelt waren‹, wurden in einen nahe gelegenen Brunnen geworfen. Sie sollen ihn bis zum Rand gefüllt haben.

Die Engländer in der Heimat, die ihrem ›tatkräftigen Christentum‹ Ausdruck verliehen, schworen lautstark blutige Rache. Selbst die *Times* ließ sich von der Wut des Augenblicks mitreißen und verlangte, ›jeder Baum, jede Astgabel dieses Orts soll seine Bürde in Gestalt des Kadavers eines Aufständischen tragen‹. Lord Palmerston verkündete, die indischen Rebellen hätten ›wie Dämonen aus den tiefsten Tiefen der Hölle‹ gewütet.

In einem solchen Augenblick hatte das Auftreten eines Verbrechers in der Anklagebank von Old Bailey nur noch zweitrangige Bedeutung, zumal das fragliche Verbrechen schon zwei Jahre zurücklag. Auf den Innenseiten der Tageszeitungen erschienen jedoch einige Berichte, und sie sind vor allem deshalb fesselnd, weil sie einiges über den Charakter von Edward Pierce aussagen.

Am 29. Juli trat er zum erstenmal vor die Schranken des Gerichts: ›Gutaussehend, charmant, gefaßt, elegant und verschlagen.‹ Er sprach in einem gleichmäßigen, sehr ruhigen Ton, aber seine kühlen Aussagen riefen Empörung hervor. So nannte er etwa Mr. Fowler ›einen syphilitischen Narren‹ und Mr. Trent ›einen ältlichen Schwachkopf‹. Diese Bemerkungen veranlaßten den Ankläger, Pierce nach seiner Meinung über

Mr. Harranby zu befragen, über den Mann also, der ihn gefaßt hatte. »Ein aufgeblasener Dandy mit dem Gehirn eines Schuljungen«, bemerkte Pierce, was bei den Richtern ein entsetztes Keuchen auslöste, denn Mr. Harranby saß auf der Galerie, um dem Prozeß als Zuschauer beizuwohnen. Es wurde beobachtet, daß Mr. Harranby bei dieser Bemerkung blaurot anlief und so aussah, als erläge er jeden Augenblick einem Schlaganfall.

Noch verblüffender als Pierces Worte aber war sein Auftreten, denn er ›hielt sich sehr gut, trug eine stolze Haltung zur Schau und gab durch nichts zu erkennen, daß er zerknirscht war oder seine Untaten irgendwie bereute‹. Ganz im Gegenteil, als er nach und nach die einzelnen Schritte seines Plans rekapitulierte, schien er so etwas wie Stolz auf seine Klugheit zu demonstrieren.

›Wir haben den Eindruck gewonnen‹, schrieb der *Evening Standard,* ›daß er sich noch nachträglich in einer Weise für seine Taten begeistert, die uns völlig unverständlich ist.‹

Diese Begeisterung, dieses Vergnügen erstreckte sich auch auf die detaillierte Darlegung der Schwächen einzelner Zeugen, die selbst nur höchst widerwillig und zögernd aussagten. Mr. Trent etwa zeigte sich höchst nervös, zerfahren und verlegen (›und das mit gutem Grund‹, wie ein aufgebrachter Zuschauer bemerkte) über das, was er zu berichten hatte, während Mr. Fowler seine Erlebnisse mit so leiser Stimme zu Gehör brachte, daß der Ankläger ihn wiederholt auffordern mußte, lauter zu sprechen.

Manches, was Pierce aussagte, versetzte den Anwesenden einen Schock. So zum Beispiel der folgende Wortwechsel, zu dem es am dritten Tag seines Auftretens vor Gericht kam:

»Mr. Pierce, kennen Sie den Kutscher Barlow?«

»Ich kenne ihn.«

»Können Sie uns mitteilen, wo er sich gegenwärtig aufhält?«

»Das kann ich nicht.«

»Können Sie uns sagen, wann Sie ihn zuletzt gesehen haben?«
»Ja, das kann ich.«
»Dann seien Sie so gut und sagen Sie es uns.«
»Ich habe ihn zuletzt vor sechs Tagen gesehen, als er mich in Coldbath Fields besucht hat.«
(An dieser Stelle wurde im Gerichtssaal aufgeregtes Stimmengewirr laut. Der Vorsitzende schlug mit dem Hammer auf den Richtertisch, um die Ordnung wiederherzustellen.)
»Mr. Pierce, warum haben Sie uns diese Information nicht schon früher zuteil werden lassen?«
»Man hat mich nicht danach gefragt.«
»Was war der Gegenstand Ihrer Unterhaltung mit diesem Barlow?«
»Wir haben über meine Flucht gesprochen.«
»Dem darf ich also entnehmen, daß Sie mit Hilfe dieses Mannes auszubrechen gedenken?«
»Eigentlich sollte das eine Überraschung werden«, antwortete Pierce ruhig.
Das Gericht zeigte sich zutiefst konsterniert, und die Zeitungen berichteten in heller Empörung von dieser Äußerung: ›Dieser Mann ist ein durch und durch verdorbener, skrupelloser und gottloser Feind des Menschengeschlechts‹, schrieb der *Evening Standard.* Es wurden Stimmen laut, man möge Pierce zu einer möglichst schweren Strafe verurteilen.
Pierce behielt sein ruhiges Auftreten aber unbeirrt bei. Er fuhr fort, das Gericht durch kühl vorgebrachte Unverschämtheiten in Atem zu halten. Am 1. August zum Beispiel bemerkte er ganz nebenbei über Mr. Fowler: »Er ist ein genauso großer Dummkopf wie Mr. Brudenell.«
Der Ankläger wollte dem Angeklagten diese Bemerkung nicht ohne weiteres durchgehen lassen. »Sie meinen Lord Cardigan?« fragte er.
»Ich meine Mr. James Brudenell.«
»Das ist aber doch Lord Cardigan, nicht wahr?«

»Sie mögen ihn nennen, wie es Ihnen beliebt, aber für mich ist er nichts weiter als Mr. Brudenell.«
»Sie beleidigen einen Peer und den Generalinspekteur der Kavallerie.«
»Einen Narren«, versetzte Pierce mit seiner gewohnten Ruhe, »kann man nicht beleidigen.«
»Sir, Sie sind des gemeinsten Verbrechens angeklagt. Darf ich Sie daran erinnern?«
»Ich habe niemanden getötet«, entgegnete Pierce, »aber wenn durch *meine* unglaubliche Dummheit fünfhundert Engländer zu Tode gekommen wären, sollte man mich sofort aufknüpfen.«
Dieser Wortwechsel fand sich nur in einigen Blättern an versteckter Stelle. Die Zeitungsherren fürchteten, Lord Cardigan könne sie wegen Verleumdung verklagen. Im übrigen aber hatte Pierce mit seiner Aussage an den Grundfesten einer Gesellschaftsstruktur gerüttelt, die, wie man sehr wohl wußte, bereits von verschiedenen Seiten angegriffen wurde. Kurzum, der ›Meisterverbrecher‹ verlor immer mehr an Anziehungskraft.
Überdies konnte es der Prozeß gegen Pierce nicht mit den Berichten über wild mit den Augen rollende ›Nigger‹ aufnehmen – so nannte man die aufständischen Inder –, die einen Raum voller Frauen und Kinder stürmten, die Frauen vergewaltigten und töteten, die schreienden Kinder massakrierten und ›sich einem haarsträubenden Schauspiel hingaben, das in seinem blutrünstigen und heidnischen Atavismus jeder Beschreibung spottet‹.

Pierce sagte am 2. August zum letztenmal aus. An diesem Tag entschloß sich der Ankläger, in seiner Vernehmung einen bisher unberücksichtigten Aspekt zur Sprache zu bringen. Er war sich dabei bewußt, daß die Öffentlichkeit sich auf das bisherige kühle Auftreten und das augenscheinliche Fehlen jeglichen Schuldbewußtseins beim Angeklagten keinen Vers machen konnte.

»Mr. Pierce«, sagte der Ankläger und richtete sich dabei zu seiner vollen Größe auf, »Mr. Pierce, ich frage Sie direkt: Haben Sie niemals, zu keinem Zeitpunkt, das Gefühl gehabt, Sie hätten etwas Ungehöriges getan, sich gesetzwidrig verhalten, einen Fehltritt begangen oder moralisch versagt? Haben Sie bei der Ausführung der Ihnen zur Last gelegten Taten nicht einmal das Gefühl gehabt, Unrecht zu tun?«

»Ich verstehe Ihre Frage nicht«, sagte Pierce.

Der Ankläger soll bei dieser Antwort leise gelacht haben. »Ja, mir ist schon klar, daß Sie nichts derlei empfunden haben. Sie sind eine lebendige Antwort auf meine Frage, wie Sie da vor mir stehen.« An dieser Stelle räusperte sich der Vorsitzende und hielt vom Richtertisch herab, folgende Ansprache: »Sir«, sagte der Vorsitzende des Gerichtshofs, »es ist eine unumstrittene Wahrheit der Jurisprudenz, daß Gesetze von Menschen geschaffen worden sind und daß zivilisierte Menschen, einer Tradition von mehr als zwei Jahrtausenden folgend, übereingekommen sind, diese Gesetze um des Gemeinwohls der Gesellschaft willen zu beachten. Denn nur durch die Hoheit des Gesetzes erhebt sich jede Zivilisation über das verachtungswürdige Elend der Barbarei. Das wissen wir aus allen uns überlieferten Zeugnissen der Geschichte der Menschheit, und diese Erkenntnis geben wir auch an all unsere Mitbürger weiter, damit sie bei der künftigen Fortentwicklung der Menschheit nicht verlorengeht.

Jetzt geht es um die Frage Ihres Motivs, Sir, und ich frage Sie mit allem Ernst: Warum haben Sie dieses heimtückische und verabscheuungswürdige Verbrechen ersonnen, geplant und ausgeführt?«
Pierce zuckte die Achseln. »Ich wollte das Geld«, sagte er.

Im Anschluß an seine Aussage wurde Pierce gefesselt und von zwei bewaffneten Wärtern aus dem Gerichtssaal geführt. An der Tür kam Pierce an Mr. Harranby vorüber.
»Alles Gute!« sagte Mr. Harranby.
»Leben Sie wohl«, entgegnete Pierce.
Pierce wurde durch einen Hinterausgang aus dem Gerichtsgebäude geführt. Auf dem Hof wartete der Polizeiwagen, der ihn nach Coldbath Fields bringen sollte. Auf den Treppenstufen von Old Bailey hatte sich eine ansehnliche Menschenmenge eingefunden. Gerichtsdiener und Wärter drängten die Schaulustigen zurück, die Pierce hochleben ließen und ihm Glück wünschten. Eine lüsterne alte Hure, welche die Absperrung durchbrach, brachte das Kunststück fertig, den Häftling voll auf den Mund zu küssen, wenn auch nur für einen Moment, bis es den Polizeibeamten gelang, sie abzudrängen.
Man nimmt an, daß es sich bei dieser Hure um die Schauspielerin Miss Miriam gehandelt hat, die Pierce bei diesem Kuß den Schlüssel zu seinen Handschellen übergab, aber das ist nicht mit letzter Sicherheit erwiesen. Sicher ist nur, daß die zwei mit Knüppeln bewußtlos geschlagenen Wärter, die man später in der Nähe der Bow Street im Rinnstein liegend fand, die Einzelheiten der Flucht des Edward Pierce nicht exakt zu rekonstruieren vermochten. Ihnen war nur eines in Erinnerung geblieben – das Aussehen eines mit Pferd und Wagen wartenden Kutschers. Der Mann sei, wie die Wärter übereinstimmend bezeugten, ein grobschlächtiger Bursche mit einer häßlichen Narbe auf der Stirn gewesen.
Der Polizeiwagen wurde später auf einem Acker in Hamp-

stead aufgefunden. Weder Pierce noch der Kutscher wurden je gefaßt. Die Zeitungsberichte über die gelungene Flucht von Pierce sind sehr vage, aber alle erwähnen, daß die zuständigen Stellen mit Auskünften äußerst zurückhaltend gewesen seien.

Im September eroberten die Briten Cawnpore zurück. Sie machten keine Gefangenen, sondern verbrannten, erhängten und massakrierten ihre Opfer. Als die Engländer das blutgetränkte Gebäude entdeckten, in dem die britischen Frauen und Kinder abgeschlachtet worden waren, zwangen sie die Eingeborenen, den Fußboden abzulecken, bevor sie sie aufhängten. Sie stürmten weiter durch ganz Indien, marschierten bis zu sechzig Meilen am Tag – diese Strafexpedition ist in der Geschichte als ›Teufelssturm‹ überliefert –, verbrannten ganze Dörfer, ermordeten jeden Inder, der ihnen über den Weg lief, banden Aufständische vor die Mündungen ihrer Kanonenrohre und ließen sie zerfetzen. Der indische Aufstand war noch vor Jahresende niedergeworfen.

Im August 1857 machte Burgess, der Wachmann der South Eastern Railway, vor Gericht geltend, eine schwere Erkrankung seines Sohnes, die seine moralische Widerstandskraft geschwächt habe, sei dafür verantwortlich, daß er sich mit den Verbrechern eingelassen habe. Burgess wurde zu nur zwei Jahren Freiheitsstrafe verurteilt und in das Gefängnis von Marshalsea überführt, wo er im darauffolgenden Winter an der Cholera starb.

Robert Agar wurde wegen seiner Mittäterschaft am großen Eisenbahnraub nach Australien deportiert. Agar starb 1902 als wohlhabender Bürger der Stadt Sydney in New South Wales. Sein Enkel Henry L. Agar bekleidete von 1938 bis 1941 das Amt des Oberbürgermeisters von Sydney.

Mr. Harranby starb 1879 beim Auspeitschen eines Pferdes, das auskeilte und ihm den Schädel zerschmetterte. Sein Gehilfe

Sharp wurde später Chef von Scotland Yard und starb 1919 als Urgroßvater. Er soll gesagt haben, er sei stolz darauf, daß keiner seiner Nachkommen Polizist geworden sei.
Mr. Trent starb 1857 an einem Brustleiden. Im darauffolgenden Jahr, 1858, ehelichte seine Tochter Elizabeth Sir Percival Harlow, dem sie vier Kinder gebar. Mr. Trents Ehefrau führte sich nach dem Ableben ihres Gatten skandalös auf. Sie starb 1884 an einer Lungenentzündung, nachdem sie nach eigener Aussage ›mehr Liebhaber gehabt hatte als Sarah Bernhardt‹.
Mr. Henry Fowler starb 1858, ›Todesursache unbekannt‹.
Die South Eastern Railway, des unzureichenden London-Bridge-Bahnhofs überdrüssig, ließ zwei neue Bahnhöfe errichten: 1862 den berühmt gewordenen Kuppelbau von Cannon Street und bald darauf den Bahnhof Blackfriars.
Von Pierce, Barlow und der rätselhaften Miss Miriam hörte man nie wieder Genaues. 1862 wurde berichtet, sie lebten in Paris. 1868 hieß es, sie lebten ›in den besten Verhältnissen‹ in New York. Keiner der Berichte wurde bestätigt.
Das beim großen Eisenbahnraub erbeutete Gold wurde nie gefunden.

Alle Rechte vorbehalten. Mit freundlicher Genehmigung des Rowohlt Verlags, Reinbek bei Hamburg. © 1976 Rowohlt Verlag GmbH, Reinbek bei Hamburg. © 1975 Michael Crichton. Die amerikanische Originalausgabe erschien 1975 unter dem Titel ›The Great Train Robbery‹ bei Alfred A. Knopf, Inc., New York. Deutsch von Hans-Joachim Maass. Zeichnungen von Klaus Böttger, Wiesbaden. Ausstattung Juergen Seuss, Niddatal bei Frankfurt am Main. Satz und Druck Richard Wenzel, Goldbach bei Aschaffenburg. Schrift Korpus Baskerville mit Kursiv (Linotype). Lithographische Arbeiten Paja-Klischees, Frankfurt am Main. Bindearbeiten Osswald & Co., Neustadt an der Weinstraße. Papier 90 g holzfrei Werkdruckpapier der Papierfabrik Scheufelen Oberlenningen. Printed in Germany 1978. ISBN 3 7632 2228 6